ARARIBÁ PLUS

PORTUGUÊS 9

Organizadora: Editora Moderna
Obra coletiva concebida, desenvolvida e produzida pela Editora Moderna.

Editora Executiva:
Mônica Franco Jacintho

4ª edição

MODERNA

MODERNA

Elaboração de originais

Camila dos Santos Ribeiro
Bacharel em Letras pela Universidade de São Paulo.
Mestre em Letras pela Universidade de São Paulo. Editora.

Debora Silvestre Missias Alves
Bacharel e licenciada em Letras pela Universidade de São Paulo.
Editora.

José Paulo Brait
Bacharel e licenciado em Letras pela Faculdade Ibero-Americana de Letras e Ciências Humanas. Editor.

Maria Cecilia Kinker Caliendo
Bacharel e licenciada em Letras pela Universidade Mackenzie.
Editora.

Mônica Franco Jacintho
Bacharel em Comunicação Social pela Escola de Comunicações e Artes da Universidade de São Paulo. Editora.

Regiane de Cássia Thahira
Bacharel em Letras pela Universidade de São Paulo.
Bacharel em Comunicação Social pela Universidade Metodista de São Paulo. Editora.

Ariete Alves de Andrade
Licenciada em Letras pela Universidade Católica de Campinas.

Edsel Rodrigues Teles
Bacharel e licenciado em Letras pela Universidade Estadual de Campinas. Revisor técnico.

Glaucia Amaral de Lana
Pós-graduada em Comunicação Social pela Universidade de São Paulo.
Bacharel em Letras pela Universidade Estadual Paulista "Júlio de Mesquita Filho". Editora.

Jordana Lima de Moura Thadei
Mestre em Linguística Aplicada e Estudos da Linguagem pela Pontifícia Universidade Católica de São Paulo.

Pedro Paulo da Silva
Bacharel e licenciado em Letras pela Universidade de São Paulo.
Editor.

Tatiana Fadel
Bacharel em Letras pela Universidade Estadual de Campinas.

Thelma de Carvalho Guimarães
Bacharel em Letras pela Universidade de São Paulo.
Mestre em Linguística Aplicada pela Universidade Federal do Rio de Janeiro. Editora.

Coordenação editorial: Mônica Franco Jacintho, Áurea Regina Kanashiro
Edição de texto: Átila Augusto Morand, Camila dos Santos Ribeiro, Debora Silvestre Missias Alves, José Paulo Brait, Maria Cecilia Kinker Caliendo, Regiane de Cássia Thahira, Pedro Paulo da Silva, Sibilas Editorial, Yuri Bileski
Leitura crítica: Ana Luiza Santinato Faria
Assistência editorial: Solange Scattolini
Preparação de texto: Anabel Ly Maduar
Coordenação de *design* e projetos visuais: Sandra Botelho de Carvalho Homma
Projeto gráfico: Daniel Messias, Everson de Paula, Rafael Mazzari
Capa: *Criação*: Sandra Botelho de Carvalho Homma
Produção e direção de arte: Everson de Paula
Finalização: Otávio dos Santos
Foto: Vista da janela do Velho Expresso Patagônico (La Trochita), Argentina. © Stuart Fox/Gallo Images/Getty Images
Coordenação de produção gráfica: André Monteiro, Maria de Lourdes Rodrigues
Coordenação de arte: Maria Lucia F. Couto, Patricia Costa, Wilson Gazzoni Agostinho
Edição de arte: Iara Susue Rikimaru Vitor
Editoração eletrônica: Arbore Comunicação Empresarial e Design, Pé na areia design
Edição de infografia: William Taciro, Mauro César Brosso, Alexandre Santana de Paula
Ilustrações: Carlos Caminha, Dave Santana, Manohead, Nik Neves, Robson Araújo, Rogério Coelho, Thereza Rowe
Coordenação de revisão: Elaine C. del Nero
Revisão: Afonso N. Lopes, Ana Cortazzo, Cárita Negromonte, Denise de Almeida, Dirce Y. Yamamoto, Fernanda Marcelino, Nancy H. Dias, Olívia Duarte, Salete Brentan, Sandra G. Cortés, Tatiana Malheiro, Vânia Cobiaco, Viviane T. Mendes
Coordenação de pesquisa iconográfica: Luciano Baneza Gabarron
Pesquisa iconográfica: Evelyn Torrecilla, Mariana Veloso
Coordenação de *bureau*: Américo Jesus
Tratamento de imagens: Arleth Rodrigues, Bureau São Paulo, Marina M. Buzzinaro, Resolução Arte e Imagem
Pré-impressão: Alexandre Petreca, Everton L. de Oliveira Silva, Fabio N. Precendo, Hélio P. de Souza Filho, Marcio H. Kamoto, Rubens M. Rodrigues, Vitória Sousa
Coordenação de produção industrial: Wilson Aparecido Troque

Dados Internacionais de Catalogação na Publicação (CIP)
(Câmara Brasileira do Livro, SP, Brasil)

Araribá Plus Português / obra coletiva concebida, desenvolvida e produzida pela Editora Moderna ; editora executiva Mônica Franco Jacintho. — 4. ed. — São Paulo : Moderna, 2014.

Obra em 4 v. para alunos do 6º ao 9º ano.
Bibliografia

1. Português (Ensino fundamental) I. Jacintho, Mônica Franco.

14-02554 CDD-372.6

Índices para catálogo sistemático:
1. Português : Ensino fundamental 372.6

ISBN 978-85-16-09501-7 (LA)
ISBN 978-85-16-09502-4 (LP)

EDITORA MODERNA LTDA.
Rua Padre Adelino, 758 – Belenzinho
São Paulo – SP – Brasil – CEP 03303-904
Vendas e Atendimento: Tel. (0_ _11) 2602-5510
Fax (0_ _11) 2790-1501
www.moderna.com.br
2017
Impresso na China

1 3 5 7 9 10 8 6 4 2

APRESENTAÇÃO

Muitos alunos questionam: "Por que preciso frequentar as aulas da disciplina Língua Portuguesa se já sei falar Português?". Esta quarta edição foi elaborada para ajudar você a compreender em quais situações o Português que você já sabe e usa é adequado e em que contextos você precisa utilizar outros recursos da língua para que o seu texto, falado ou escrito, seja compreendido e respeitado. A coleção apresenta esses recursos para que as aulas de Língua Portuguesa sejam significativas para você.

Nesta edição, você vai conhecer ainda os Hábitos da mente. Eles vão ajudá-lo na execução de suas tarefas e em muitas situações do cotidiano.

Antes de mais nada, porém, desejamos que você, assim como todos os que participaram da elaboração desta edição, goste de ler este livro. Esperamos que você encontre, nos textos que selecionamos, aventuras e reflexões que o levem a sonhar e a transformar o mundo.

CONHEÇA O SEU LIVRO

ABERTURA DE UNIDADE

No início de cada unidade, você vai conversar com seus colegas a respeito de imagens que apresentam o tema explorado nos textos que você vai ler.

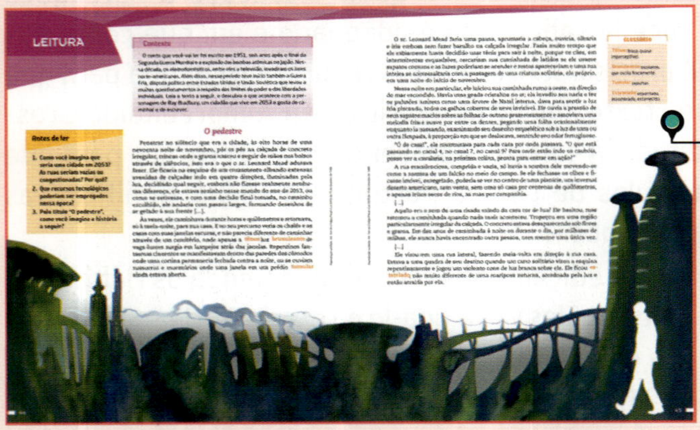

LEITURA

Você vai ler textos de diversos gêneros e, ao analisá-los por meio de questões, vai compreender a importância dos diversos elementos que contribuem para a construção dos sentidos do texto. Uma breve exposição teórica e esquemas-resumo vão ajudar você na hora de estudar e de se preparar para as provas.

LEITURA E PRODUÇÃO DE TEXTO

As propostas de produção são precedidas por análise de textos e acompanhadas por orientações passo a passo para que você tenha os recursos necessários na hora de produzir.

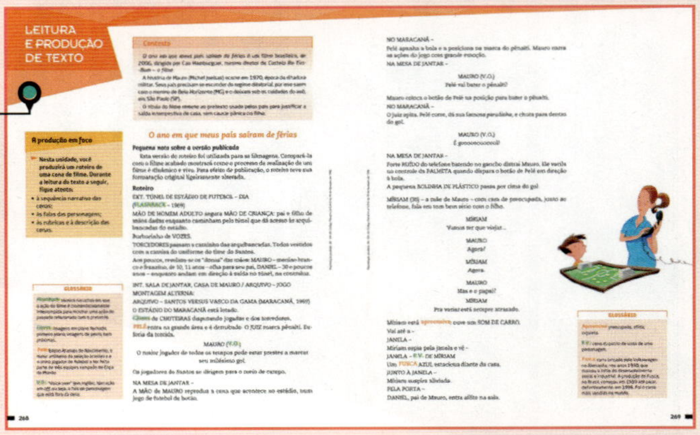

ESTUDO DA LÍNGUA

Nesta seção, a partir de trechos dos textos da seção Leitura, você vai ver como é importante saber os conceitos gramaticais na hora de ler e produzir textos. A sistematização dos conceitos e os esquemas-resumo vão ajudar você na hora de estudar e de se preparar para as provas.

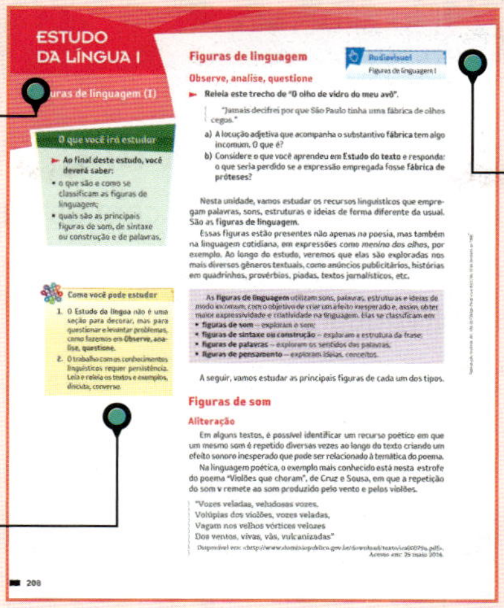

CONTEÚDO DIGITAL

Indica que existem vídeos, atividades e outros recursos no livro digital.

HÁBITOS DA MENTE

Estes boxes vão ajudar você a fazer dos Hábitos da mente grandes aliados.

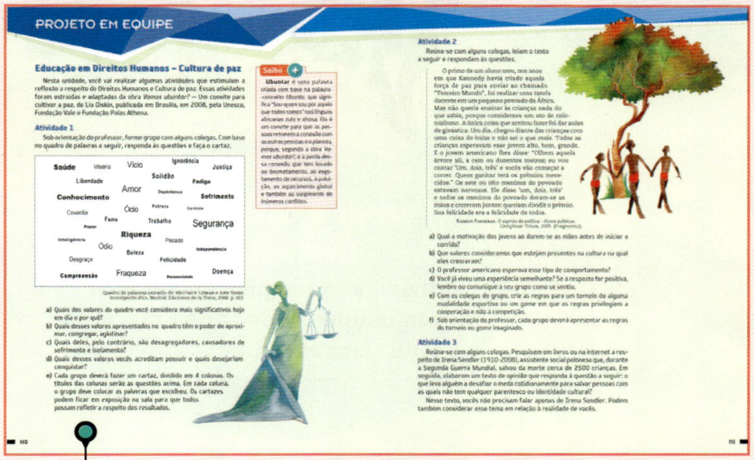

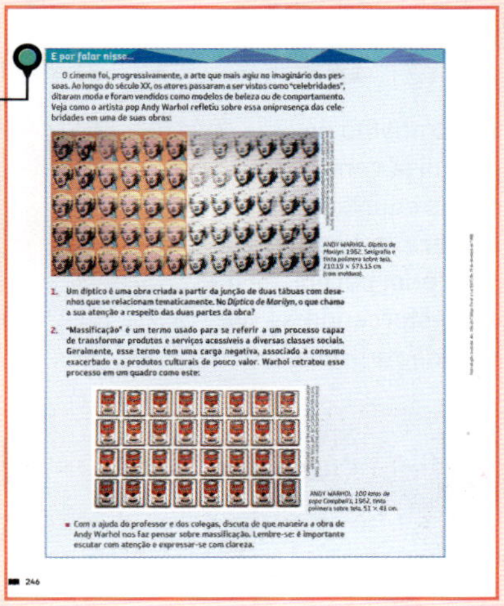

PROJETO EM EQUIPE

Nesta seção, você vai encontrar propostas de produção de exposições orais, seminários, programas de rádio e vídeos, além de exercitar a apresentação dessas produções.

E POR FALAR NISSO...

Ao conversar com seus colegas a respeito das imagens e questões propostas nesta seção, as discussões feitas na seção Leitura serão ampliadas e você conquistará mais recursos para a hora de produzir.

LEITURA DA HORA

Esta seção é para você curtir. Contos, crônicas e trechos de romances foram especialmente selecionados para você conhecer personagens incríveis e descobrir quantas aventuras maravilhosas acontecem dentro dos livros.

O QUE SÃO OS HÁBITOS DA MENTE

9 atitudes muito úteis para o seu dia a dia

Os Hábitos da mente são atitudes que nos ajudam a lidar com as mais diversas situações da vida. Essas situações se apresentam em forma de problemas, de oportunidades, de escolhas, de conflitos, de responsabilidades.

Esforçar-se por exatidão e precisão

Revise o seu trabalho. Busque exatidão, precisão e maestria em tudo o que faz.

Seu trabalho de pesquisa continha dados equivocados e imprecisos. Você terá de refazê-lo; porém, desta vez, esforçando-se por exatidão e precisão.

Pensar e comunicar-se com clareza

Organize seus pensamentos e comunique-se de forma clara. Evite generalizações, distorções e omissões de dados.

Você organizou suas ideias e buscou a forma mais clara de se comunicar com as pessoas, dando exemplos, fazendo metáforas... E todos se interessaram pelo que você tinha a dizer!

Pensar com flexibilidade

Mude de perspectiva, crie alternativas. Considere opções para solucionar a questão.

Você tem boas ideias para resolver uma questão, mas seus colegas também! Será que você deve insistir na sua proposta ou pensar com flexibilidade?

Escutar os outros com atenção e empatia

Escute as ideias de outras pessoas. Entenda o ponto de vista e as emoções do outro.

Em vez de insistir na sua ideia, você escutou com atenção as opiniões dos colegas. Com isso, fizeram uma revisão da matéria e esclareceram os pontos de discordância.

Questionar e levantar problemas

Esteja alerta. Busque os dados necessários para resolver novas questões. **Levante problemas para resolver**.

Você fez um excelente questionamento, e a turma ficou tão interessada em descobrir a resposta que todos pesquisaram sobre a questão. Sua curiosidade vai levá-lo longe!

Assumir riscos com responsabilidade

Aventure-se. Informe-se sobre as possíveis consequências de uma decisão.

Passar o dia com os amigos ou estudar para a prova de segunda-feira? Quando está diante de um dilema, você pesa os prós e os contras para assumir riscos, mas com responsabilidade!

Aplicar conhecimentos prévios a novas situações

Use o que você sabe. Coloque seu conhecimento em prática em novas situações.

Durante a prova, você usou o que havia aprendido em situações anteriores para resolver as questões novas. Você é mestre em dar sentido às informações que recebe!

Controlar a impulsividade

Pense antes de agir. Invista tempo para entender uma tarefa e planeje suas ações.

Parece que você não entendeu bem a tarefa... E agora?! Precisa aprender a controlar seus impulsos e pensar antes de agir.

Persistir

Não desista. Esforce-se um pouco mais. Busque outras formas de resolver o problema.

Mesmo não sendo seu esporte favorito, você se esforçou e se dedicou no trabalho. O resultado de sua persistência se refletiu no trabalho bem-feito, proporcionando satisfação pessoal!

Ao final do livro, você poderá conhecer melhor os Hábitos da mente. Você verá também como avaliar seu desempenho no uso de cada um desses hábitos.

SUMÁRIO

UNIDADE 1

Rir é o melhor remédio 12

UNIDADE 2

Num futuro não tão distante... 42

UNIDADE 3

UNIDADE 4

UNIDADE 5

Pelo fim da violência 136

UNIDADE 6

Livros: eu recomendo! 174

UNIDADE 7

As formas da poesia 200

UNIDADE 8

No escurinho do cinema 234

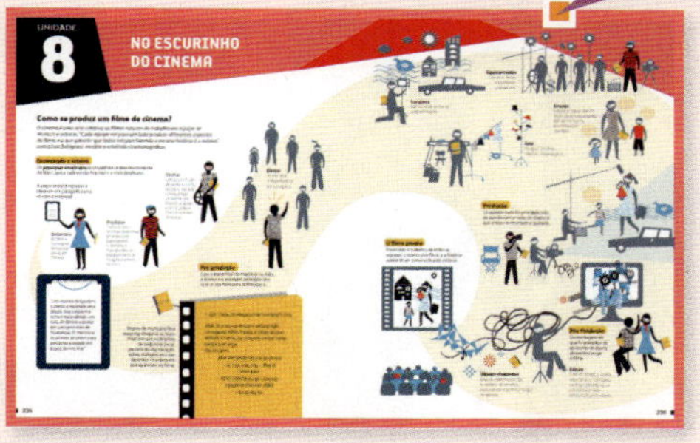

UNIDADE

1

RIR É O MELHOR REMÉDIO

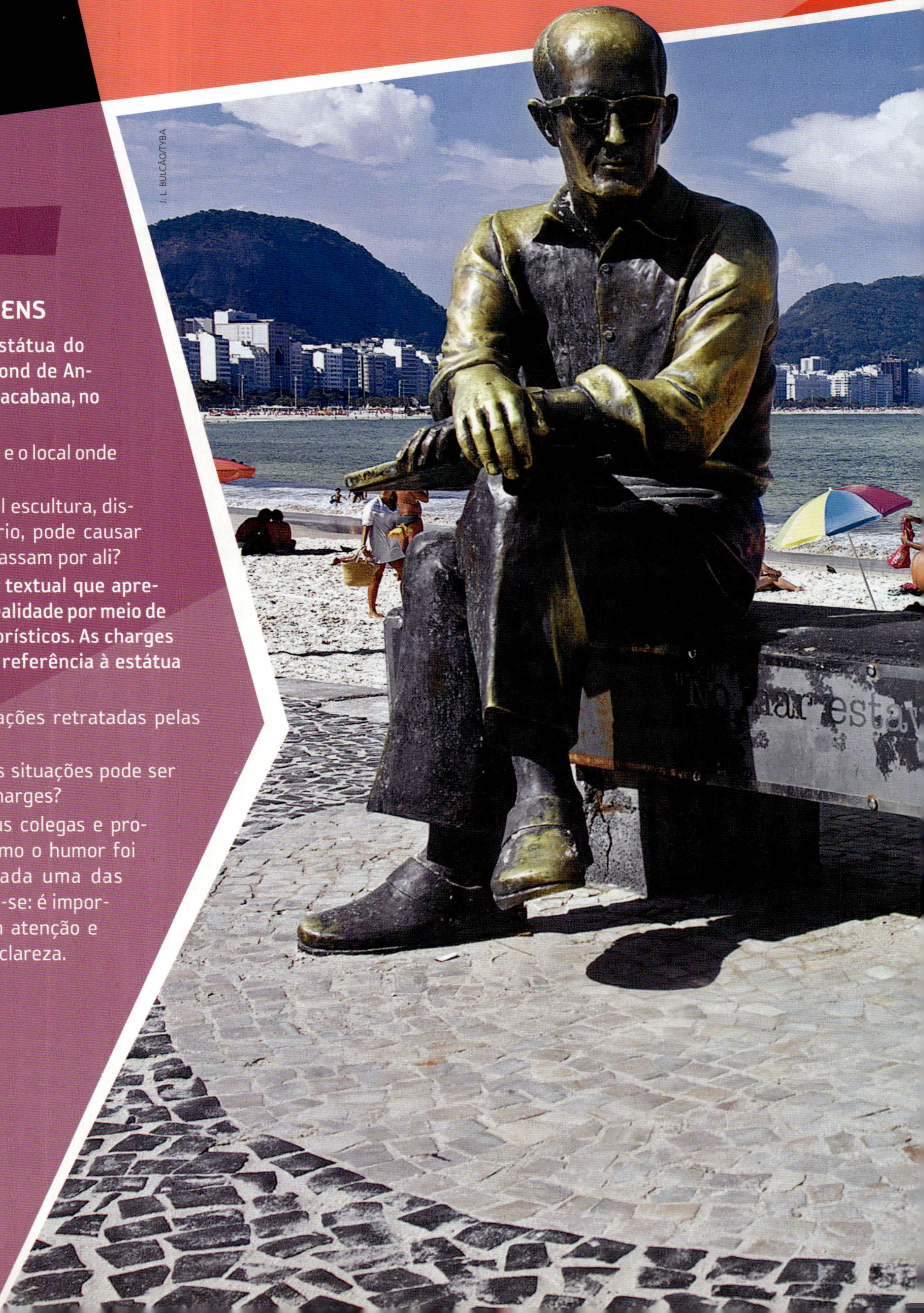

J. L. BULCÃO/TYBA

Tema: humor.

ESTUDO DAS IMAGENS

1. Você vê ao lado a estátua do poeta Carlos Drummond de Andrade na praia de Copacabana, no Rio de Janeiro.
   a) Descreva a estátua e o local onde ela está.
   b) Que impressões tal escultura, disposta nesse cenário, pode causar nas pessoas que passam por ali?
2. Charge é um gênero textual que apresenta uma crítica à realidade por meio de imagem e texto humorísticos. As charges apresentadas fazem referência à estátua de Drummond.
   a) Quais são as situações retratadas pelas charges?
   b) Que crítica a essas situações pode ser identificada nas charges?
   c) Reúna-se com seus colegas e procurem explicar como o humor foi construído em cada uma das charges. Lembrem-se: é importante escutar com atenção e expressar-se com clareza.

Em foco nesta unidade

- A construção do humor
- As características da crônica
- Revisão: morfossintaxe
- Revisão: orações subordinadas
- Produção: crônica de humor

© BRUNO GALVÃO

© REINALDO FIGUEIREDO

Saiba +

Drummond em Copacabana

A estátua de bronze de Carlos Drummond de Andrade, feita pelo mineiro Leo Santana, fica na praia de Copacabana, na capital fluminense, e foi inaugurada em 30 de outubro de 2002. O poeta, pensativo, sentado em um banco na orla da praia, já foi alvo de inúmeros ataques: os óculos da estátua foram roubados mais de oito vezes, e pichadores a sujaram em diversas ocasiões.

LEITURA

Contexto

Na segunda metade do século XX, diversos escritores brasileiros publicavam suas criações literárias, inclusive romances, em jornais. Nesse ambiente que misturava notícia e ficção, já que muitos deles eram também jornalistas, surgiu a crônica: texto sobre notícias ou situações corriqueiras, em geral escrito em linguagem coloquial, como uma anedota.

"Estátuas", a crônica que você vai ler a seguir, foi escrita a partir da constatação de um fato comum: a presença de estátuas de escritores famosos em diferentes cidades. O texto faz parte de uma coletânea chamada *Diálogos impossíveis*. Confira como o cronista Luis Fernando Verissimo escreveu sobre isso de maneira bem-humorada e descontraída.

Antes de ler

► **A crônica ao lado trata do encontro das estátuas dos escritores Carlos Drummond de Andrade, Fernando Pessoa e Mario Quintana.**

a) Você já leu algum texto desses escritores?

b) Como você imagina que poderia ser essa conversa entre as três estátuas?

c) Reflita e converse com seus colegas: o que torna engraçados um filme ou uma história?

GLOSSÁRIO

Carlos Drummond de Andrade (1902-1987): mineiro de Itabira, ficou conhecido pela timidez e ironia refletidas em suas obras e tornou-se um dos mais conhecidos escritores brasileiros.

Fernando Pessoa (1888-1935): poeta português, famoso por ter criado personalidades poéticas, chamadas de heterônimos, como Ricardo Reis, Álvaro de Campos e Alberto Caeiro.

Mario Quintana (1906-1994): autor brasileiro nascido em Alegrete (RS), foi considerado o "poeta das coisas simples".

Cataclismo: desastre, catástrofe.

Equívoco: erro.

Estátuas

Há uma estátua do **Carlos Drummond de Andrade** sentado num banco da praia de Copacabana, uma estátua do **Fernando Pessoa** sentado em frente ao café "A Brasileira" em Lisboa, uma estátua do **Mario Quintana** sentado num banco da Praça da Alfândega de Porto Alegre. Salvo um **cataclismo** inimaginável, as três estátuas jamais se encontrarão. Mas, e se se encontrassem?

— Uma estátua é um **equívoco** em bronze — diria o Mario Quintana, para começar a conversa.

— Do que nos adianta sermos eternos, mas imóveis? — diria Drummond.

Pessoa faria "sim" com a cabeça, se pudesse mexê-la. E acrescentaria:

— Pior é ser este corpo duro sentado num lugar duro. Eu trocaria a eternidade por uma almofada.

— Pior são as câimbras — diria Drummond.

— Pior são os passarinhos — diria Quintana.

* * *

— Fizeram estátuas justamente do que menos interessa em nós: nossos corpos mortais.

— Justamente do nosso exterior. Do que escondia a poesia.

— Do que muitas vezes atrapalhava a poesia.

— Espera lá, espera lá — diz Drummond. — Minha poesia também vinha do corpo. Minha cara de padre era um disfarce para a sensualidade. Minha poesia dependia do corpo e dos seus sentidos. E o sentido que mais me faz falta, aqui em bronze, é do tato. Eu daria a eternidade para ter de volta a sensação na ponta dos meus dedos.

Pessoa:

— O corpo nunca ajudou minha poesia. Eu e meus heterônimos habitávamos o mesmo corpo, com a sua cara de professor de geografia, mas não nos envolvíamos com ele. Nossa poesia era à revelia dele. E fizeram a estátua do professor de geografia.

Quintana:

— Pra mim, o corpo não era nem inspiração nem **receptáculo**. Acho que já era a minha estátua, esperando para se livrar de mim.

* * *

— Pessoa — diria Drummond —, estamos há meia hora com você nesta mesa do **Chiado**, e você não nos ofereceu nem um cafezinho.

— Não posso — responderia Pessoa. — Não consigo chamar o garçom. Não consigo me mexer. Muito menos estalar os dedos.

— Nós também não...

— Não posso reagir quando sentam à minha volta para serem fotografados, ou retribuir quando me abraçam, ou espantar as crianças que me chutam, ou protestar quando um turista diz "Olha o Eça de Queiroz"...

— Em Copacabana é pior — diria Drummond. — Fico de costas para a praia, só ouvindo o ruído do mar e o tintilar das mulheres, sem poder me virar...

— Pior, pior mesmo — diria Quintana — é estar cheio de poemas ainda não escritos e não poder escrevê-los, nem em cima da perna.

Os três concordam: o pior é serem poetas eternos, monumentos de bronze à prova das agressões do tempo, fora poluição e vandalismo — e não poderem escrever nem sobre isto. As estátuas de poetas são a sucata da poesia.

E ficariam os três, desolados e em silêncio, até um turista apontá-los para a mulher e dizer:

— O do meio eu não sei, mas os outros dois são o **Carlos Gardel** e o **José Saramago**.

LUIS FERNANDO VERISSIMO. *Diálogos impossíveis*. Rio de Janeiro: Objetiva, 2012. p. 155-157.

Luis Fernando Verissimo

JANETE ANDERMAN/ABRIL COMUNICAÇÕES S/A

O escritor gaúcho em 2011.

Luis Fernando Verissimo nasceu em Porto Alegre (RS) em 1936. É cartunista, tradutor, roteirista, romancista e um dos mais conhecidos cronistas da atualidade. Seus mais de 60 livros, na maioria crônicas, caracterizam-se pelo humor e pela sátira de costumes e já atingiram a marca de cinco milhões de exemplares vendidos.

GLOSSÁRIO

Receptáculo: recipiente, lugar em que se recolhem coisas.

Chiado: bairro tradicional de Lisboa, Portugal.

Carlos Gardel (1890-1935): um dos mais famosos cantores de tango argentino.

José Saramago (1922-2010): escritor português conhecido internacionalmente.

Antes do Estudo do texto

1. Se não tem certeza de ter compreendido bem o texto, leia-o novamente.
2. Procure identificar as ideias apresentadas no texto e reflita: você concorda com elas? Por quê?
3. Ao responder às questões a seguir, procure empregar o que já aprendeu ao ler outros textos e seja preciso em suas respostas.

ESTUDO DO TEXTO

Compreensão do texto

1. **Antes de ler o texto, você imaginou qual seria a (im)possível conversa entre as personagens, certo? Esse diálogo imaginado é parecido com aquele apresentado na crônica? Quais seriam as diferenças?**

2. **Releia a frase de Quintana que abre o diálogo entre os poetas.**

> "— Uma estátua é um equívoco em bronze."

a) Com que intenção se constroem estátuas de personalidades?

b) Essa frase de Quintana resume a opinião das personagens a respeito de suas estátuas. Qual é essa opinião? Explique.

3. **O texto de Verissimo está organizado em três partes, separadas por asteriscos.**

a) Em cada uma delas, os poetas discutem um aspecto relacionado à condição de estátua em que se encontram. Quais aspectos são esses?

b) A estrutura das três partes é semelhante. Como é essa estrutura?

4. **Algumas falas da crônica, reproduzidas a seguir em balões, revelam características das obras de Fernando Pessoa (1), Carlos Drummond de Andrade (2) e Mario Quintana (3). Relacione adequadamente as falas às características das obras.**

A. Poesia mais concreta, material e sensorial.

B. Poesia mais melancólica, não sensorial.

C. Poesia feita de forma mais racional, não sensorial.

5. **Explique o efeito de humor produzido pela última frase do texto, reproduzida a seguir, considerando o contexto em que ela é dita.**

> "— O do meio eu não sei, mas os outros dois são o Carlos Gardel e o José Saramago."

6. **Que relação é possível estabelecer entre a crônica de Verissimo e as charges que você leu na abertura da unidade?**

A língua em uso: os sentidos do texto

1. Leia um dos poemas mais conhecidos de Mario Quintana.

> *Poeminho do contra*
>
> Todos esses que aí estão
> Atravancando o meu caminho,
> Eles passarão...
> Eu passarinho!
>
> MARIO QUINTANA. *Antologia poética*. 6. ed. Rio de Janeiro: Ediouro, 1998. p. 61.

a) Na crônica "Estátuas", uma das falas de Quintana faz referência a esse poema. Identifique-a e esclareça seu significado no contexto.

b) O repertório do leitor (conhecimento de mundo, valores da comunidade em que vive, etc.) é importante para que ele entenda o humor do texto. Se essa mesma fala fosse dita por Drummond ou Pessoa, o efeito de sentido teria sido o mesmo? Explique.

2. O humor é característica marcante em algumas crônicas. Quais dos recursos apresentados no quadro abaixo foram empregados nos trechos reproduzidos a seguir?

absurdo	comparação surpreendente	exagero

a) "— Pior é ser este corpo duro sentado num lugar duro. Eu trocaria a eternidade por uma almofada."

b) "— Minha poesia também vinha do corpo. Minha cara de padre era um disfarce para a sensualidade."

c) "— O do meio eu não sei mas os outros dois são o Carlos Gardel e o José Saramago."

O **humor** é um efeito produzido com base em vários elementos: o duplo sentido, o jogo de palavras, o absurdo de certas situações, as comparações surpreendentes, o inesperado, o exagero, a ironia, o estereótipo, etc.

3. Analise a linguagem empregada na crônica.

a) Essa linguagem é formal ou informal? Justifique sua resposta com trechos empregados no texto.

b) Ela parece adequada ao contexto? Por quê?

4. A metáfora é um recurso de linguagem muito utilizado em poemas, gênero em que as personagens da crônica são especialistas. Copie a frase que melhor explica o efeito produzido pelo emprego desse recurso no texto.

- O uso de metáforas no início e no fim do texto remete ao uso desse recurso pelos poetas em suas obras, como se estivessem fazendo poesia também ao falar de suas estátuas.
- O uso de metáforas no início e no fim do texto não tem a ver com o uso desse recurso pelos poetas em suas obras, mas sugere que fazem poesia também ao falar de suas estátuas.

LEMBRE-SE

Metáfora é uma figura de linguagem que se baseia numa relação de semelhança subjetiva, na qual ocorre comparação sem o uso de palavras comparativas.

- O uso de metáforas no início e no fim do texto remete ao uso desse recurso pelos poetas em suas obras, mas não se relaciona ao diálogo a respeito das estátuas.

A crônica

1. A crônica "Estátuas" apresenta, de modo engraçado e incomum, elementos cotidianos em uma situação absurda, irreal: três estátuas, instaladas em cidades diferentes, encontram-se e conversam à mesa de um restaurante. Que efeito esse contraste produz no leitor?

2. As crônicas trazem uma visão pessoal do autor e revelam seu ponto de vista sobre assuntos do cotidiano. Quais são as críticas à sociedade transmitidas pela crônica por meio dos argumentos apresentados pelas personagens?

3. Que intenção ou intenções teria o autor ao escrever essa crônica?
- Produzir crítica.
- Produzir humor.
- Produzir emoção.

4. O narrador dessa crônica é personagem ou observador? Por quê?

LEMBRE-SE

Autor não é narrador

Narrador é uma entidade de ficção, que só existe no texto. Não pode ser considerado autor. Os fatos apresentados pelo narrador, assim como os elementos da paisagem e as relações estabelecidas entre os acontecimentos, são sempre uma interpretação da realidade.

Como você viu, a crônica é um gênero narrativo que permite que o cronista dê um toque humorístico, crítico ou poético à recriação das mais variadas situações do cotidiano: uma notícia, o preço do feijão, uma conversa com o motorista do ônibus, o desaparecimento de um cachorro, uma cena vista do banco de um parque, o resultado do jogo de futebol... Mas isso não quer dizer que não haja nada inventado, ou fictício, no texto; o autor pode dar mais intensidade e emoção à narrativa ao ampliar e distorcer um pouco os fatos, por exemplo.

Em sua origem, a crônica buscava inspiração nas notícias publicadas em jornais. Por ser um texto curto, despretensioso e que apresenta uma linguagem mais informal, a crônica funciona ainda como um "respiro", uma pausa para descontração em meio aos assuntos sérios apresentados nos periódicos. Hoje em dia, é possível ler crônicas em jornais e revistas e também em diversos outros meios, como *sites*, *blogs*, compilações em livros, etc.

Em geral, as crônicas apresentam um narrador, em 1ª ou 3ª pessoa, que apresenta uma narrativa e expressa seus pontos de vista por meio dela. Essa narrativa pode ter, portanto, elementos característicos, como espaço, tempo, personagens e enredo, com situação inicial, conflito, clímax e desfecho. Entretanto, os momentos da narrativa não são rígidos. A crônica "Estátuas", por exemplo, está estruturada como um diálogo e não apresenta essas partes da narrativa de forma tradicional. Há uma situação inicial – a conversa entre os poetas – que constitui uma reflexão, e não exatamente um conflito seguido de clímax. O desfecho apresenta-se por meio da fala final do turista.

A origem da crônica

A crônica surgiu nos jornais da França no século XIX. Nessa época, havia um espaço na parte de baixo da página em que se publicava uma coluna chamada *folhetim*, usada para divulgar capítulos de romances ou textos críticos e bem-humorados sobre as notícias mais discutidas.

► **A seguir, leia trechos de uma entrevista concedida pelo escritor gaúcho Moacyr Scliar (1937-2011) a respeito de sua rotina como cronista e a construção de seu texto.**

> Não tenho propriamente uma rotina. O que faço, antes de mais nada, é estar atento: atento ao que acontece, atento às notícias da mídia. Crônica tem tudo a ver com o cotidiano. Vou guardando recortes de jornais, anotando ideias; mas o uso, de qualquer modo, tem de ser mais ou menos imediato. Na ficção, uma boa ideia pode ficar amadurecendo durante anos; na crônica isto já é mais difícil. [...]
>
> O grande problema, na crônica, é ser entendido pelo leitor sem renunciar a uma linguagem literária. Um conto pode ser obscuro, intrigante; uma crônica não. Mas a crônica é, sim, um gênero literário — e, em nosso país, um gênero importante. Para muitas pessoas é a grande, senão a única, forma de acesso à literatura. [...] A crônica tem de ser democrática, portanto compreensível.
>
> MOACYR SCLIAR. Revista *WebMosaica*. Disponível em: <http://seer.ufrgs.br/webmosaica/article/view/22368/13024>. Acesso em: 20 fev. 2014. (Fragmento).

a) Considerando as palavras de Scliar e o que você já conhece a respeito da crônica, escreva quais são as características desse gênero.

b) Com base na resposta à questão anterior, explique por que "Estátuas" é uma crônica.

Cronistas brasileiros

Rubem Braga, Paulo Mendes Campos, Fernando Sabino, Clarice Lispector, Luis Fernando Verissimo e Moacyr Scliar são alguns dos "mestres" da crônica que contribuíram para tornar esse gênero tão popular no Brasil. Muitos deles, depois de escrever para jornais de grande circulação nacional, reuniram suas produções e as publicaram em livros de sucesso.

Para guardar

Crônica

- Texto narrativo curto e descontraído em que o autor comenta fatos cotidianos de maneira humorística, poética ou crítica.
- Utiliza recursos, como o humor, para construir os efeitos pretendidos no texto.
- É publicada em jornais, revistas, *sites* e *blogs* e divulgada em rádio ou TV.
- Texto escrito em linguagem leve e informal.

ESTUDO DA LÍNGUA I

Revisão: morfologia, sintaxe e morfossintaxe

O que você irá estudar

► Ao final deste estudo, você terá revisto:

- do que tratam a morfologia e a sintaxe;
- do que trata a morfossintaxe.

Como você pode estudar

1. O **Estudo da língua** não é uma seção para decorar, mas para questionar e levantar problemas, como fazemos em **Observe, analise, questione.**
2. O trabalho com os conhecimentos linguísticos requer persistência. Leia e releia os textos e exemplos, discuta, converse.

Revisão: morfologia, sintaxe e morfossintaxe

Observe, analise, questione

► **Releia este trecho da crônica "Estátuas" e responda às questões.**

> "— Fizeram estátuas justamente do que menos interessa em nós: nossos corpos mortais.
>
> — Justamente do nosso exterior. Do que escondia a poesia.
>
> — Do que muitas vezes atrapalhava a poesia.
>
> — Espera lá, espera lá — diz Drummond. — Minha poesia também vinha do corpo. Minha cara de padre era um disfarce para a sensualidade. Minha poesia dependia do corpo e dos seus sentidos."

1. Segundo as estátuas de Fernando Pessoa e Mario Quintana, o que escondia e atrapalhava a poesia desses escritores quando eles eram vivos?

2. Releia as frases em que as estátuas expressam essa opinião.

> "[...] Do que escondia a poesia.
>
> — Do que muitas vezes atrapalhava a poesia."

a) A que classe gramatical pertence a palavra *poesia*?

b) Nas duas frases, essa palavra complementa o sentido de uma forma verbal. Qual é essa forma verbal em cada caso?

c) Qual é, portanto, a função sintática da palavra *poesia* nessas frases?

3. A estátua de Drummond não concorda com as outras duas. E, para justificar seu ponto de vista, explica de onde vinha sua poesia.

> "[...] — Minha poesia também vinha do corpo. [...] Minha poesia dependia do corpo e dos seus sentidos."

- Que função sintática exerce a palavra *poesia* nessas duas frases? Explique sua resposta.

4. Ao analisar as falas das estátuas nas questões 2 e 3, você deve ter notado que o substantivo *poesia* estava acompanhado da palavra *a* nas duas primeiras frases e da palavra *minha* nas duas últimas.

a) A que classes gramaticais essas palavras pertencem?

b) Que função sintática elas desempenham nas frases?

c) Tente escrever frases em que essas palavras sejam o núcleo do sujeito. Depois, explique o que você precisou fazer para compor as frases.

d) Deduza: qualquer classe gramatical pode desempenhar a função de núcleo do sujeito? Explique sua resposta.

Como você viu, uma mesma palavra, um mesmo substantivo, pode ter diferentes funções.

Quando falamos em classe gramatical de uma palavra, referimo-nos à **morfologia**. Segundo a gramática tradicional, há dez classes de palavras: substantivo, adjetivo, artigo, pronome, numeral, verbo, advérbio, preposição, conjunção e interjeição.

Ao falarmos da função que uma palavra exerce dentro de uma oração, fazemos referência à **sintaxe**. São funções sintáticas, entre outras: núcleo do sujeito, núcleo do predicado, objeto direto, objeto indireto, predicativo do sujeito e adjunto adverbial.

Resumindo: a **morfologia** analisa as relações entre a forma e o sentido das palavras, enquanto a **sintaxe** explica a função das palavras e o sentido que elas adquirem quando combinadas umas com as outras em uma oração.

LEMBRE-SE

As **orações** são construídas sempre em torno de um verbo, e os termos essenciais delas são o **sujeito** e o **predicado**. Há orações que apresentam somente o predicado, as chamadas **orações sem sujeito**.

As diferentes funções sintáticas que as palavras exercem nas orações estão relacionadas à sua classe morfológica. Por exemplo, a função de núcleo do sujeito só pode ser desempenhada por um **substantivo** ou por uma **palavra substantivada**, isto é, que pertence a outra classe, mas é usada com valor de substantivo.

Quando tratamos da relação entre a classe gramatical de uma palavra e sua função sintática nas orações, estamos nos referindo à **morfossintaxe**.

Veja no quadro a seguir a relação entre as classes gramaticais e as funções sintáticas específicas que elas podem desempenhar. Essa relação é definida com base no núcleo de cada uma das funções sintáticas, isto é, em seu elemento principal.

Função sintática	Definição	Classes gramaticais que podem exercer a função (como núcleo)
Sujeito	É o termo da oração a respeito do qual se faz uma declaração.	Substantivo ou palavra de valor equivalente (pronome e numeral substantivos) e qualquer palavra substantivada: ▪ ***Aqueles irmãos*** *pareciam gêmeos.* ▪ ***O anoitecer*** *pegou-nos de surpresa.* ▪ ***Ela*** *nadava muito bem.* ▪ ***Quem*** *sabe a resposta?* ▪ *Vieram* ***dois terços dos alunos****.* Em um período composto, uma oração inteira também pode exercer a função de sujeito; neste caso ela é classificada como **oração. subordinada substantiva subjetiva**: ▪ *É necessário* ***que você saia já****.* *(É necessária* ***sua saída****.)*
Predicativo (do sujeito ou do objeto)	É o termo que atribui uma característica ao sujeito ou ao objeto por intermédio de um verbo. **Lembre-se:** em geral, o predicativo do sujeito ocorre quando o verbo do predicado é um **verbo de ligação**, isto é, aquele que liga o sujeito a uma característica (modo de ser, estado, mudança de estado). *Ser*, *estar* e *parecer* estão entre os verbos mais comumente utilizados como de ligação: *A rua* ***está deserta****. Papai* ***parece muito preocupado****.*	Substantivo, adjetivo (ou locução adjetiva), numeral e pronome: ▪ *A mãe dele era* ***atriz****.* (predicativo do sujeito) ▪ *Acho* ***bela*** *a vida.* (predicativo do objeto) Essa função também pode ser exercida por uma **oração subordinada substantiva predicativa**: ▪ *O ideal é* ***que vocês cheguem cedo****.*

Função sintática	Definição	Classes gramaticais que podem exercer a função (como <u>núcleo</u>)
Predicado	É o termo da oração que traz a declaração feita sobre o sujeito.	Verbo (como base do predicado): ▪ *Os pais **<u>amam</u> seus filhos**.* ▪ *Os alunos **<u>falaram</u> com o diretor**.*
Agente da passiva	É o termo que completa o sentido de um verbo na voz passiva (verbo auxiliar).	Substantivo ou palavra substantivada, pronome e numeral: ▪ *O livro foi escrito **por um <u>marinheiro</u>**.* ▪ *A ordem foi ignorada **por <u>todos</u>**.*
Complemento nominal	É o termo que completa o sentido de certos substantivos, adjetivos e advérbios (quando nomes transitivos). **Lembre-se**: esse termo se liga sempre ao nome (substantivo, adjetivo ou advérbio) por meio de preposição.	Substantivo ou palavra equivalente (pronome e numeral substantivos) e palavra substantivada: ▪ *Tenho necessidade **de sua <u>ajuda</u>**.* ▪ *Ele é responsável **por <u>um terço</u> da tarefa**.* ▪ *Estamos satisfeitos relativamente **ao <u>resultado</u>**.* Essa função também pode ser exercida por uma **oração subordinada substantiva completiva nominal**: ▪ *Tenho medo **de que me esqueçam**.*
Objeto direto	É o termo que completa o sentido de um verbo, ligando-se a ele sem preposição.	Substantivo, pronome, numeral e palavra substantivada: ▪ *Comprei **<u>óculos</u> novos**.* ▪ *Comeram **<u>metade</u> do bolo**.* Essa função também pode ser exercida por uma **oração subordinada substantiva objetiva direta**: ▪ *Acho **que estou doente**.*
Objeto indireto	É o termo que completa o sentido de um verbo, ligando-se a ele com preposição.	Substantivo, pronome, numeral e palavra substantivada: ▪ *Gosto muito **de <u>ti</u>**.* ▪ *O aluno respondeu **às <u>questões</u>**.* Essa função também pode ser exercida por uma **oração subordinada substantiva objetiva indireta**: ▪ *Convencemos o professor **de que seria melhor adiar a prova**.*
Adjunto adnominal	É o termo que, sem intermédio de um verbo, caracteriza ou determina qualquer substantivo da oração.	Artigo, adjetivo (ou locução adjetiva), pronome e numeral adjetivos: ▪ ***Meus** amigos fizeram **um emocionante** passeio **de barco**.* ▪ ***Os primeiros** visitantes chegaram de manhã.* Essa função também pode ser exercida por uma **oração subordinada adjetiva**: ▪ *Meus amigos fizeram um passeio de barco **que os emocionou**.* ▪ *Paula, **que dança muito bem**, foi escolhida para protagonizar o musical.*
Adjunto adverbial	É o termo que expressa uma circunstância (causa, tempo, modo, companhia, dúvida, fim, etc.) relativa a um verbo, adjetivo ou outro advérbio.	Advérbio (ou locução adverbial): ▪ ***Às vezes** durmo **tarde**.* ▪ *Este restaurante é **muito** bom.* Essa função também pode ser exercida por uma **oração subordinada adverbial**: ▪ ***Quando estou de férias**, sempre durmo tarde.* ▪ *Só vou ao cinema **se você me acompanhar**.*
Aposto	É o termo que se junta a um substantivo ou palavra equivalente a ele para explicá-lo, ampliá-lo, resumi-lo ou esclarecê-lo.	Substantivo ou palavra equivalente (pronome substantivo): ▪ *Maria, **minha <u>prima</u>**, não veio.* ▪ *Os mais interessados, **<u>nós</u>**, faltamos.* ▪ *Almoço, hospedagem, transporte: **<u>tudo</u>** fica por nossa conta.* Essa função também pode ser exercida por uma **oração subordinada substantiva apositiva**: ▪ *Eu só queria uma coisa: **que me deixassem em paz**.*

Vocativo

As orações também podem conter um **vocativo**, termo sintaticamente independente que serve para chamar, invocar o interlocutor: ***Maria**, venha aqui, por favor. Vocês, **meus amigos**, são o meu tesouro.*

Justamente por estar isolado sintaticamente do resto da frase, o vocativo é sempre separado por vírgulas.

Para guardar

Morfologia — Estuda as relações entre a forma e o sentido das palavras, dividindo-as em **classes gramaticais**.

substantivo	adjetivo	artigo	pronome	numeral
verbo	advérbio	preposição	conjunção	interjeição

Sintaxe — Estuda a função que as palavras exercem e o sentido que adquirem quando combinadas umas com as outras.

sujeito	predicado	predicativo	agente da passiva	complemento nominal
objeto direto	objeto indireto	adjunto adnominal	adjunto adverbial	aposto

Morfossintaxe — Estuda a relação entre a classe gramatical de uma palavra e as funções que ela pode desempenhar em uma oração.

APLIQUE SEUS CONHECIMENTOS

1. O trecho a seguir pertence ao posfácio (explicação nas páginas finais) de um álbum de história em quadrinhos. Leia.

Logicomix *e a realidade*

Logicomix é uma obra inspirada na história da busca pelos fundamentos básicos da Matemática, cuja fase mais intensa se estendeu das últimas décadas do século XIX à eclosão da Segunda Guerra Mundial. No entanto, apesar de a maior parte de seus personagens ser composta de pessoas reais, nosso trabalho definitivamente não é — nem pretende ser — um livro de história. Ele é — e pretende ser — uma história em quadrinhos.

REPRODUÇÃO

Apostolos Doxidis et al. *Logicomix*: uma jornada épica em busca da verdade. São Paulo: WMF Martins Fontes, 2011. p. 315.

Ao responder às questões, busque exatidão e precisão para garantir que você entendeu o que estudou.

a) Localize no texto as três ocorrências do substantivo *história*. Que função sintática ele exerce em cada uma delas?

b) O significado desse substantivo muda conforme a função que ele exerce na oração? Explique.

2. Observe estas manchetes jornalísticas para responder às questões.

FOTOS: SHUTTERSTOCK

Lucro industrial da China avança 6% em dezembro

Disponível em: <http://atarde.uol.com.br/economia/materias/1564489-lucro-industrial-da-china-avanca-6-em-dezembro>. Acesso em: 29 jan. 2014.

Brasil terá primeira montadora Shineray fora da China

Disponível em: <www.moto.com.br/acontece/conteudo/brasil_tera_primeira_Montadora_shineray_fora_da_china-74248.html>. Acesso em: 29 jan. 2014.

Santos quer fazer negócio da China com Montillo

Disponível em: <www.redebomdia.com.br/blog/detalhe/23919/Santos+quer+fazer+negocio+da+China+com+Montillo>. Acesso em: 29 jan. 2014.

GLOSSÁRIO

[Walter] Montillo: jogador de futebol argentino.

a) Em uma das manchetes, a expressão *da China* não forma uma locução adjetiva. Identifique-a e explique sua resposta.

b) Na manchete sobre o clube de futebol Santos, seria possível trocar a locução *da China* pelo adjetivo *chinês*? Por quê? Se necessário, pesquise o sentido da expressão *negócio da China* antes de responder.

c) Identifique a função sintática da expressão *da China* em cada manchete.

3. Leia uma história em quadrinhos que tem como protagonistas as andorinhas Lola e Juju.

LOLA E JUJU — LAERTE

© LAERTE

a) Explique como, nesta HQ, a linguagem não verbal (desenhos) reforça o sentido da linguagem verbal (palavras nos balões).

b) Qual é o único quadrinho em que *virar* não foi usado como verbo de ligação? Justifique sua resposta.

c) Nesse quadrinho em que *virar* não é verbo de ligação, como se classifica morfologicamente a locução que o acompanha? Por quê?

d) Nos quadrinhos em que *virar* funciona como verbo de ligação, qual substantivo está subentendido após a forma verbal? Que função sintática esse substantivo exerce?

4. O texto abaixo é a primeira estrofe de um poema de Gonçalves Dias (1823-1864) que homenageia os Tamoio – denominação dada aos indígenas do grupo dos Tupinambá que habitavam a costa brasileira por ocasião da chegada dos portugueses. Leia.

Canção do Tamoio

(**Natalícia**)

I

Não chores, meu filho;
Não chores, que a vida
É luta **renhida**:
Viver é lutar.
A vida é combate,
Que os fracos abate,
Que os fortes, os bravos
Só pode **exaltar**.
[...]

GONÇALVES DIAS. In: ALEXEI BUENO (Org.). *Gonçalves Dias*: poesia e prosa completas. Rio de Janeiro: Nova Aguilar, 1998. p. 394. (Fragmento).

GLOSSÁRIO

Natalícia: relativa ao dia do nascimento.

Renhida: disputada intensamente.

Exaltar: louvar, celebrar.

a) Pelo subtítulo do poema, "Natalícia", podemos inferir que essa "canção" é dirigida por um pai (ou uma mãe) ao filho no dia de seu nascimento. Que palavras da primeira estrofe confirmam isso?

b) Do ponto de vista sintático, como se classificam essas palavras?

c) Copie dessa estrofe três orações formadas por sujeito + verbo de ligação + predicativo do sujeito.

d) Que tipo de ensinamento o eu lírico pretende passar a seu interlocutor por meio dessas orações?

e) Identifique o sujeito e o objeto da locução verbal *pode exaltar*, no último verso dessa estrofe.

f) Se essa forma verbal estivesse no plural (*podem exaltar*), o sentido da oração mudaria? Explique sua resposta.

5. Ozzy é um adolescente rebelde que adora *heavy metal* e detesta sopa de legumes. Leia uma de suas tiras.

OZZY — ANGELI

a) Em que gêneros de texto costumamos encontrar construções como as que aparecem na tira, sempre iniciadas por um verbo no infinitivo ("*ativar* o ultra-sugador", "*introduzi*-lo no recipiente", etc.)?

b) Esse tipo de construção sintática está de acordo com o objetivo de Ozzy, no contexto da tira? Por quê?

c) Que substantivos Ozzy usa para referir-se ao alimento preparado pela mãe?

d) A escolha desses substantivos é neutra ou revela a opinião de Ozzy sobre a comida? Explique.

Fernando Sabino (1923-2004) é um dos mais conhecidos escritores brasileiros. A coisa mais corriqueira era para ele motivo para uma crônica, como você pode ver no texto ao lado.

GLOSSÁRIO

Desvanecedoramente: orgulhosamente, envaidecidamente.

Clamoroso: muito claro; que não deixa dúvidas.

Castiço: correto.

Como nasce uma história

Quando cheguei ao edifício, tomei o elevador que serve do primeiro ao décimo quarto andar. Era pelo menos o que dizia a tabuleta no alto da porta.

— Sétimo — pedi.

Eu estava sendo aguardado no auditório, onde faria uma palestra. Eram as secretárias daquela companhia que celebravam o Dia da Secretária e que, **desvanecedoramente** para mim, haviam-me incluído entre as celebrações.

A porta se fechou e começamos a subir. Minha atenção se fixou num aviso que dizia:

É expressamente proibido os funcionários, no ato da subida, utilizarem os elevadores para descerem.

Desde o meu tempo de ginásio sei que se trata de problema complicado, este do infinito pessoal. Prevaleciam então duas regras mestras que deveriam ser rigorosamente obedecidas, quando se tratava do uso deste traiçoeiro tempo de verbo. O diabo é que as duas não se complementavam: ao contrário, em certos casos francamente se contradiziam. Uma afirmava que o sujeito, sendo o mesmo, impedia que o verbo se flexionasse. Da outra infelizmente já não me lembrava. Bastava a primeira para me assegurar de que, no caso, havia um **clamoroso** erro de concordância.

Mas não foi o emprego pouco **castiço** do infinito pessoal que me intrigou no tal aviso: foi estar ele concebido de maneira chocante aos delicados ouvidos de um escritor que se preza.

Ah, aquela cozinheira a que se refere García Márquez, que tinha redação própria! Quantas vezes clamei, como ele, por alguém que me pudesse valer nos momentos de aperto, qual seja o de redigir um telegrama de felicitações. Ou um simples aviso como este:

É expressamente proibido os funcionários...

Eu já começaria por tropeçar na regência, teria de consultar o dicionário de verbos e regimes: não seria aos funcionários? E nem chegaria a contestar a validade de uma proibição cujo aviso se localizava dentro do elevador e não do lado de fora: só seria lido pelos funcionários que já houvessem entrado e portanto incorrido na proibição de pretender descer quando o elevador estivesse subindo. Contestaria antes a maneira ambígua pela qual isto era expresso:

... no ato da subida, utilizarem os elevadores para descerem.

Qualquer um, não sendo irremediavelmente burro, entenderia o que se pretende dizer neste aviso. Pois um tijolo de burrice me baixou na compreensão, fazendo com que eu ficasse revirando a frase na cabeça: descerem, no ato da subida? Que quer dizer isto?

E buscava uma forma simples e correta de formular a proibição:

É proibido subir para depois descer.

É proibido subir no elevador com intenção de descer.

É proibido ficar no elevador com intenção de descer, quando ele estiver subindo.

Descer quando estiver subindo! Que coisa difícil, meu Deus. Quem quiser que experimente, para ver só. Tem de ser bem simples:

Se quiser descer, não torne o elevador que esteja subindo.

Mais simples ainda:

Se quiser descer, só tome o elevador que estiver descendo.

De tanta simplicidade, atingi a síntese perfeita do que Nelson Rodrigues chamava de óbvio ululante, ou seja, a enunciação de algo que não quer dizer absolutamente nada:

Se quiser descer, não suba.

Tinha de me reconhecer derrotado, o que era vergonhoso para um escritor.

Foi quando me dei conta de que o elevador havia passado do sétimo andar, a que me destinava, já estávamos pelas alturas do décimo terceiro.

— Pedi o sétimo, o senhor não parou! — reclamei.

O ascensorista protestou:

— Fiquei parado um tempão, o senhor não desceu.

Os outros passageiros riram:

— Ele parou sim. Você estava aí distraído.

— Falei três vezes, sétimo! sétimo! sétimo!, e o senhor nem se mexeu — reafirmou o ascensorista.

— Estava lendo isto aqui — respondi idiotamente, apontando o aviso.

Ele abriu a porta do décimo quarto, os demais passageiros saíram.

— Convém o senhor sair também e descer noutro elevador. A não ser que queira ir até o último andar e na volta descer parando até o sétimo.

— Não é proibido descer no que está subindo?

Ele riu:

— Então desce num que está descendo.

— Este vai subir mais? — protestei: — Lá embaixo está escrito que este elevador vem só até o décimo quarto.

— Para subir. Para descer, sobe até o último.

— Para descer sobe?

Eu me sentia um completo **mentecapto**. Saltei ali mesmo, como ele sugeria. Seguindo seu conselho, pressionei o botão, passando a aguardar um elevador que estivesse descendo.

Que tardou, e muito. Quando finalmente chegou, só reparei que era o mesmo pela cara do ascensorista, recebendo-me a rir:

— O senhor ainda está por aqui?

E fomos descendo, com parada em andar por andar. Cheguei ao auditório com 15 minutos de atraso. Ao fim da palestra, as moças me fizeram perguntas, e uma delas quis saber como nascem as minhas histórias. Comecei a contar:

— Quando cheguei ao edifício, tomei o elevador que serve do primeiro ao décimo quarto andar. Era pelo menos o que dizia a tabuleta no alto da porta.

FERNANDO SABINO. *A volta por cima*. Rio de Janeiro: Record, 1990. p. 137.

GLOSSÁRIO

Mentecapto: tolo, idiota.

ESTUDO DA LÍNGUA II

Revisão: orações subordinadas

O que você irá estudar

► **Ao final deste estudo, você terá revisto:**

- o que é oração subordinada;
- a oração subordinada substantiva e sua classificação;
- a oração subordinada adjetiva e sua classificação;
- a oração subordinada adverbial e sua classificação;
- as orações subordinadas reduzidas.

Orações subordinadas substantivas

Observe, analise, questione

► **Releia esta fala da estátua de Mario Quintana.**

> "— Pra mim, o corpo não era nem inspiração nem receptáculo. Acho que já era a minha estátua, esperando para se livrar de mim."

a) Conte o número de verbos ou locuções verbais em cada período e responda: qual deles é simples e qual é composto? Por quê?

b) Concentre-se agora neste fragmento: "Acho que já era a minha estátua". Quais orações você identifica nele? Qual delas complementa o sentido da outra?

c) Nesse caso, então, as duas orações apresentam uma relação de dependência entre si. Como se chama o período constituído por orações desse tipo?

d) No fragmento "Acho que já era a minha estátua", qual é a oração principal e qual é a subordinada?

e) Por qual das palavras ou expressões abaixo poderíamos substituir a oração subordinada?

é isso	isso	disso

f) Qual é, portanto, a função da oração subordinada em relação à principal?

g) De acordo com o que você reviu sobre morfossintaxe, quais são as classes gramaticais que exercem essa função sintática?

h) Volte ao quadro sobre morfossintaxe (**Estudo da língua I**) e identifique a classificação da oração "que já era a minha estátua".

As orações que constituem os períodos compostos por subordinação mantêm entre si uma relação de dependência de sentido. Nesse caso, é o conjunto das orações do período que apresenta um sentido completo.

> A oração que é complementada por outra chama-se **principal**. Aquela que complementa o sentido da principal ou de algum termo desta denomina-se **subordinada**.

A oração principal não exerce nenhuma função sintática no período. Já a subordinada sempre desempenha uma função sintática em relação à principal ou a um termo desta.

A oração subordinada pode exercer uma função sintática própria do substantivo, do adjetivo ou do advérbio. Sujeito, objeto (direto e indireto), predicativo, aposto e complemento nominal, por exemplo, são funções próprias do substantivo; há, assim, orações subordinadas que exercem essas funções.

> A oração que exerce uma função sintática própria do substantivo chama-se **oração subordinada substantiva**.

A oração subordinada substantiva classifica-se em:

- **Subjetiva** – quando exerce a função sintática de **sujeito**: *Convém **que nós aprendamos outras línguas**.* (*isso* convém)
- **Objetiva direta** – quando exerce a função sintática de **objeto direto**, isto é, complementa um verbo transitivo direto: *A estátua não quer **que tirem fotos ao lado dela**.* (não quer *isso*)
- **Objetiva indireta** – quando exerce a função sintática de **objeto indireto**, isto é, complementa um verbo transitivo indireto: *A mãe lembrou-se **de que o filho chegaria hoje**.* (lembrou-se *disso*)
- **Predicativa** – quando exerce a função sintática de **predicativo** (geralmente complementa o verbo *ser*): *A verdade é **que o brasileiro está sempre esperançoso em relação ao futuro**.* (a verdade é *isso*)
- **Completiva nominal** – quando exerce a função sintática de **complemento nominal** (o nome pode ser um substantivo, um adjetivo ou um advérbio): *Os brasileiros estão convencidos **de que o futuro será melhor**.* (convencidos *disso*)
- **Apositiva** – quando exerce a função sintática de **aposto**: *Posso afirmar uma verdade: **o brasileiro é um povo trabalhador**.* (uma verdade: *isso*)

Orações subordinadas adjetivas

Observe, analise, questione

► **Leia esta tira em que Calvin conversa com sua vizinha Susie.**

CALVIN **BILL WATTERSON**

a) Susie leva a sério a fantasia de Homem-Estupendo que seu vizinho está usando? Que frase da fala dela indica isso?

b) No último quadro, como a expressão facial da menina contribui para o humor da tira?

c) Releia esta fala de Calvin: "Eu estava prestes a usar meus poderes estupendos para libertar uns biscoitos que estão sendo mantidos prisioneiros na mais alta prateleira da despensa". O trecho destacado constitui uma oração subordinada em relação a qual oração principal?

d) Reescreva a fala de Calvin, substituindo o trecho destacado por uma única palavra, sem alterar seu sentido.

e) A que classe gramatical pertence essa palavra que você usou? A que palavra da oração principal ela se refere?

f) Deduza: como se classifica a oração subordinada "que estão sendo mantidos prisioneiros [...]"? Que função ela exerce em relação à principal?

g) Compare o trecho que você reescreveu com a fala original de Calvin e levante hipóteses, considerando o contexto da tira: por que se usou uma oração inteira, em vez de uma única palavra, nessa fala?

A oração que você analisou é uma oração subordinada adjetiva.

A oração que exerce a função de adjunto adnominal em relação a certo termo da oração principal é chamada **oração subordinada adjetiva**.

Conforme seu valor, a oração subordinada adjetiva classifica-se em:

- **Restritiva** – quando apresenta uma característica essencial para identificarmos o termo ao qual ela se refere. Esse tipo de oração adjetiva não é separado por vírgula: *A garota* ***que eu amo*** *foi estudar em outra escola.*
- **Explicativa** – quando apresenta uma característica secundária do termo ao qual ela se refere, que não é essencial para identificá-lo e apenas o explica ou desenvolve. Esse tipo de oração adjetiva vem sempre separado por vírgula: *A China,* ***que é o país mais populoso do mundo****, sediou as Olimpíadas de 2008.*

Orações subordinadas adverbiais

Observe, analise, questione

Releia este outro trecho da crônica "Estátuas".

> "Não posso reagir quando sentam à minha volta para serem fotografados, ou retribuir quando me abraçam, ou espantar as crianças que me chutam, ou protestar quando um turista diz 'Olha o Eça de Queiroz'..."

a) Em relação às formas verbais *posso reagir*, *(posso) retribuir* ou *(posso) protestar*, que circunstância as orações destacadas no fragmento expressam?

b) Qual é a classe gramatical das palavras ou locuções que indicam uma circunstância, em geral, modificadora de um verbo? Que função sintática elas exercem?

c) As orações destacadas no texto têm essa mesma função sintática. Como, então, elas se classificam?

Veja a seguir como é definida a oração que você classificou.

A oração que exerce a função de adjunto adverbial em relação à principal é chamada **oração subordinada adverbial**.

Veja no quadro a seguir como é classificada a oração subordinada adverbial de acordo com a circunstância que indica.

Classificação da subordinada	Circunstância que exprime	Conjunções e locuções conjuntivas que a iniciam
Causal	Indica a causa do fato expresso na oração principal: *Faltei* ***porque estava doente***.	*porque, uma vez que, visto que, por isso que, como* (com sentido de *porque*)
Concessiva	Indica um fato que se opõe àquele expresso na oração principal: ***Embora estivesse doente****, fui à escola.*	*embora, ainda que, mesmo que, posto que, bem que, se bem que, por mais que*, etc.
Consecutiva	Indica uma consequência do que foi expresso na oração principal: *Estava tão feliz* ***que chorou***.	*tal (tanto, tão, tamanho) que, de forma que, de maneira que, de modo que*, etc.
Final	Indica a finalidade da oração principal: *Fiz isso* ***para que me perdoassem***.	*para que, a fim de que, por que* (com sentido de *para que*)
Temporal	Indica a circunstância de tempo em relação à oração principal: ***Desde que virou estátua****, vive deprimido.*	*quando, antes que, depois que, até que, logo que, sempre que, assim que, desde que, mal*, etc.
Conformativa	Indica um fato que ocorre em conformidade com o expresso na oração principal: *O menino fez o desenho* ***conforme o amigo sugeriu***.	*conforme, como* (com sentido de *conforme*), *segundo, consoante*, etc.
Condicional	Indica uma hipótese ou condição do fato expresso na oração principal: ***Se as estátuas se encontrassem****, teriam essa conversa.*	*se, caso, salvo se, sem que* (com sentido de *se não*), *dado que, desde que, a menos que, a não ser que*, etc.
Comparativa	Traz o fato com o qual se compara o que foi expresso na oração principal: *Ela sabe tanto* ***quanto eu (sei)***.	*que, do que* (depois de *mais, menos, maior, menor, melhor* e *pior*), *qual* (depois de *tal*), *como, assim como, bem como, quanto* (depois de *tanto*), *como se, que nem*
Proporcional	Indica um fato proporcional ao expresso na oração principal: ***Quanto mais o tempo passava****, mais o frio aumentava.*	*à medida que, ao passo que, à proporção que, enquanto, quanto mais* ou *quanto menos* (com *mais* ou *menos* na oração principal), etc.

Orações subordinadas reduzidas

Observe, analise, questione

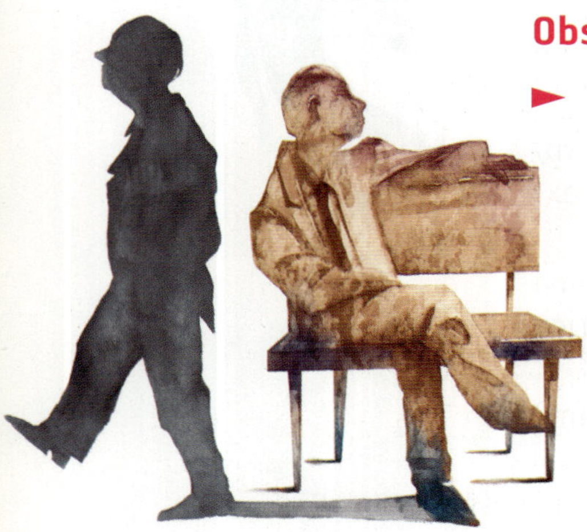

Leia mais uma vez esta fala da estátua de Mario Quintana.

> "— Pra mim, o corpo não era nem inspiração nem receptáculo. Acho que já era a minha estátua, esperando para se livrar de mim."

a) Compare as duas orações subordinadas destacadas a seguir e estabeleça as diferenças entre elas. Considere o modo como se ligam ao termo *estátua* e a forma como se apresenta o verbo *esperar*.

> "Acho que já era a minha estátua, esperando para se livrar de mim."

Acho que já era a minha estátua, que esperava para se livrar de mim.

b) Qual dessas duas orações analisadas é classificada como subordinada desenvolvida? Qual delas é subordinada reduzida? Explique por quê.

c) A oração "para se livrar de mim" também é uma subordinada reduzida. Transforme-a em desenvolvida.

d) Observe que as formas reduzida e desenvolvida da oração "para se livrar de mim" têm o mesmo sentido. Em sua opinião, qual dos dois estilos de escrita é mais adequado a esse texto? Explique.

As **orações subordinadas** podem se apresentar em **forma reduzida**, isto é, com verbo em uma das três formas nominais: **infinitivo**, **gerúndio** ou **particípio**.

As orações subordinadas reduzidas não são introduzidas por conjunções nem por pronomes relativos e classificam-se da mesma maneira que as subordinadas desenvolvidas, de acordo com a função sintática que exercem.

Observe estes exemplos de oração subordinada reduzida e sua classificação.

*"Pior é **ser** este corpo duro sentado num lugar duro."*

oração subordinada substantiva predicativa reduzida de infinitivo
(que eu seja este corpo duro)

__Ocorrido__ o cataclismo, as estátuas se encontraram.

oração subordinada adverbial temporal reduzida de particípio
(depois que ocorreu o cataclismo)

*"Fico de costas para a praia, só **ouvindo** o ruído do mar [...]."*

oração subordinada adverbial temporal reduzida de gerúndio
(enquanto ouço o ruído do mar)

Para guardar

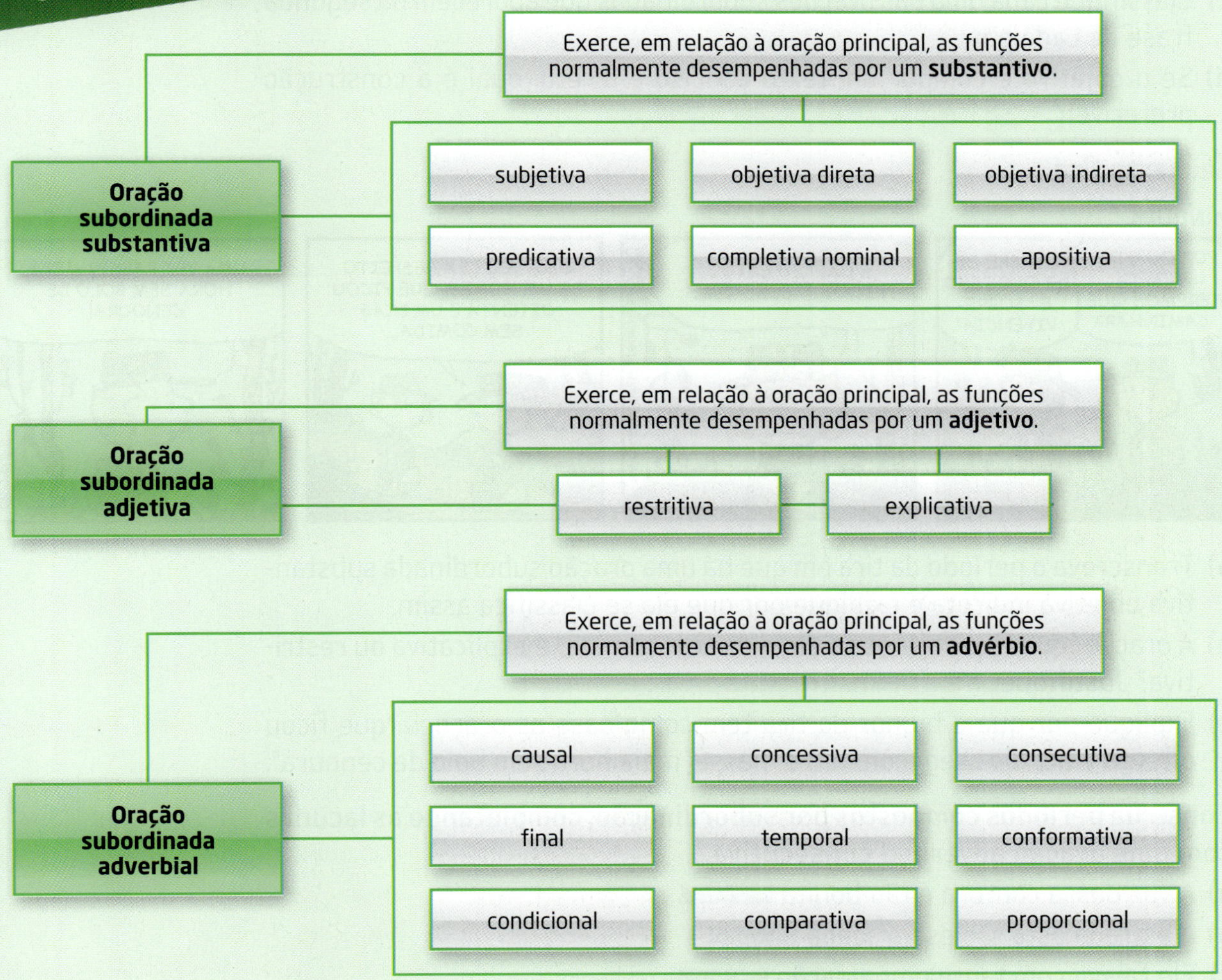

APLIQUE SEUS CONHECIMENTOS

1. Leia os pares de frases a seguir.

I. No restaurante, expliquei ao garçom **nossa dificuldade**.
No restaurante, expliquei ao garçom qual era a nossa dificuldade.

II. Considero **imperdoável** sua atitude de pouco caso.
Considero que foi imperdoável sua atitude de pouco caso.

III. Esqueci-me **da consulta médica**.
Esqueci-me de que tinha consulta médica.

IV. O juiz considerou **justa** a greve dos motoristas.
O juiz considerou que era justa a greve dos motoristas.

a) Qual é a função sintática do termo destacado na primeira frase de cada par?

b) O termo em destaque na primeira frase foi transformado em oração subordinada na segunda. Considerando as funções sintáticas desses termos e as classes gramaticais que normalmente exercem essas funções, indique que tipo de oração subordinada eles originaram: adjetiva, substantiva ou adverbial?

c) Classifique cada uma das orações subordinadas que aparecem na segunda frase de cada par.

d) Se o objetivo é compor um texto conciso e direto, qual é a construção preferível?

2. Leia esta tira.

MINDUIM CHARLES SCHULZ

a) Transcreva o período da tira em que há uma oração subordinada substantiva objetiva indireta e explique por que ela se classifica assim.

b) A oração "que ficou oitenta e um dias sem comida" é explicativa ou restritiva? Justifique.

c) Explique por que o humor da tira tem como base as orações "que ficou oitenta e um dias sem comida" e "passei meia hora sem bolo de cenoura".

3. Construa períodos compostos por subordinação, completando as lacunas com uma oração adverbial consecutiva.

a) A voz dessa cantora é tão bonita ______.

b) A estrada está tão esburacada ______.

c) Ele falava com tanta empolgação ______.

4. **Copie a oração subordinada adverbial de cada período e classifique-a de acordo com a circunstância que exprime.**
   a) Como eu estava doente, papai adiou nosso passeio.
   b) Embora ainda faltassem duas semanas para o fim do ano, todos já se preparavam para as férias.
   c) Os filhos estão mais chateados do que parece.
   d) Ao chegar em casa, surpreendi-me com a barulheira que vinha lá de dentro.

5. **Leia esta outra tira.**

GARFIELD — JIM DAVIS

   a) Na fala de Jon no primeiro quadrinho, encontramos uma oração subordinada adverbial. Copie-a e classifique-a.
   b) Nessa mesma fala, há uma oração principal, "Sabe", após a qual está subentendida a conjunção *que* ("Sabe [que]"). Que oração subordinada complementa o sentido dessa principal? Como ela se classifica?
   c) Escreva o período dito por Jon no primeiro quadrinho, mas substituindo "fico mais bonito" por uma oração que expresse a opinião de Garfield no último quadrinho.
   d) Explique por que a sugestão de Garfield no final torna a tira engraçada.

6. **Transcreva as orações subordinadas reduzidas destacadas nas frases a seguir e classifique-as. Veja o modelo:**

Terminado o jogo, fui direto para casa.

T*erminado o jogo = quando terminou o jogo.*

Terminado o jogo = subordinada adverbial temporal reduzida de particípio.

   a) Ao chegarem as férias, minha família irá para a praia.
   b) Para estudar, eu preciso de um lugar silencioso.
   c) É necessário respeitar os idosos.
   d) Recebi como prêmio um pacote contendo livros sobre o Brasil.
   e) Provado o crime, o réu será condenado a dez anos de prisão.

7. **Escreva um bilhete pedindo autorização a seus pais para fazer algo.**
   a) Empregue uma oração subordinada substantiva para fazer o pedido.
   b) Empregue uma oração subordinada adverbial para justificá-lo.

E por falar nisso...

Em março de 2011, um terremoto e um *tsunami* atingiram o Japão causando destruição e morte. Após a tragédia, o jornal *Folha de S.Paulo* publicou uma charge de João Montanaro inspirada numa famosa xilogravura japonesa. A charge acabou provocando polêmica. Observe as imagens a seguir:

Vídeo

As liberdades têm limites

JOÃO MONTANARO/FOLHAPRESS

HISTORICAL PICTURE ARCHIVE/CORBIS-LATINSTOCK-COLEÇÃO PARTICULAR

A charge de João Montanaro publicada na *Folha de S.Paulo*, em 12 de março de 2011, inspira-se na xilogravura *A grande onda de Kanagawa*, de Katsushika Hokusai (1760-1849), produzida entre 1829 e 1833.

1. **Considerando as relações entre as duas imagens, levante hipóteses:**
   a) Que tipo de polêmica a charge de João Montanaro pode ter gerado?
   b) Qual poderia ter sido o teor das críticas?
   c) Em sua opinião, a intenção de João Montanaro foi produzir humor ou expressar uma opinião a respeito da tragédia? Explique.

2. **Converse com seus amigos de turma: em que outras situações o riso pode ser incômodo e gerar conflitos?**

LEITURA E PRODUÇÃO DE TEXTO

Contexto

Em certa ocasião, o autor Carlos Drummond de Andrade, com seu jeito poeticamente peculiar, pronunciou-se a respeito da frivolidade (insignificância, futilidade) e da importância da crônica.

> De fato, tenho certa prática em frivoleiras matutinas a serem consumidas com o primeiro café. [...] É preciso que em meio à catadupa de desastres venha de roldão alguma coisa insignificante em si, mas que adquira significado pelo contraste com a monstruosidade dos desastres. Pode ser um pé de chinelo, uma pétala de flor, duas conchinhas da praia, o salto de um gafanhoto, uma caricatura, o rebolado de uma corista, o assobio do rapaz da lavanderia [...] pode ser tanta coisa!
>
> In: José Carlos de Azeredo. *Ensino de português*: fundamentos, percursos, objetos. Rio de Janeiro: Jorge Zahar, 2007. p. 193. (Fragmento).

Observe como as palavras de Drummond se confirmam na crônica "O importuno", de sua autoria, em que uma situação divertida é motivada por um jogo de futebol da seleção brasileira.

GLOSSÁRIO

Catadupa: derramamento, jorro.

De roldão: de repente.

A produção em foco

Ao final da unidade, você produzirá uma crônica de humor. Durante a próxima leitura, fique atento:

- aos elementos narrativos da crônica;
- aos elementos que servem de base à construção do humor;
- à crítica presente na narrativa;
- à linguagem empregada.

O importuno

— Que negócio é esse? Ninguém me atende?

A muito custo, atenderam; isto é, confessaram que não podiam atender, por causa do jogo com a Bulgária.

— Mas que é que eu tenho com o jogo da Bulgária, façam-me o favor? E os senhores por acaso foram escalados para jogar?

O chefe da seção aproximou-se, apaziguador:

— Desculpe, cavalheiro. Queira voltar na quinta-feira, 14. Quinta-feira não haverá jogo, estaremos mais tranquilos.

— Mas prometeram que meu papel ficaria pronto hoje, sem falta.

— Foi um lapso do funcionário que lhe prometeu tal coisa. Ele não se lembrou da Bulgária. O Brasil lutando com a Bulgária, o senhor quer que o nosso pessoal tenha cabeça fria para informar papéis?

— Perdão, o jogo vai ser logo mais, às 15 horas. É meio-dia, e já estão torcendo?

— Ah, meu caro senhor, não critique nossos bravos companheiros, que fizeram o sacrifício de vir à repartição trabalhar, quando podiam ficar em casa ou na rua, participando da emoção do povo...

— Se vieram trabalhar, por que não trabalham?

— Porque não podem, ouviu? Porque não podem. O senhor está ficando impertinente. Aliás, disse logo de saída que não tinha nada com o jogo com a Bulgária! O Brasil em guerra — porque é uma verdadeira guerra, como acentuam os jornais — nos campos da Europa, e o senhor, indiferente, alienado, perguntando por um vago papel, uma coisinha individual, insignificante, em face dos interesses da pátria!

— Muito bem! Muito bem! — funcionários batiam palmas.

— Mas, perdão, eu... eu...

GLOSSÁRIO

Importuno: inconveniente, inoportuno.

Apaziguador: pacificador.

Lapso: falha, descuido.

Impertinente: atrevido, desrespeitoso.

GLOSSÁRIO

Dissensões: desavenças, desacordos.

4-2-4: esquema tático de futebol formado por 4 jogadores na defesa, 2 no meio-campo e 4 no ataque.

4-3-3: esquema tático de futebol formado por 4 jogadores na defesa, 3 no meio-campo e 3 no ataque.

Antes do Estudo do texto

1. Se não tem certeza de ter compreendido bem o texto, leia-o novamente.
2. Procure identificar as ideias apresentadas no texto e reflita: você concorda com elas? Por quê?
3. Ao responder às questões a seguir, procure empregar o que já aprendeu ao ler outros textos e seja preciso em suas respostas.

— Já sei que vai se desculpar. O momento não é para dissensões. O momento é de união nacional, cérebros e corações uníssonos. Vamos, cavalheiro, não perturbe a preparação espiritual dos meus colegas, que estão analisando a seleção búlgara e descobrindo meios de frustrar a marcação de Pelé. O senhor acha bem o 4-2-4, ou prefere o 4-3-3?

— Bem, eu... eu...

— Compreendo que não queira opinar. É muita responsabilidade. Eu, aliás, não forço opinião de ninguém. Esta algazarra que o senhor está vendo resulta da ampla liberdade de opinião com que se discute a formação do selecionado. Todos querem ajudar, por isso cada um tem sua ideia própria, que não se ajusta com a ideia do outro, mas o resultado é admirável. A unidade pela diversidade. Na hora da batalha, formamos a frente única.

— Está certo, mas será que, voltando na quinta-feira, eu encontro o meu papel pronto mesmo?

— Ah, o senhor é terrível, nem uma hora dessas esquece o seu papelzinho! Eu disse quinta-feira? Sim, certamente, pois é dia de folga no campeonato. Mas espere aí, com quatro jogos na quarta-feira, e o gasto de energia que isso determina, como é que eu posso garantir o seu papel para quinta-feira? Quer saber de uma coisa? Seja razoável, meu amigo, procure colaborar, procure ser bom brasileiro, volte em agosto, na segunda quinzena de agosto é melhor, depois de comemorarmos a conquista do Tri.

— E... se não conquistarmos?

— Não diga uma besteira dessas! Sai, azar! Vá-se embora, antes que eu perca a cabeça e...

Vozes indignadas:

— Fora! Fora!

O servente sobe na cadeira e comanda o coro:

— Bra-sil! Bra-sil! Bra-sil!

Está salva a honra da torcida, e o importuno retira-se precipitadamente.

13-VII-1966

CARLOS DRUMMOND DE ANDRADE. *Caminhos de João Brandão*. 5. ed. Prefácio de Renato Janine Ribeiro. Rio de Janeiro: Record, 2002. p. 122-124.

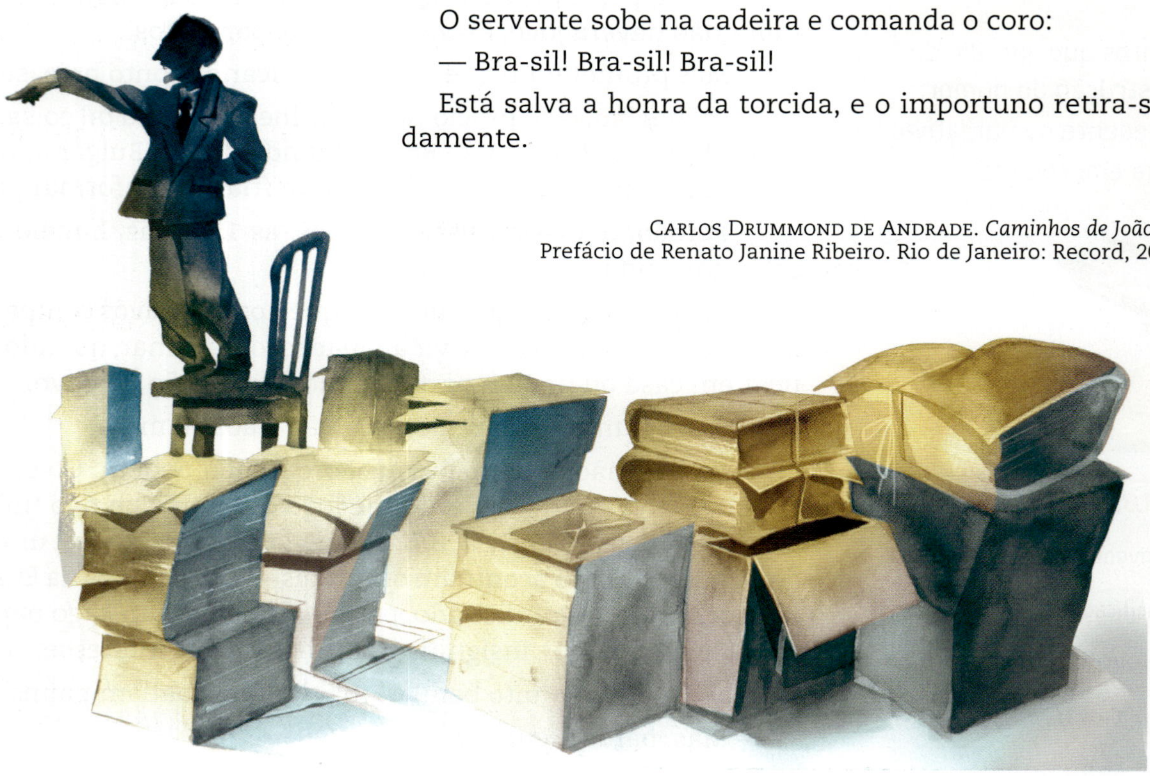

ESTUDO DO TEXTO

Depois de ler

1. **Qual é a situação cotidiana apresentada pela crônica?**

2. **O título da crônica refere-se a quem? Por quê?**

3. **Em "Estátuas", o narrador não era personagem e estava em 3ª pessoa, assim como na crônica que você acabou de ler. Por que não seria adequado um narrador em 1ª pessoa em nenhum dos dois casos?**

4. **Para entender completamente o sentido de um texto, é preciso conhecer seu contexto de produção.**

a) Que conhecimento de mundo é necessário para compreender o sentido dessa crônica?

b) A que época a crônica se refere? Transcreva do texto expressões e palavras que justifiquem sua resposta.

5. **Em alguns trechos do texto, o jogo de futebol e a torcida são comparados, explícita ou implicitamente, a uma guerra.**

a) Transcreva palavras ou expressões que sugiram essa identificação.

b) Ao fazer tal comparação, o funcionário procura despertar no interlocutor o sentimento de patriotismo. É possível dizer que ele empregou, nesse caso, uma estratégia argumentativa? Por quê?

6. **O funcionário é a personagem que tem as falas mais longas no diálogo. Analise a linguagem usada por ele e identifique:**

a) o grau de formalidade e se ele é adequado ao contexto;

b) o efeito que essa linguagem produz na crônica.

7. A ironia, **recurso de linguagem muito utilizado na construção do humor, consiste em dizer o contrário do que se quer dar a entender. Escolha e copie, entre os trechos a seguir, aquele em que foi empregada a ironia. Justifique sua resposta.**

a) "— Mas que é que eu tenho com o jogo da Bulgária, façam-me o favor? E os senhores por acaso foram escalados para jogar?"

b) "— Ah, o senhor é terrível, nem uma hora dessas esquece o seu papelzinho!"

c) "Compreendo que não queira opinar. É muita responsabilidade. Eu, aliás, não forço opinião de ninguém."

d) "— Não diga uma besteira dessas! Sai, azar! Vá-se embora, antes que eu perca a cabeça e..."

8. **Provavelmente você já ouviu frases como estas:**

Brasileiro sempre quer levar vantagem em tudo.

Pessoas bonitas não são inteligentes.

> Frases assim constituem um recurso muito utilizado na construção do humor: os **estereótipos**, ideias que rotulam e tentam categorizar determinados grupos de pessoas.

a) O humor e a crítica social presentes na crônica foram construídos a partir de dois estereótipos distintos. Identifique-os copiando a afirmação correta.
   - O Brasil é o país do futebol e todo brasileiro é preguiçoso.
   - O Brasil é o país do futebol e nenhum funcionário público gosta de trabalhar.
   - Todo brasileiro é preguiçoso e Pelé é o maior jogador de todos os tempos.

b) Como esses estereótipos aparecem na crônica?

c) Você concorda com a crítica e os estereótipos presentes no texto?

9. Além do uso da ironia e dos estereótipos, que outros recursos o autor utiliza para construir o humor nessa crônica?

PRODUÇÃO DE TEXTO — Crônica de humor

O que você vai produzir

Nesta unidade, você vai produzir uma crônica de humor que fará parte de um audiolivro disponível na biblioteca da escola.

Planeje e escreva sua crônica

1. O primeiro passo é selecionar uma situação comum do dia a dia. Pode ser o percurso de ida para a escola, uma disputa de *videogame* entre amigos ou a ida à padaria ou ao supermercado, por exemplo.

2. Por ser uma crônica narrativa, seu texto deve conter os principais momentos da ação: situação inicial, conflito, clímax e desfecho. Inicialmente, imagine o conflito da crônica e, depois, desenvolva seu texto a partir dele.

3. Defina se o narrador será em 1ª ou em 3ª pessoa. Fique atento para que os verbos e os pronomes estejam coerentes com o foco narrativo.

4. Utilize os recursos que produzem humor: o absurdo, o inesperado, o exagero, a ironia, etc. Para que esses recursos não sejam empregados gratuitamente, lembre-se das discussões e reflexões sobre os limites do humor que você fez ao longo da unidade.

5. Seu texto deve ser conciso. Use as palavras na medida certa para garantir a clareza e a elegância do texto.

6. Elabore um final que surpreenda o leitor ou ouvinte de sua crônica.

7. Não se esqueça de dar título à sua produção.

Na hora de produzir

1. Siga as orientações apresentadas nesta seção.
2. Lembre-se de que você já leu e analisou textos do gênero que vai produzir. Se for o caso, retome o **Estudo do texto**.
3. Diante da folha em branco, persista. Nenhum texto fica pronto na primeira versão.

Avalie sua produção

Revise sua crônica de acordo com os aspectos apresentados no quadro a seguir. Passe o texto a limpo, corrigindo o que for necessário.

Aspectos importantes em relação à proposta e ao sentido do texto
Crônica
1. Apresenta os quatro momentos principais da ação (situação inicial, conflito, clímax e desfecho)?
2. Está concisa?
3. Narra um acontecimento corriqueiro, cotidiano?
4. Faz uso de recursos que produzem o humor (o absurdo, o exagero, o inesperado, etc.)?
5. Está escrita em uma linguagem mais informal?
Aspecto importante em relação à ortografia, à pontuação e às demais normas gramaticais
Está livre de problemas de ortografia e de pontuação relacionados a regras já estudadas?
Aspecto importante na apresentação da produção escrita
Está com apresentação adequada, letra legível e sem rasuras?

Produza e divulgue o audiolivro

Sob a orientação do professor, você e seus colegas vão se reunir em grupos para a elaboração do audiolivro.

1. **Antes da gravação, apresentem sua crônica para os demais componentes do grupo que avaliarão a leitura observando a entonação, o ritmo, a clareza e o humor transmitidos.**

2. **Tomem nota das observações feitas pelos colegas e, em casa, leiam várias vezes o texto até se sentirem preparados para a gravação.**

3. **No dia combinado pelo professor, gravem com os colegas as crônicas da classe. Vocês poderão utilizar gravadores ou aparelhos celulares que tenham esse recurso.**

4. **Mantenham a calma ao fazer a leitura. Identifiquem-se e utilizem um tom de voz audível que permita fazer as modulações de voz adequadamente. Se vocês e o professor considerarem necessário, regravem a crônica.**

5. **Se quiserem e acharem pertinente, divertido ou interessante, incluam sonoplastia — efeitos sonoros, como música, ruídos, sons de animais, etc.**

6. **Se optarem pela gravação digital, reúnam todas as leituras em um CD. Vocês poderão utilizar a sala de informática da escola ou o computador pessoal de algum aluno.**

7. **Juntem a gravação e as crônicas escritas em uma pasta, deem um título à coletânea (exemplo: "Coletânea de crônicas de humor dos alunos do 9º ano") e encaminhem o material à biblioteca da escola.**

8. **Divulguem o audiolivro por meio de cartazes para despertar o interesse nos demais alunos e funcionários da escola.**

> **Audiolivro**
>
> É um CD ou um MP3 que contém a gravação da leitura de um livro. Com ele, as pessoas podem desfrutar da leitura em diferentes situações. Também é um recurso que possibilita o acesso de portadores de deficiência visual a contos, crônicas, poemas e demais gêneros textuais.

UNIDADE

2

NUM FUTURO NÃO TÃO DISTANTE...

COLLECTION CHRISTOPHEL/OTHER IMAGES

Tema: ficção científica.

ESTUDO DAS IMAGENS

1. As imagens exibidas aqui são cenas de filmes. Compartilhe o que sabe sobre eles com os colegas.
2. O futuro apresentado nessas histórias não é promissor. Leia o boxe Saiba mais e explique: o pessimismo seria a única explicação para esses enredos? Lembre-se: é importante escutar com atenção e expressar-se com clareza.

Foto 1: *1984* (Reino Unido, Michael Radford, 1984). Foto 2: *Matrix reloaded* (EUA, Andy e Lana Wachowski, 2003). Foto 3: *Eu, robô* (EUA, Alex Proyas, 2004). Foto 4: *Jogos vorazes* (EUA, Gary Ross, 2012).

20TH CENTURY FOX FILM CORP/ EVERETT COLLECTION/KEYSTONE BRASIL

Em foco nesta unidade

- O conto de ficção científica
- A construção da verossimilhança e do suspense
- Orações coordenadas
- Conjunções coordenativas
- Ortoépia e prosódia
- Produção: continuação de uma narrativa de ficção científica

2

WARNER BROTHERS/JASIN BOLAND/LFI/ PHOTOSHOT/OTHER IMAGES

4

STUDIOCANAL/MURRAY CLOS/ COLLECTION CHRISTOPHEL/ OTHER IMAGES

Saiba +

Livros que viraram filmes

Em 1949, George Orwell escreveu *1984*, ficção em que o Grande Irmão (personagem que deu origem à expressão "Big Brother") mantém toda a população sob cruel vigilância.

Isaac Asimov publicou em 1950 o conto "Eu, robô", que questionava os limites entre o homem e a máquina em um futuro que se passa em 2035.

Em 2008, Suzanne Collins publicou *Jogos vorazes*, história em que um grupo pequeno de pessoas controla e explora os cidadãos em um futuro não determinado.

No filme *Matrix*, um programador descobre que vive em um futuro pós-catástrofe nuclear e que todos são mantidos em uma espécie de sonho e controlados por computadores.

LEITURA

Contexto

O conto que você vai ler foi escrito em 1951, seis anos após o final da Segunda Guerra Mundial e a explosão das bombas atômicas no Japão. Nessa década, os eletrodomésticos, entre eles a televisão, invadiram os lares norte-americanos. Além disso, nesse período teve início também a Guerra Fria, disputa política entre Estados Unidos e União Soviética que levou a muitos questionamentos a respeito dos limites do poder e das liberdades individuais. Leia o texto a seguir, e descubra o que acontece com a personagem de Ray Bradbury, um cidadão que vive em 2053 e gosta de caminhar e de escrever.

Antes de ler

1. Como você imagina que seria uma cidade em 2053? As ruas seriam vazias ou congestionadas? Por quê?
2. Que recursos tecnológicos poderiam ser empregados nessa época?
3. Pelo título "O pedestre", como você imagina a história a seguir?

O pedestre

Penetrar no silêncio que era a cidade, às oito horas de uma nevoenta noite de novembro, pôr os pés na calçada de concreto irregular, trincas onde a grama nasceu e seguir de mãos nos bolsos através de silêncios, isso era o que o sr. Leonard Mead adorava fazer. Ele ficaria na esquina de um cruzamento olhando extensas avenidas de calçadas indo em quatro direções, iluminadas pela lua, decidindo qual seguir, embora não fizesse realmente nenhuma diferença, ele estava sozinho nesse mundo do ano de 2053, ou como se estivesse, e com uma decisão final tomada, no caminho escolhido, ele andaria com passos largos, formando desenhos de ar gelado à sua frente [...].

Às vezes, ele caminhava durante horas e quilômetros e retornava, só à meia-noite, para sua casa. E no seu percurso veria os chalés e as casas com suas janelas escuras, e não parecia diferente de caminhar através de um cemitério, onde apenas a **tênue** luz **bruxuleante** de vaga-lumes surgia em lampejos atrás das janelas. Repentinos fantasmas cinzentos se manifestavam dentro das paredes dos cômodos onde uma cortina permanecia fechada contra a noite, ou se ouviam sussurros e murmúrios onde uma janela em um prédio **tumular** ainda estava aberta.

O sr. Leonard Mead faria uma pausa, aprumaria a cabeça, ouviria, olharia e iria embora sem fazer barulho na calçada irregular. Fazia muito tempo que ele sabiamente havia decidido usar tênis para sair à noite, porque os cães, em intermitentes esquadrões, cercariam sua caminhada de latidos se ele usasse sapatos comuns e as luzes poderiam se acender e rostos apareceriam e uma rua inteira se sobressaltaria com a passagem de uma criatura solitária, ele próprio, em uma noite do início de novembro.

Nessa noite em particular, ele iniciou sua caminhada rumo a oeste, na direção do mar escondido. Havia uma geada cristalina no ar; ela invadiu seu nariz e fez os pulmões luzirem como uma árvore de Natal interna, dava para sentir a luz fria piscando, todos os galhos cobertos de neve invisível. Ele ouvia a pressão de seus sapatos macios sobre as folhas de outono prazerosamente e assoviava uma melodia fria e suave por entre os dentes, pegando uma folha ocasionalmente enquanto ia passando, examinando seu desenho esquelético sob a luz de uma ou outra lâmpada, à proporção em que se deslocava, sentindo seu odor ferruginoso.

"Ó de casa!", ele murmurava para cada casa por onde passava. "O que está passando no canal 4, no canal 7, no canal 9? Para onde estão indo os caubóis, posso ver a cavalaria, na próxima colina, pronta para entrar em ação?"

A rua era silenciosa, comprida e vazia, só havia a sombra dele movendo-se como a sombra de um falcão no meio do campo. Se ele fechasse os olhos e ficasse imóvel, enregelado, poderia se ver no centro de uma planície, um invernal deserto americano, sem vento, sem uma só casa por centenas de quilômetros, e apenas leitos secos de rios, as ruas por companhia.

[...]

Aquilo era o som de uma risada saindo da casa cor de lua? Ele hesitou, mas retomou a caminhada quando nada mais aconteceu. Tropeçou em uma região particularmente irregular da calçada. O concreto estava desaparecendo sob flores e grama. Em dez anos de caminhada à noite ou durante o dia, por milhares de milhas, ele nunca havia encontrado outra pessoa, nem mesmo uma única vez.

[...]

Ele virou em uma rua lateral, fazendo meia-volta em direção à sua casa. Estava a uma quadra de seu destino quando um carro solitário virou a esquina repentinamente e jogou um violento cone de luz branca sobre ele. Ele ficou estatelado, não muito diferente de uma mariposa noturna, atordoada pela luz e então atraída por ela.

GLOSSÁRIO

Tênue: fraca; quase imperceptível.

Bruxuleante: oscilante, que oscila fracamente.

Tumular: sepultar.

Estatelado: espantado, assombrado, estarrecido.

Uma voz metálica disse a ele:

"Parado. Fique onde está, não se mexa!"

Ele se deteve.

"Mãos ao alto!"

"Mas...", ele disse.

"Mãos para cima! Ou atiramos!"

A polícia, claro, mas que coisa rara e incrível; em uma cidade de três milhões de habitantes, havia apenas *um* único carro de polícia! [...] A criminalidade estava declinando; não havia mais necessidade de polícia, exceto por esse único e solitário carro vagando e vagando pelas ruas vazias.

"Qual o seu nome?", disse o carro de polícia com um sussurro metálico. Ele não conseguia ver os homens dentro do carro devido ao forte clarão em seus olhos.

"Leonard Mead", ele disse.

"Fale alto!"

"Leonard Mead!"

"Ocupação ou profissão?"

"Acho que poderiam me chamar de escritor."

"Sem profissão", disse o carro de polícia, como se falasse para si próprio. A luz o mantinha estático, como um espécime em um museu, alfinete trespassado no peito.

"Pode-se dizer que sim", disse o Sr. Mead. Ele não escrevia fazia muitos anos. Revistas e livros não tinham mais muita saída. *Todas as coisas seguiam seu rumo nas casas sepulcrais, agora à noite,* ele pensou, prosseguindo em sua fantasia.

Os **sepulcros** mal iluminados pela luz dos televisores onde as pessoas se sentavam, como os mortos, com as luzes cinza ou multicoloridas tocando seus rostos, mas nunca realmente *as* tocando.

"Sem profissão", **sibilou** a voz **fonográfica**. "O que o senhor está fazendo aqui fora?"

[...]

"Só caminhando", ele disse simplesmente, mas o rosto ficou gelado.

"Caminhando, só caminhando, caminhando?"

"Sim, senhor."

"Caminhando aonde? Para quê?"

"Caminhando para tomar ar. Caminhando para ver."

"Seu endereço!"

"Rua Saint-James, sul, número 11."

[...]

"E o senhor tem uma tela-visor em sua casa para ver as coisas?"

"Não."

"Não?"

Houve um silêncio **estrepitoso** que era por si só uma acusação.

"O senhor é casado, senhor Mead?"

GLOSSÁRIO

Sepulcros: sepulturas, túmulos.

Sibilou: produziu som agudo e contínuo; assobiou como cobra.

Fonográfica: relativa à fonografia (maneira de representar os sons das palavras).

Estrepitoso: ruidoso, barulhento.

"Não."

"Não é casado", disse a voz policial detrás do feixe ofuscante. A lua era alta e clara entre as estrelas e as casas eram cinza e silenciosas.

[...]

O carro de polícia permanecia no meio da rua zumbindo fracamente com sua garganta radiofônica.

"Bem, senhor Mead", disse o carro.

"Isso é tudo?", ele perguntou educadamente.

"Sim", disse a voz. "Aqui."

Houve um suspiro, um estalo. A porta de trás do carro de políca escancarou-se.

"Entre."

"Espere aí, eu não fiz nada!"

"Entre."

"Eu protesto!"

"Senhor Mead."

[...] Ao passar pela janela da frente do carro, olhou para dentro. Conforme esperava, não havia ninguém no banco da frente, ninguém em todo o carro.

"Entre."

Ele pôs a mão na porta e examinou o banco traseiro, uma pequena cela, um carcerezinho negro com barras. Tinha cheiro de aço rebitado, cheiro de antisséptico acre, cheiro de limpo demais, duro e metálico. Não havia nada suave ali.

"Se o senhor pelo menos tivesse uma esposa para lhe servir de álibi", disse a voz férrea. "Mas..."

"Aonde estão me levando?"

O carro hesitou, ou melhor, deu um fraco estalido, como se a informação, em algum lugar, tivesse chegado através de cartão perfurado sob olhos elétricos.

"Ao Centro Psiquiátrico de Pesquisa em Tendências Regressivas."

Ele entrou. A porta se fechou com um baque surdo. O carro de polícia rodou pelas avenidas da noite, projetando suas luzes fracas.

Passaram por uma casa em uma rua, logo em seguida, uma casa em toda a cidade de casas escuras, essa casa em particular tinha todas as suas luzes elétricas brilhantemente acesas, cada janela uma iluminação amarela, quadrada e morna na escuridão fria.

"Aquela é a *minha* casa", disse Leonard Mead.

Ninguém respondeu.

O carro desceu as ruas vazias como leitos de rio e foi embora, deixando as ruas vazias, com calçadas vazias, e nenhum som e nenhum movimento por todo o resto da fria noite de novembro.

Ray Bradbury.
A cidade inteira dorme e outros contos breves.
Trad.: Deisa Chamahum Chaves.
São Paulo: Globo, 2008. p. 160-166. (Fragmento).

GLOSSÁRIO

Radiofônica: relativa à radiofonia (emissão veiculada pelo rádio).

Antisséptico: desinfetante; germicida; que impede a proliferação de micróbios.

Antes do Estudo do texto

1. Se não tem certeza de ter compreendido bem o texto, leia-o novamente.
2. Procure identificar as ideias apresentadas no texto e reflita: Você concorda com elas? Por quê?
3. Ao responder às questões a seguir, procure empregar o que já aprendeu ao ler outros textos e seja preciso em suas respostas.

ESTUDO DO TEXTO

Compreensão do texto

1. Relacione o título do texto ao enredo.

a) Por que o fato de o protagonista ser um pedestre é algo tão importante?

b) Para onde ele se dirigia?

c) A comparação entre a geada e uma árvore de natal reluzente permite imaginar os sentimentos da personagem em relação à caminhada. Que sentimentos são esses?

2. O sr. Leonard Mead não estava sozinho na cidade.

a) Encontre no texto o trecho que informa quantas pessoas havia na cidade.

b) O que fazem e como são caracterizadas as pessoas que estão dentro das casas?

3. Qual das palavras do quadro reflete melhor a caracterização tanto do sr. Leonard (protagonista) quanto da paisagem (cenário)? Por quê?

desamparo	despovoamento	desolação
tristeza	desertificação	

4. De acordo com o texto, por que a polícia decide levar Leonard?

- Quando Leonard Mead responde que não possui uma tela-visor em casa, faz-se um silêncio que vale por uma acusação. O que esse silêncio sugere a respeito da importância de se ter uma tela-visor?

5. Para onde a polícia vai levar Leonard? Em sua opinião, o que é feito nesse lugar?

6. Releia atentamente o diálogo abaixo.

> "'Aquela é a *minha* casa'", disse Leonard Mead."

a) O destaque em itálico do pronome pessoal *minha* dá ênfase à entonação. Qual a importância dessa ênfase nesse momento da história?

b) O que é possível deduzir pelo fato de a casa de Leonard Mead estar toda acesa?

7. Agora explique por que o numeral um **está em itálico na frase abaixo.**

> "A polícia, claro, mas que coisa rara e incrível; em uma cidade de três milhões de habitantes, havia apenas *um* único carro de polícia!"

8. Copie a afirmação que relaciona o trecho em destaque ao emprego do itálico no fragmento a seguir.

> "*Todas as coisas seguiam seu rumo nas casas sepulcrais, agora à noite*, ele pensou, prosseguindo em sua fantasia."

- O trecho "prosseguindo em sua fantasia" sugere que os trechos mais poéticos aparecem em itálico, porque traduzem a maneira como a personagem, que era escritor, via as coisas.
- O trecho "prosseguindo em sua fantasia" sugere que os trechos menos poéticos aparecem em itálico, porque traduzem a maneira como a personagem, que era escritor, via as coisas.

- O trecho "prosseguindo em sua fantasia" sugere que os trechos mais poéticos não aparecem em itálico, porque traduzem a maneira como a personagem, que era escritor, via as coisas.

9. Reúna-se com um colega e, com base nas informações apresentadas no texto, explique como parecia ser a sociedade em que vivia Leonard Mead.

a) Com base nas reflexões anteriores, compare a sociedade do futuro criada por Ray Bradbury às sociedades imaginadas pelos autores das histórias apresentadas na abertuda da Unidade.

b) Com base nas informações do boxe **Contexto**, no início da **Leitura**, responda: esse conto pode ser uma crítica às mudanças que ocorriam no período em que foi escrito? Por quê?

c) Se você tivesse que imaginar uma sociedade do futuro, como ela seria? Por que ela seria dessa forma?

Ray Douglas Bradbury

FRANK CAPRI/SAGA/GETTY IMAGES

O autor em 1992.

Escritor norte-americano (1920-2012), ele classificava a si mesmo como um contador de histórias.

Sua obra inclui, entre outros, contos, romances, peças de teatro, poesia, literatura infantil e roteiros para rádio, televisão e cinema. É mais conhecido por suas obras *Crônicas marcianas* (1950) e *Fahrenheit 451* (1953).

A língua em uso: os sentidos do texto

1. Releia este parágrafo.

> "A rua era silenciosa, comprida e vazia, só havia a sombra dele movendo-se como a sombra de um falcão no meio do campo. Se ele fechasse os olhos e ficasse imóvel, enregelado, poderia se ver no centro de uma planície, um invernal deserto americano, sem vento, sem uma só casa por centenas de quilômetros, e apenas leitos secos de rios, as ruas por companhia."

a) Nesse trecho, o narrador usa a linguagem figurada. Explique as comparações que falam do falcão no meio do campo e dos leitos secos de rios.

b) Copie do texto outro trecho que faz referência aos leitos secos de rios. Sublinhe nele as palavras repetidas e explique por que ocorre essa repetição.

2. Releia o trecho a seguir.

> "E no seu percurso veria os chalés e as casas com suas janelas escuras, e não parecia diferente de caminhar através de um cemitério, onde apenas a tênue luz bruxuleante de vaga-lumes surgia em lampejos atrás das janelas. Repentinos fantasmas cinzentos se manifestavam dentro das paredes dos cômodos onde uma cortina permanecia fechada contra a noite, ou se ouviam sussurros e murmúrios onde uma janela em um prédio tumular ainda estava aberta."

- Os elementos destacados no trecho acima foram empregados para dar ênfase a que aspectos da história?

3. No trecho a seguir, explique com que significados é empregado o verbo tocar.

> "Os sepulcros mal iluminados pela luz dos televisores onde as pessoas se sentavam, como os mortos, com as luzes cinza ou multicoloridas tocando seus rostos, mas nunca realmente *as* tocando."

- O pronome *as* está destacado em itálico no original. A que esse pronome se refere e qual o sentido produzido pelo destaque?

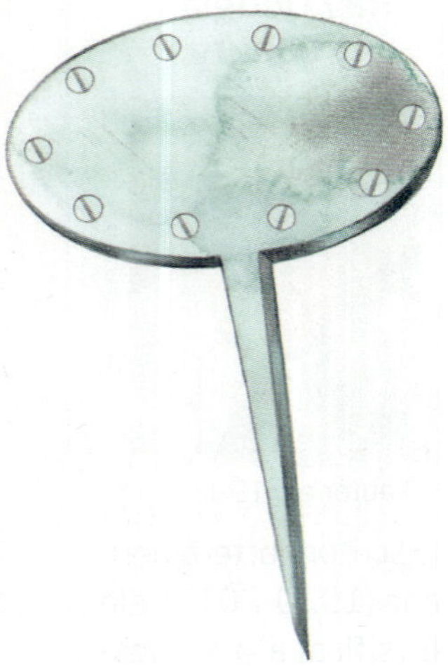

4. Observe as frases empregadas para fazer referência à polícia.

> "Uma voz metálica disse a ele:"

> "disse o carro de polícia com um sussurro metálico"

> "sibilou a voz fonográfica"

> "O carro de polícia permanecia no meio da rua zumbindo fracamente com sua garganta radiofônica"

> "disse o carro"; "disse a voz"; "disse a voz férrea".

a) Que substantivos são empregados para fazer referência à polícia?

b) De que forma os adjetivos em destaque contribuem para que o leitor perceba que não há ninguém no carro de polícia?

5. Leia o trecho abaixo.

> "Penetrar no silêncio que era a cidade, às oito horas de uma nevoenta noite de novembro, pôr os pés na calçada de concreto irregular, trincas onde a grama nasceu e seguir de mãos nos bolsos através de silêncios, isso era o que o sr. Leonard Mead adorava fazer."

- A que se refere o pronome *isso* no trecho? Ele pode ser considerado um elemento de coesão? Por quê?

6. Leia novamente a frase a seguir e responda às questões.

> "'Ó de casa!', ele murmurava para cada casa por onde passava."

a) Por que, nesse contexto, é incomum o emprego do verbo *murmurar*?

b) O que o emprego desse verbo revela a respeito das intenções da personagem?

O conto de ficção científica

1. O conto de ficção científica tem estrutura parecida com a de outros contos modernos e algumas características particulares.

a) Quais são os elementos da ação (situação inicial, conflito, clímax e desfecho)?

b) Por que o tempo em que se passa a ação é uma pista de que esse é um conto de ficção científica?

c) Quais características do espaço e das personagens permitem imaginar que esse é um conto de ficção científica?

2. Quem é o sr. Leonard Mead: o autor, o narrador ou o protagonista?

3. Leia a seguir uma das definições da palavra coerência.

> "**coerência** [...] ligação, nexo ou harmonia entre dois fatos ou duas ideias; relação harmônica [...], harmonia de uma coisa com o fim a que se destina. [...]"
>
> Instituto Antônio Houaiss. *Dicionário eletrônico Houaiss da língua portuguesa*. Rio de Janeiro: Objetiva, 2009. (Fragmento).

- Agora observe o trecho abaixo. Ele está coerente com o restante do enredo? Seria possível que ocorresse esse fato no ano 2053? Por quê?

> "A polícia, claro, mas que coisa rara e incrível; em uma cidade de três milhões de habitantes, havia apenas *um* único carro de polícia! [...]"

O conto que você acabou de ler refere-se a uma sociedade no futuro, desumanizada, que tem sua vida privada completamente controlada. Os elementos dessa narrativa de ficção científica são coerentes entre si e, portanto, dão a ideia ao leitor de que essa sociedade pode existir.

Os **contos de ficção científica** caracterizam-se por apresentar histórias que ocorrem, geralmente, no futuro e que são marcadas pelo alto desenvolvimento tecnológico.

A **ficção científica** é caracterizada por cenários e recursos tecnológicos ainda inexistentes no momento da criação da obra, mas virtualmente possíveis de acordo com a ciência, como naves espaciais que atingem velocidades incríveis, viagens no tempo, contato com seres alienígenas, etc.

Uma das características da ficção científica é tratar dos avanços da ciência que assustam e preocupam a humanidade, indicando que os seres humanos podem se sentir isolados e privados de uma existência mais humanizada. Ela é usada também para propor reflexões ou críticas a respeito do presente. Ray Bradbury, por exemplo, faz isso de uma forma peculiar, sem se limitar pelos avanços da ciência, abordando os direitos civis, a ameaça da guerra atômica e o mau uso da tecnologia.

A relação entre o ser humano e as máquinas é um tema frequente na ficção científica. Esse tema aparece sob a forma de narrativas que apresentam as máquinas dominando o ser humano, como ocorre na trilogia *Matrix*, por exemplo.

Saiba +

As histórias de ficção científica existem pelo menos desde o século XIX.

H. G. Wells é um dos precursores desse gênero. Entre diversos mestres da ficção científica, podemos citar Arthur C. Clarke e Isaac Asimov.

A construção da verossimilhança

A **verossimilhança** é um efeito construído sobretudo pela relação lógica entre os elementos que compõem uma obra. Por exemplo, aceitamos que uma personagem pode voar porque essa capacidade é coerente com condições especiais criadas numa narrativa para que essa ideia pareça verdadeira.

No conto de Ray Bradbury, aceitamos que no futuro continuem a existir cidades, ainda que controladas por máquinas, em que pessoas como a personagem guardem características semelhantes às que apresentamos hoje, porque são fatores possíveis, que não ferem as possibilidades que conhecemos hoje.

Para construir a verossimilhança em narrativas de ficção científica, é necessário cuidar:

- do cenário e das relações espaço-tempo — esses elementos devem respeitar os princípios da Física ou não serão convincentes;
- da convivência entre futuro e passado — a ideia do futuro sempre convive com elementos do passado, pois desse modo o leitor reconhece elementos de seu mundo ao lado de elementos e situações que extrapolam esse mundo;
- das previsões em relação aos avanços científicos ou tecnológicos — elas devem ser coerentes com as expectativas em relação aos recursos tecnológicos do presente.

A construção do suspense

O **suspense** também é um recurso que pode ser usado na ficção científica para prender a atenção do leitor a uma narrativa.

A palavra *suspense* deriva do adjetivo *suspenso*, que quer dizer "pendurado, interrompido". A dúvida de não saber o desfecho ou a angústia de não conseguir prevê-lo podem ser um recurso capaz de prender a atenção do leitor.

O suspense não é o terror, como muitas vezes se imagina, mas o medo do terror, a expectativa construída por pequenas pistas: um detalhe de cenário ou uma fala que vão aos poucos instigando a imaginação e criando, na mente do leitor, as mais inusitadas possibilidades de desfecho.

Para construir o suspense é necessário elaborar índices.

> **Índices** são pistas lançadas no decorrer da narrativa, para criar expectativas, uma atmosfera adequada à ação que se desenvolve em determinado tempo e lugar.

Por exemplo, a narrativa da chegada de alguém a um planeta desconhecido e que tem habitações tortuosas, escuras e estranhas, povoado por alienígenas bastante bizarros, cria a expectativa de que a personagem irá enfrentar algo perigoso ou terrível. Os elementos do cenário cumprem muitas vezes o papel de índices.

- Reúna-se em grupo com seus colegas e procurem identificar de que forma a verossimilhança e o suspense são construídos em "O pedestre".

Para guardar

Contos de ficção científica

- Textos narrativos que apresentam elementos e momentos da narrativa.
- Histórias de ficção científica que apresentam cenário e recursos tecnológicos inexistentes no momento da criação da obra, mas virtualmente possíveis de acordo com a ciência.
- Alguns recursos em geral utilizados na ficção científica:
  - verossimilhança;
  - suspense;
  - alto desenvolvimento tecnológico.

ESTUDO DA LÍNGUA I

Conjunções coordenativas

O que você irá estudar

- **Ao final deste estudo, você deverá saber:**
  - o que é uma conjunção coordenativa;
  - como se classificam as conjunções coordenativas.

Como você pode estudar

1. O **Estudo da língua** não é uma seção para decorar, mas para questionar e levantar problemas, como fazemos em **Observe, analise, questione**.
2. O trabalho com os conhecimentos linguísticos requer persistência. Leia e releia os textos e exemplos, discuta, converse.

LEMBRE-SE

Conjunção é a palavra invariável que une termos ou orações e estabelece relação entre eles.

Locução conjuntiva é o conjunto de duas ou mais palavras com valor de conjunção.

Conjunções coordenativas

Audiovisual
Conjunções coordenativas

Observe, analise, questione

Releia três fragmentos do texto O pedestre, **que você viu na seção** Leitura **desta unidade.**

I. "E no seu percurso veria os chalés e as casas com suas janelas escuras [...]."

II. "Em dez anos de caminhada à noite ou durante o dia [...] ele nunca havia encontrado outra pessoa [...]".

III. "A lua era alta e clara entre as estrelas e as casas eram cinza e silenciosas."

a) Em cada um dos fragmentos, as sequências destacadas exercem a mesma função sintática. Quais são essas funções sintáticas?

b) Que palavras ligam essas sequências em cada fragmento? A que classe gramatical elas pertencem?

c) No fragmento III, a palavra que você identificou foi usada para ligar não apenas as sequências destacadas, mas também duas orações. Identifique essas orações.

d) Entre essas orações, existe uma relação de dependência de sentido, como havia naquelas dos períodos compostos por subordinação que você analisou no **Estudo da língua** da unidade anterior? Explique sua resposta.

As palavras que você identificou no item **b** relacionam termos de mesma função sintática ou orações que estão no mesmo plano sintático, entre as quais não existe relação de subordinação, pois são sintaticamente independentes.

Conjunções que relacionam termos com a mesma função sintática ou orações sintaticamente independentes são denominadas **conjunções coordenativas**.

Classificação das conjunções coordenativas

As conjunções coordenativas são classificadas de acordo com a relação que estabelecem nas orações. Veja:

> *"A lua era alta e clara entre as estrelas* ***e*** *as casas eram cinza e silenciosas."*

A conjunção **e** acrescenta outro detalhe da paisagem além da luz alta e clara, vista por Leonard Mead (casas cinza e silenciosas); expressa, nesse caso, uma relação de adição, de soma.

> *"Ele hesitou,* ***mas*** *retomou a caminhada quando mais nada aconteceu."*

A conjunção *mas* opõe as duas orações: Leonard Mead parou por um momento, para, a seguir, retomar a caminhada; estabelece, assim, uma relação de adversão (oposição, contraste) entre elas.

“Mãos para cima! **Ou** atiramos!”

A conjunção **ou** indica que, se ocorrer um dos fatos mencionados, o outro deixará de se cumprir: ou Leonard Mead põe as mãos para cima, ou os policiais atiram. A conjunção mostra, portanto, que os dois fatos são alternativos entre si.

Veja a seguir a classificação das **conjunções** e **locuções conjuntivas coordenativas**.

- **Aditivas** (adição, soma) – e, nem, não só (somente)... mas também, não só (somente)... como, além disso:
  *"[...] não havia mais necessidade de polícia, exceto por esse único **e** solitário carro vagando **e** vagando pelas ruas vazias."*
- **Adversativas** (oposição, contraste) – mas, porém, contudo, todavia, entretanto, no entanto, não obstante:
  *"'Só caminhando', ele disse simplesmente, **mas** o rosto ficou gelado."*
- **Alternativas** (alternância ou exclusão) – ou, ou... ou, ora... ora, seja... seja:
  *"Ele ficaria na esquina de um cruzamento olhando extensas avenidas de calçadas indo em quatro direções, iluminadas pela lua, decidindo qual seguir, [...] **ou** como se estivesse, e com uma decisão final tomada, no caminho escolhido [...]."*
- **Conclusivas** (conclusão ou consequência) – logo, portanto, por conseguinte, pois, por isso, de modo que:
  *Leonard Mead não tinha álibi; **por isso**, a polícia resolveu levá-lo para o centro psiquiátrico.*
  Observação: se a conjunção *pois* vem antes do verbo, ela é explicativa; quando usada após o verbo, é conclusiva:
  *Leonard Mead não tinha álibi; a polícia resolveu levá-lo, **pois**, para o centro psiquiátrico.*
- **Explicativas** (explicação) – pois, que, porque, porquanto:
  *"Fazia muito tempo ele sabiamente havia decidido usar tênis para sair à noite, **porque** os cães [...] cercariam sua caminhada de latidos [...]."*

As conjunções coordenativas e as relações de sentido

Releia este fragmento do texto “Estátuas”, de Luis Fernando Verissimo, que você viu na Unidade 1.

> “— Não posso — responderia Pessoa. — Não consigo chamar o garçom. Não consigo me mexer. Muito menos estalar os dedos.”

Se transformássemos as três orações finais do fragmento em um único período, precisaríamos incluir pelo menos uma conjunção coordenativa para estabelecer a relação de sentido adequada entre elas. No caso, Pessoa enumera todas as ações que não pode realizar por ser uma estátua. Assim, a relação estabelecida é de adição, e poderíamos escrever:

*Não consigo chamar o garçom **nem** me mexer; **além disso**, não consigo estalar os dedos!* Ou então:

*Não consigo chamar o garçom, não consigo me mexer **e** muito menos estalar os dedos.*

As conjunções coordenativas devem estabelecer uma **relação adequada** entre as orações, considerando o **contexto** em que estão inseridas.

Releia mais um trecho de "Estátuas":

> "— Pessoa — diria Drummond —, estamos há meia hora com você nesta mesa do Chiado, **e** você não nos ofereceu nem um cafezinho."

Nesse trecho, a conjunção coordenativa **e**, em vez de adição, estabelece relação de oposição entre as orações. É como se pudesse ser substituída por **mas**:

– Pessoa – diria Drummond –, estamos há meia hora com você nesta mesa do Chiado, ***mas*** *você não nos ofereceu nem um cafezinho.*

A conjunção **e** também pode estabelecer relação de **oposição** entre duas sequências, funcionando, nesses casos, como uma **conjunção adversativa**.

Releia agora o primeiro parágrafo de "Estátuas":

> "Há uma estátua do Carlos Drummond de Andrade sentado num banco da praia de Copacabana, uma estátua do Fernando Pessoa sentado em frente ao café 'A Brasileira' em Lisboa, uma estátua do Mario Quintana sentado num banco da Praça da Alfândega de Porto Alegre. Salvo um cataclismo inimaginável, as três estátuas jamais se encontrarão. **Mas**, e se se encontrassem?"

A conjunção **mas**, que inicia o último período do parágrafo, estabelece uma relação de oposição a tudo que foi dito nos períodos anteriores: o fato de três estátuas localizadas em lugares completamente diferentes nunca poderem se encontrar. A conjunção opõe toda a realidade anteriormente mencionada ao que vai acontecer na crônica: as três estátuas se encontram.

As conjunções coordenativas também podem relacionar ideias de períodos diferentes daqueles nos quais elas aparecem.

Para guardar

Conjunções coordenativas

- Relacionam termos com mesma função sintática.
- Relacionam orações no mesmo plano sintático.

aditivas	e, nem, não só (somente)... mas também, não só (somente)... como, além disso
adversativas	mas, porém, contudo, todavia, entretanto, no entanto, não obstante
alternativas	ou... ou, ora... ora, seja... seja
conclusivas	logo, portanto, por conseguinte, pois (depois do verbo), por isso, de modo que
explicativas	pois (antes do verbo), que, porque, porquanto

APLIQUE SEUS CONHECIMENTOS

1. Leia a tirinha de Hagar.

a) O que se pode deduzir das características de Hagar, esposo de Helga, com base na fala do último quadrinho?

b) Quais são as conjunções coordenativas presentes na fala da vidente, no primeiro quadrinho?

c) Que função essas conjunções apresentam na fala da vidente? Classifique-as com base nessa função.

Ao responder às questões, busque exatidão e precisão para garantir que você entendeu o que estudou.

2. Reescreva as orações no caderno, unindo-as em um só período por meio de uma conjunção coordenativa. Depois, classifique-as.

a) Limpei a casa. Não consegui limpar os vidros da janela.

b) Os livros estão todos jogados no chão. O funcionário se esqueceu de guardá-los novamente na prateleira.

c) Na academia, fiz exercícios para as pernas. Fiz exercícios para as costas.

d) O cavaleiro não sabe se enfrenta o dragão. O cavaleiro não sabe se enfrenta a bruxa.

e) Fiz tudo que meu chefe pediu. Vou receber uma promoção no final do mês.

f) Acho que o namorado de Melissa não se importa com ela! Ele não liga nem manda mensagens para ela.

3. Releia o início do texto "O importuno", de Carlos Drummond de Andrade, que você viu na Unidade 1.

> "— Que negócio é esse? Ninguém me atende?
>
> A muito custo, atenderam; isto é, confessaram que não podiam atender, por causa do jogo com a Bulgária.
>
> — Mas que é que eu tenho com o jogo da Bulgária, façam-me o favor? E os senhores por acaso foram escalados para jogar?
>
> O chefe da seção aproximou-se, apaziguador:
>
> — Desculpe, cavalheiro. Queira voltar na quinta-feira, 14. Quinta-feira não haverá jogo, estaremos mais tranquilos.
>
> — Mas prometeram que meu papel ficaria pronto hoje, sem falta."

- Que função tem a conjunção coordenativa adversativa *mas* em suas duas ocorrências no fragmento citado?

4. Reescreva as frases no caderno, substituindo o símbolo ✦ por uma das seguintes conjunções: *ou*, *pois*, *porque*, *todavia*, *nem*.

a) As provas de amanhã não serão nada fáceis; convém, ✦, estudar bastante.

b) O jornal não pode deixar de noticiar o crescimento da população, ✦ é um assunto que interessa a todo o país.

c) As lontras são animais aquáticos; ✦ são mamíferos.

d) A cabeleireira não sabe cortar ✦ pintar meus cabelos.

e) Devemos proteger os bezerros do frio ✦ todos eles adoecerão.

5. Observe as capas dos livros ao lado e leia a sinopse (resumo) de cada um.

Penso, logo existo

Por que estamos aqui? De onde veio o mundo? Deus existe? O que é bom e o que é ruim? Temos livre-arbítrio? Quem pode dizer o que é a beleza? Qual é o sentido da vida? Quebre a cabeça para responder às questões que estão no âmago da filosofia e descubra como algumas pessoas passam a vida tentando encontrar as respostas. Este livro é uma divertida viagem através dos mais de dois mil e quinhentos anos da filosofia ocidental.

Disponível em: <http://www.martinsfontespaulista.com.br/ch/prod/418212/773/0/FILOSOFIA-PARA-JOVENS-PENSO-LOGO-EXISTO.aspx>. Acesso em: 6 fev. 2014.

REPRODUÇÃO

O céu é logo ali

O céu é logo ali se desenvolve em um turbilhão de sentimentos, em facetas representadas por duas personagens e o que as cerca, com desejos, sonhos, lembranças, descobertas e inquietações marcando um encontro em que histórias paralelas se unem pelo mesmo ideal — liberdade! [...]

Disponível em: <http://www.livrariacultura.com.br/scripts/resenha/resenha.asp?nitem=42138958>. Acesso em: 6 fev. 2014. (Fragmento).

REPRODUÇÃO

a) No primeiro título, a frase "Penso, logo existo" está entre aspas porque foi dita por um dos filósofos mencionados no livro, o iluminista francês René Descartes (1596-1650). Que sentido a palavra *logo* estabelece entre as ideias nessa frase? Como essa palavra se classifica, então? Explique sua resposta.

b) A palavra *logo* do outro título tem o mesmo sentido? Por quê? Qual a sua classificação morfológica, neste caso?

6. Leia este fragmento inicial de uma notícia e explique o efeito que a locução conjuntiva destacada confere ao período.

Ópera de Pequim, patrimônio da humanidade, é apresentada em SP; veja fotos

DE SÃO PAULO

Uma ópera que reúne **não só** música, teatro e dança, **mas também** acrobacia e artes marciais. Essa é a Ópera de Pequim, declarada pela Unesco como Patrimônio Cultural Intangível da Humanidade.

[...]

Folha de S.Paulo, São Paulo, 18 out. 2013. Folhinha. Disponível em: <http://www1.folha.uol.com.br/folhinha/2013/10/1358294-opera-de-pequim-patrimonio-da-humanidade-e-apresentada-em-sp-veja-fotos.shtml>. Acesso em: 6 fev. 2014. (Fragmento).

Ford Prefect e Arthur Dent estão dentro de uma pequena e escura cabine da nave de Prostetnic Vogon Jetz, fora da Terra. O primeiro é alienígena e viaja para escrever o guia; o segundo é um ser humano que escapou da destruição da Terra com a ajuda de Ford Prefect, e o terceiro é um vogon típico, um alienígena violento responsável pela destruição da Terra.

O guia do mochileiro das galáxias

Em uma pequena e escura cabine nas entranhas mais profundas da nave capitânia de Prostetnic Vogon Jetz, um fósforo acendeu-se nervosametne. O dono do fósforo não era um vogon, mas sabia tudo sobre os vogons, e tinha toda a razão de estar nervoso. Chamava-se Ford Prefect [...].

Olhou ao redor, mas não dava para ver quase nada; sombras estranhas e monstruosas formavam-se e tremiam à luz bruxuleante do fósforo, mas o silêncio era completo. Silenciosamente, Ford agradeceu aos dentrassis. Os dentrassis são uma tribo indisciplinada de gourmands, um povo selvagem, porém simpático. Recentemente vinham sendo empregados pelos vogons como comissários de bordo em suas viagens mais longas, sob a condição de que ficassem na deles.

Os dentrassis achavam isto ótimo, porque adoravam o dinheiro vogon, que é uma das moedas mais sólidas do espaço, porém detestavam os vogons. Os dentrassis só gostavam de ver um vogon quando ele estava chateado.

Graças a esse pequeno detalhe, Ford Prefect não fora transformado numa nuvenzinha de hidrogênio, ozônio e monóxido de carbono.

Ford ouviu um leve gemido. À luz do fósforo, viu uma forma pesada mexendo-se no chão. Rapidamente apagou o fósforo, pôs a mão no bolso, encontrou o que procurava e tirou-o do bolso. Abriu o pacote e sacudiu-o. Ajoelhou-se. A forma mexeu-se de novo. Ford Prefect disse:

— Eu trouxe uns amendoins.

Arthur Dent mexeu-se e gemeu de novo, produzindo sons incorerentes.

— Tome, coma um pouco — insistiu Ford, sacudindo o pacote. — Se você nunca passou antes por um raio de transferência de matéria, deve ter perdido sal e proteína. [...]

— Rrrr... — disse Arthur Dent. Abriu os olhos. — Está escuro.

[...]

— É — concordou Ford —, nenhuma luz. — Deu uns amendoins a Arthur e perguntou-lhe: — Como é que você está se sentindo?

— Que nem numa academia militar, em posição de sentido — disse Arthur. — A toda hora, um pedacinho de mim desmaia.

Ford, sem entender, arregalou os olhos na escuridão.

— Se eu lhe perguntasse em que [...] lugar a gente está — perguntou Arthur, hesitante —, eu me arrependeria de ter feito esta pergunta?

— Estamos a salvo — disse Ford, levantando-se.

— Ah, bom.

— Estamos dentro de uma pequena cabine de uma das espaçonaves da Frota de Construção Vogon.

— Ah — disse Arthur. — Pelo visto, você está empregando a expressão "a salvo" num sentido estranho que eu não conheço.

Ford acendeu outro fósforo para tentar encontrar um interruptor de luz. Novamente surgiram sombras monstruosas. Arthur pôs-se de pé e abraçou seus próprios ombros, apreensivo. Formas alienígenas horríveis pareciam cercá-lo; o ar estava cheio de odores rançosos que entravam em seus pulmões sem terem sido identificados, e um zumbido grave e irritante impedia que ele concentrasse sua atenção.

— Como é que viemos parar aqui? — perguntou, tremendo um pouco.

— Pegamos uma carona — disse Ford.

— Espere aí! — disse Arthur. — Você está me dizendo que a gente levantou o polegar e algum monstrinho verde de olhos esbugalhados pôs a cabeça para fora e disse: *Oi, gente, entrem aí que eu deixo vocês na saída do viaduto?*

— Bem — disse Ford —, o polegar na verdade é um sinalizador eletrônico subeta, e a saída do viaduto, no caso, é a estrela de Barnard, a seis anos-luz da Terra; mas no geral é mais ou menos isso.

— E o monstrinho de olhos esbugalhados?

— É verde, sim.

— Tudo bem — disse Arthur —, mas quando eu vou voltar para casa?

— Não vai — disse Ford Prefect, e encontrou o interruptor. — Proteja os olhos... — acrescentou, e acendeu a luz.

Até mesmo Ford ficou surpreso.

— Minha nossa! — disse Arthur. — Estamos mesmo dentro de um disco voador?

[...]

Douglas Adams.
O guia do mochileiro das galáxias.
Trad.: Carlos Irineu da Costa e Paulo Fernando Henriques Britto. Rio de Janeiro: Sextante, 2010. p. 42-44. (Fragmento).

ESTUDO DA LÍNGUA II

Orações coordenadas

O que você irá estudar

► **Ao final deste estudo, você deverá saber:**

- o que é oração coordenada;
- o que é período composto por coordenação;
- como se classificam as orações coordenadas;
- como as coordenadas assindéticas e sindéticas se relacionam com as outras orações;
- como se classificam as orações coordenadas sindéticas.

Orações coordenadas

Audiovisual
Orações coordenadas

Observe, analise, questione

► **Vamos reler a fala de uma das personagens do texto "O importuno" para analisar sua estrutura.**

> "— [...] Todos querem ajudar, por isso cada um tem sua ideia própria, que não se ajusta com a ideia do outro, mas o resultado é admirável."

a) Existem quatro orações nessa fala. Copie esta tabela no caderno e complete-a com tais orações.

1	▬▬▬
2	▬▬▬
3	▬▬▬
4	▬▬▬

b) Há duas conjunções (ou locuções conjuntivas) no período acima. Idenfique-as e dê sua classificação.

c) A oração 3 depende sintaticamente da 2, isto é, exerce alguma função sintática em relação a ela ou a algum de seus termos? Explique sua resposta.

d) E as orações 2 e 4? Dependem sintaticamente da 1?

O sujeito da oração 3 — retomado pelo pronome relativo *que* — é *sua ideia própria*, contido na 2. Assim, a oração 3 depende sintaticamente da 2, estabelecendo com esta uma relação de subordinação.

Por sua vez, as orações 1, 2 e 4 se justapõem uma à outra, criando relações de sentido (explicitadas pelas conjunções do período). Essas orações preservam sua independência sintática, estabelecendo entre si apenas uma relação de **coordenação**.

Orações coordenadas são aquelas que se ligam entre si em um período composto, mas apresentam independência sintática. O período composto por orações desse tipo é chamado de **período composto por coordenação**.

ATENÇÃO

Às vezes, as orações coordenadas omitem seus termos (especialmente o verbo) para evitar repetição desnecessária:

oração coordenada 1

"E no seu percurso veria os chalés e [veria] as casas com suas janelas escuras [...]."

oração coordenada 2

Classificação das orações coordenadas

Veja mais um período composto por coordenação retirado do texto "O importuno".

"O senhor acha bem o 4-2-4, | *ou prefere o 4-3-3?"*

oração coordenada 1 | oração coordenada 2

No período acima, há duas orações coordenadas, mas apenas a segunda é introduzida por uma conjunção: a alternativa *ou*.

As orações coordenadas podem ou não vir iniciadas por **conjunções coordenativas**. Desse modo, há dois tipos de orações coordenadas:
- **assindéticas**, introduzidas sem conjunção alguma;
- **sindéticas**, introduzidas por conjunção coordenativa.

Síndeto

Trata-se de outro nome para **conjunção**. As orações **sindéticas** são aquelas iniciadas por conjunção coordenativa, o que não ocorre com as **assindéticas** (o prefixo **a-** indica ausência).

Classificação das orações coordenadas sindéticas

A classificação das orações coordenadas sindéticas é semelhante à das conjunções coordenativas, ou seja, leva em consideração o sentido que se estabelece no período. Dessa forma, a oração "[...] ou prefere 4-3-3?" é classificada como **coordenada sindética alternativa**.

Dependendo da relação de sentido que expressam, as coordenadas sindéticas classificam-se em:
- **Aditivas** - expressam relação de adição:
  "Está salva a honra da torcida, ***e*** *o importuno retira-se precipitadamente."*
- **Adversativas** - expressam relação de adversão, oposição:
  Prometeram-lhe que o papel ficaria pronto naquele dia, ***mas*** *pediram que voltasse na quinta-feira, 14.*
- **Alternativas** - expressam relação de alternância:
  "O senhor acha bem o 4-2-4, ***ou*** *prefere o 4-3-3?"*
- **Conclusivas** - expressam relação de conclusão:
  Vai haver jogo do Brasil com a Bulgária; ***portanto****, o pessoal da repartição não vai trabalhar.*
- **Explicativas** - expressam relação de explicação:
  "[...] confessaram que não podiam atender, ***por causa*** *do jogo com a Bulgária."*

As orações coordenadas assindéticas e as relações de sentido

Às vezes, a simples sequência das orações coordenadas, colocadas uma depois da outra, ajuda a construir os sentidos do texto. No último período da fala abaixo, a segunda oração coordenada estabelece relação de conclusão em relação à primeira, mesmo que não haja uma conjunção coordenativa conclusiva. Veja:

— Desculpe, cavalheiro. Queira voltar na quinta-feira, 14. Quinta-feira não haverá jogo, [logo], estaremos mais tranquilos.

Mesmo sem conjunções coordenativas, as orações coordenadas assindéticas estabelecem relações de sentido entre si ou com outras orações do texto.

Para guardar

- **Orações coordenadas**
  - Integram período composto por coordenação.
  - Apresentam independência sintática.
  - assindéticas
  - sindéticas
    - aditivas
    - adversativas
    - alternativas
    - explicativas
    - conclusivas

APLIQUE SEUS CONHECIMENTOS

1. Leia o texto a seguir, prestando atenção ao papel desempenhado pelas orações coordenadas destacadas (1 a 5):

> ### *Cientistas criam novo relógio mais preciso do mundo*
>
> *Aparelho trabalha com variações que ocorrem dentro dos átomos.*
> *Relógio mediria todo o tempo do Universo sem atrasar nenhum segundo.*
>
> Uma equipe internacional de cientistas trabalha na construção de um relógio com margem de imprecisão de um décimo de segundo em 14 bilhões de anos, informou [...] o Instituto Tecnológico da Geórgia (EUA). [...]
>
> O relógio atômico poderia ser útil para algumas comunicações confidenciais e para o estudo de teorias fundamentais da física; (1) além disso, poderia aumentar a precisão do sistema GPS.
>
> Os relógios mecânicos usam um pêndulo, cujas oscilações medem o tempo. Já nos relógios modernos, são cristais de quartzo que fornecem as oscilações de alta frequência.

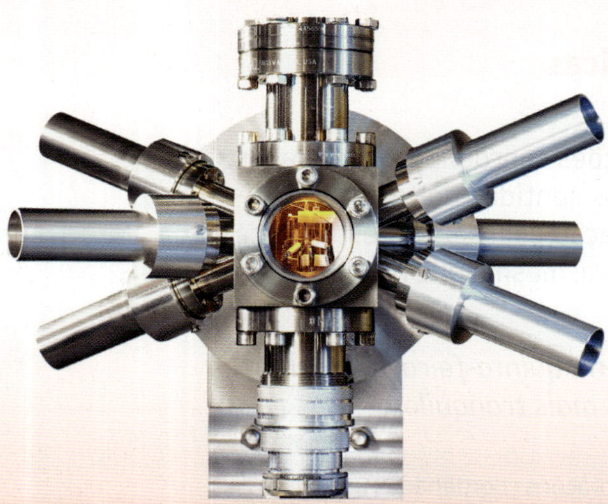

ANDREW BROOKES, NATIONAL PHYSICAL LABORATORY/SPL/LATINSTOCK

Relógio de estrôncio: esse relógio atômico atrasa 1s em cada 200 milhões de anos.

A precisão dos relógios atômicos provém das oscilações dos elétrons nos átomos induzidas por raio *laser*, **(2)** entretanto esses elétrons podem afetar os campos magnéticos e elétricos [...].

Os nêutrons são muito mais pesados que os elétrons e estão agrupados com mais densidade no núcleo atômico, **(3)** de modo que são menos suscetíveis a tais transtornos.

Segundo o artigo do ITG, para criar as oscilações, os pesquisadores planejam o uso de um *laser* que opera em uma frequência de 1 quatrilhão de oscilações por segundo para fazer com que o núcleo de um íon de tório passe a um estado de energia mais elevado.

A "sintonização" de um *laser* que crie esses estados de energia mais altos permitiria que os cientistas fixassem sua frequência com muita precisão, e essa frequência seria usada para marcar o tempo, em vez de usar o tique-taque de um relógio **(4)** ou o balanço de um pêndulo.

Os projetistas encaram outro problema: para que o relógio atômico seja estável, é preciso mantê-lo a temperaturas muito baixas, próximas ao zero absoluto (–273 °C).

Para produzir e manter tais temperaturas, habitualmente os físicos usam um arrefecimento a *laser*. Contudo, neste sistema, isso é um problema, **(5)** porque a luz do *laser* também é usada para criar as oscilações que marcam a passagem do tempo.

[...]

Disponível em: <http://g1.globo.com/ciencia-e-saude/noticia/2012/03/cientistas-criam-novo-relogio-mais-preciso-do-mundo.html>. Acesso em: 16 mar. 2014. (Fragmento adaptado).

a) Relacione as orações coordenadas sindéticas destacadas à função que cada uma delas estabelece.

I. Apresentar a consequência de os nêutrons serem mais pesados que os elétrons.

II. Explicar por que o controle da temperatura é um problema para a precisão do relógio.

III. Evidenciar outra possibilidade que não foi utilizada.

IV. Acrescentar mais um benefício do relógio atômico desenvolvido.

V. Fazer uma ressalva em relação à precisão dos relógios atômicos comuns.

b) Classifique essas cinco orações coordenadas levando em conta o que você observou quanto às relações de sentido estabelecidas por elas.

2. **Leia esta tira de Calvin.**

CALVIN — **BILL WATTERSON**

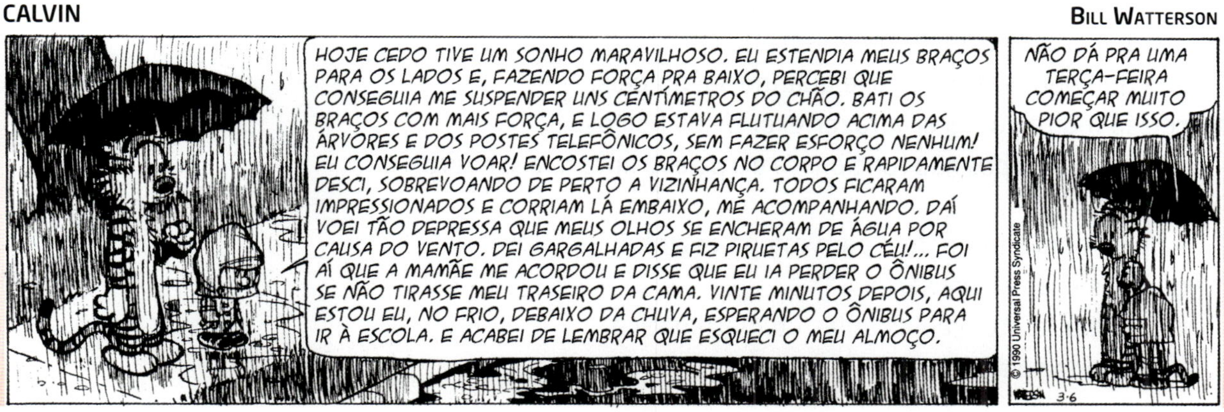

a) Explique o contraste entre a descrição do sonho de Calvin e as informações fornecidas pela linguagem não verbal (desenhos) da tira.

b) No trecho em que o menino descreve seu sonho, há várias orações coordenadas. Transcreva dois exemplos no caderno.

c) O emprego de tantas orações coordenadas confere ritmo à descrição do sonho de Calvin. Como é esse ritmo?

3. Leia agora este fragmento de um conto de terror.

Brincando no mausoléu

Ele fazia quase todos os dias o mesmo caminho. Uma trilha que cortava ao meio o matagal fechado. Estrada improvisada construída pelo tempo e por muitos que precisavam chegar ao cemitério.

A caminhada começava cedo. Antenor acordava de madrugada, com os galos cantando, como se diz. Tomava um café ralo, vestia a roupa limpa, encaixava o chapéu na cabeça grisalha e ia para o serviço. [...]

A rotina de Antenor era simples: acordar cedo, ir pela estrada mal-acabada, abrir os portões do cemitério e esperar. Esperar a morte chegar. A morte dos outros, porque a dele ele fazia questão de nem ligar. Se houvesse almoço, almoçava; se houvesse café, bebia. Ia vivendo os dias entre as **lápides**. [...]

ANDREA CARVALHO. Disponível em: <http://entrecontos.com/2013/12/08/brincando-no-mausoleu-karenina-austen/>. Acesso em: 31 jan. 2014. (Fragmento).

GLOSSÁRIO

Mausoléu: túmulo em geral imponente ou de dimensões avantajadas, que abriga os restos mortais de um ou vários membros de uma mesma família.

Lápides: lajes que recobrem os túmulos.

a) Qual é a profissão de Antenor? Justifique sua resposta com elementos do texto.

b) Que tipo de oração predomina nos trechos destacados?

c) Esse tipo de oração confere ao texto o mesmo efeito que você identificou na questão **2c**? Justifique.

4. Copie no caderno os períodos a seguir, acrescentando a cada um deles uma oração coordenada sindética e classificando-a. Sua oração pode constituir um outro período, isto é, aparecer após o ponto-final.

a) Vi a menina desmaiada com um galo na cabeça.

b) Estudar uma segunda língua exercita o cérebro.

c) O cantor estava completamente rouco.

d) Acho que peguei essa virose quando saí do país.

e) Preciso muito começar a fazer exercícios físicos.

f) O projetor de *slides* não funcionava e o palestrante falava muito baixo.

g) Comprei dois banquinhos para minha cozinha.

h) Podemos ir ao aniversário.

i) Prestei muita atenção às aulas de matemática.

j) O terapeuta tomou seu chá calmamente.

5. **O fragmento abaixo foi extraído do conto policial "O 5º suspeito". Nesse trecho, o narrador descreve uma experiência realizada por um professor de direito para mostrar que os testemunhos dados por pessoas que presenciaram um crime nem sempre são confiáveis.**

> [...]
>
> Um professor de direito e dois alunos criam este ato dramático: os dois alunos, no meio da aula, de acordo com a rigorosa marcação teatral, começam uma violenta discussão e um deles, de acordo com o *script*, saca um revólver e atira no outro, que também está armado e revida atirando por sua vez. Os dois caem ao chão feridos e pretensamente são transportados para um hospital. O professor pede que os alunos permaneçam na sala, para que a polícia tome conhecimento exato do que aconteceu. Os alunos são ouvidos em separado. Nenhum depoimento coincide. A iniciativa da agressão ora é atribuída a um, ora a outro; as palavras ensaiadas que os brigões trocaram na discussão são reproduzidas de maneira diferente e muitas são inventadas pelos depoentes.
>
> [...]
>
> RUBEM FONSECA. In: *Literatura em minha casa*. v. 2. São Paulo: Companhia das Letras, 2003. p. 44. (Fragmento).

GLOSSÁRIO

Pretensamente: supostamente, alegadamente.

a) Que passagens do trecho comprovam que tudo não passava de uma experiência, ou seja, não era uma briga de verdade?

b) Qual foi, provavelmente, o objetivo do professor ao fazer com que cada aluno apresentasse sua versão do crime em separado?

c) Reescreva o trecho destacado do texto, transformando-o em um só período composto por orações coordenadas.

d) Identifique duas orações coordenadas sindéticas alternativas no trecho destacado.

e) Se as conjunções usadas nessas orações fossem substituídas por *ou... ou*, o sentido seria exatamente o mesmo? Explique.

6. **Classifique as orações em destaque no poema abaixo.**

> Passei toda a noite, sem dormir, vendo, sem espaço, a figura dela,
> E vendo-a sempre de maneiras diferentes do que a encontro a ela.
> Faço pensamentos com a recordação do que ela é quando me fala,
> E em cada pensamento ela varia de acordo com a sua semelhança.
> Amar é pensar.
> E eu quase que me esqueço de sentir só de pensar nela.
> Não sei bem o que quero, mesmo dela, e eu não penso senão nela.
> Tenho uma grande distração animada.
> Quando desejo encontrá-la
> Quase que prefiro não a encontrar,
> Para não ter que a deixar depois.
> Não sei bem o que quero, nem quero saber o que quero. Quero só
> Pensar nela.
> Não peço nada a ninguém, nem a ela, senão pensar.
>
> Disponível em: <http://arquivopessoa.net/textos/3248>. Acesso em: 31 jan. 2014.

■ As orações destacadas no poema marcam um comportamento do eu lírico. Explique esse comportamento.

QUESTÕES DA LÍNGUA

Ortoépia e prosódia

Ortoépia e prosódia

Observe, analise, questione

► **Observe a imagem a seguir, que reproduz uma tabuleta afixada em um ponto de venda de frutas em algum lugar do Brasil.**

a) O adjetivo "moli" aparece assim mesmo no dicionário? Qual é a grafia considerada correta?

b) Você já sabe que não existe correspondência exata entre as letras e os sons (fonemas) da língua portuguesa. Considerando isso, explique qual é o provável motivo para o autor da placa reproduzida na imagem escrever "moli".

A placa reproduzida na imagem acima apresenta uma palavra escrita em desacordo com as normas urbanas de prestígio: "moli". Provavelmente, o autor da placa a escreveu dessa maneira porque assim pronuncia a palavra.

Se na escrita a palavra "moli" é um erro, na oralidade esse "erro" é quase imperceptível: pode-se falar *mole* ou "moli".

No entanto, muitas vezes, a pronúncia "errada" (isto é, em desacordo com as normas urbanas de prestígio) das palavras não é bem-vista. É o caso, por exemplo, da palavra *tóxico* pronunciada como "tóchico". Essa pronúncia seria inadequada em um contexto formal, que exigisse o uso das normas urbanas de prestígio.

Ortoépia

Vem do grego *orto* = correto + *epos* = palavra.

A parte da gramática que trata da pronúncia correta dos fonemas nas palavras, de acordo com as normas urbanas de prestígio, chama-se **ortoépia** ou **ortoepia**.

Veja no quadro a seguir alguns dos desvios de ortoépia mais comuns. Note que, não raro, a dificuldade na pronúncia pode levar a uma dificuldade na grafia — ou seja, a pessoa que fala "adevogado", por exemplo, tende a escrever a palavra desse modo (em vez de *advogado*), cometendo assim uma falha de ortografia. É o mesmo processo que levou o autor da tabuleta a escrever "moli" em vez de *mole*.

Desvios de ortoépia	Pronúncia inadequada	Pronúncia de acordo com as regras de ortoépia
Consoantes mudas pronunciadas como se formassem sílaba com uma vogal.	"adevogado", "rítimo", "pineu", "capitou"	advogado, ritmo, pneu, captou
Inserção de sons no meio da palavra.	"asterístico", "beneficiência"	asterisco, beneficência
Nasalização das vogais.	"mortandela", "mendingo"	mortadela, mendigo
Pronúncia de ditongo como se fosse uma vogal só.	"truxe", "cabelerero"	trouxe, cabeleireiro
Pronúncia de **i** como **e** ou vice-versa.	"previlégio", "disperdício"	privilégio, desperdício
Pronúncia do **x** como **ch**, quando deveria ser **ks**.	"tóchico", "intochicar"	tóxico (*ks*), intoxicar (*ks*)

As regras de ortoépia também determinam se devemos pronunciar as vogais **e** e **o** de certas palavras como abertas (*tela*, *bola*) ou fechadas (*pelo*, *tolo*). Veja alguns dos casos que provocam dúvida:

/e/ aberto (é)	/e/ fechado (ê)
benesse, cedro, cetro, flagelo, servo, Tejo	acervo, azulejo, esmero, veleja, verbete
/o/ aberto (ó)	**/o/ fechado (ô)**
amorfo, canoro, dolo (intenção criminosa), inodoro, lobo (parte do crânio), molho (de chaves), suor	boda (casamento), filantropo, lobo (animal)

Prosódia

A prosódia é um ramo da ortoépia que orienta a pronúncia das sílabas tônicas das palavras de acordo com as normas urbanas de prestígio.

Quando a palavra tem um acento gráfico indicador da sílaba tônica, a prosódia é clara. Mas, quando isso não ocorre, pode haver dúvidas. Alguns casos:

- *Gratuito*, *fortuito*, *fluido*: o acento tônico está no **u**, não no **i**, ou seja, deve-se pronunciar "gratúito", "fortúito" e "flúido", não "gratuíto", "fortuíto" e "fluído".
- *Ruim*: nesse caso, o acento tônico está no **i**: "ruím", e não "rúim".

Veja a posição da sílaba tônica nestas outras palavras, as quais também podem gerar dúvidas:

Oxítonas						
cateter	Gibraltar	mister (necessário)	Nobel	novel	sutil	ureter

Paroxítonas				
acórdão	edito (lei)	fortuito	índex	pudico
austero	erudito	ímpio (sem fé)	látex	recorde
avaro	filantropo	impio (cruel)	libido	rubrica
boêmia	fluido	inaudito	necropsia	têxtil

Pronúncias variáveis

Existem palavras nas quais tanto a pronúncia aberta quanto a fechada são possíveis, normalmente dependendo da região de onde o falante provém. São exemplos as pronúncias abertas ou fechadas do **e** em *extra* e *destro(a)* ou do **o** em *poça*.

Também há palavras que têm duas pronúncias e duas grafias aceitas pelas normas urbanas de prestígio. Exemplos: *chimpanzé* ou *chipanzé*; *assobiar* ou *assoviar*; *lista* ou *listra*; *coringa* ou *curinga*.

Proparoxítonas				
ágape	amálgama	ávido	êxodo	protótipo
álibi	anêmona	bígamo	ínterim	réquiem
âmago	arquétipo	condômino	ômega	revérbero (reflexo)

Observe agora algumas palavras que admitem duas pronúncias.

Dupla prosódia	
ambrósia ou ambrosia	projétil (projéteis) ou projetil (projetis)
hieróglifo ou hieroglifo	réptil (répteis) ou reptil (reptis)
xérox ou xerox	zângão ou zangão

Determinadas conjugações verbais apresentam, em certas pessoas do discurso, vogal tônica imediatamente anterior ao encontro consonantal. Esse acento prosódico ocorre nos verbos com as seguintes terminações: **-bstar**, **-gnar**, **-psar**, **-ptar**, **-tmar**. Observe o quadro.

Terminação	Verbo(s)	Exemplos
-bstar	obstar	***o***_bsto_, ***o***_bstas_, ***o***_bsta_
-gnar	designar, estagnar, impregnar	_des**i**gno, des**i**gnas, des**i**gna_
-psar	eclipsar, colapsar	_ecl**i**pso, ecl**i**psas, ecl**i**psa_
-ptar	adaptar, optar, raptar	_ad**a**pto, ad**a**ptas, ad**a**pta_
-tmar	ritmar	_r**i**tmo, r**i**tmas, r**i**tma_

APLIQUE SEUS CONHECIMENTOS

1. No muro de uma cidade brasileira encontramos este anúncio:

- Explique por que, provavelmente, a pessoa que escreveu o anúncio grafou *opções* como "opições".

2. Leia em voz alta as palavras a seguir. Depois, escreva-as no caderno em duas colunas: na primeira, as que têm a vogal em destaque aberta; na segunda, as que têm a vogal em destaque fechada.

c**e**dro	cat**e**to	co**e**so	d**o**lo	p**o**lo	id**o**so

3. **Leia estas palavras em voz alta.**

alibi	havido	latex	sutil	gratuito	ruim

a) Quais delas devem ser acentuadas graficamente? Justifique.
b) Identifique a sílaba tônica de cada uma dessas palavras.

4. **Quais das palavras abaixo não admitem dupla pronúncia?**

acróbata	réptil	boda	projetil
xérox	hieróglifo	ambrosia	protótipo

E por falar nisso...

Você reparou que nos textos lidos nesta unidade não há personagens femininas? Porém, isso não significa que a ficção científica não tenha personagens femininas memoráveis. Observe a seguir duas personagens que você provavelmente já conhece:

BOB PENN/20TH CENTURY FOX/ ARCHIVESDU7EART/OTHER IMAGES

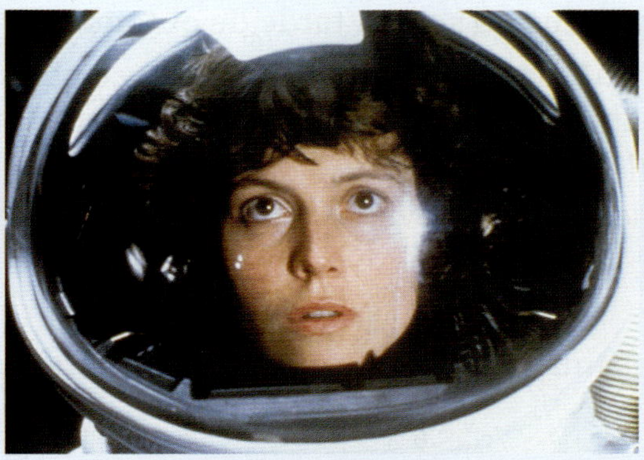

EVERETT COLLECTION/KEYSTONE BRASIL

As atrizes Sigourney Weaver e Nichelle Nichols interpretaram personagens memoráveis da ficção científica.

1. **Ellen Ripley do filme *Alien* e Uhura dos filmes e da série televisiva *Jornada nas estrelas* são personagens femininas famosas da ficção científica.**

a) Tendo como base as imagens acima, que semelhanças e diferenças podemos reconhecer entre as duas?
b) Essas duas personagens nos fazem refletir sobre questões raciais e a condição da mulher na sociedade. Pesquise a respeito delas e converse com seus colegas sobre o que você descobriu.

2. **Questões como a liberdade de ir e vir, ou o futuro de alguns objetos (como os livros) são temas frequentes da ficção científica. Mas você já pensou em como seriam as relações interpessoais no futuro? Converse com seus colegas. Lembre-se de escutar com atenção e expressar-se com clareza.**

- Como você imagina os homens e as mulheres daqui a muitos anos? Haveria diferenças entre eles? Que mudanças nos corpos e na forma de se relacionar poderia haver no futuro que você imagina?

LEITURA E PRODUÇÃO DE TEXTO

Contexto

O que prende o leitor a uma narrativa?

Entre outros fatores, o suspense, sem dúvida, é um elemento que atrai o leitor nas histórias de ficção científica, abrindo possibilidades diferentes de desfecho na mente daqueles que leem os textos.

O texto de Asimov, a seguir, faz bastante uso desse recurso, sobretudo por meio das falas de uma das personagens. O suspense vai sendo construído aos poucos e culmina num desfecho que dá margem a inúmeros caminhos para se pensar e se refletir num futuro que pode estar mais perto do que se imagina...

A produção em foco

► **Ao final desta unidade, você produzirá a continuação de uma narrativa de ficção científica. Durante a leitura do próximo texto, fique atento:**

a) à ação (a situação inicial, o conflito e o desfecho);

b) aos indícios que contribuem para a construção do suspense;

c) aos elementos que garantem a verossimilhança.

Um dia

Niccolo Mazetti estava deitado de bruços sobre o tapete, o queixo enterrado na palma da mão pequena e ouvia o Bardo, desconsolado. [...] O Bardo disse:

— Uma vez no meio da floresta enorme, vivia um pobre lenhador com suas duas filhas sem mãe, que eram tão belas quanto o dia é longo. A filha mais velha tinha cabelos pretos e compridos como a pena de asa da graúna, mas a filha mais nova tinha cabelos tão brilhantes e dourados como a luz do sol em tarde de outono.

— Muitas vezes, enquanto as meninas esperavam que o pai voltasse para casa, após trabalhar no mato, a filha mais velha sentava-se diante do espelho e cantava...

O que ela cantava Niccolo não ouvia, porque alguém o chamou de fora do quarto:

— Ei, Nickie.

E Niccolo, o rosto desanuviando-se no mesmo instante, correu até a janela e gritou:

— Ei, Paul.

Paul Loeb acenou com a mão agitada. Era mais magro do que Niccolo e não tão alto, mesmo sendo seis meses mais velho. Tinha o rosto cheio de tensão reprimida, que se mostrava com mais clareza no rápido piscar das pálpebras.

— Ei, Nickie, quero entrar. Tenho uma ideia e *metade*. Espere só até ouvir.

— Muito bem, já abro a porta.

O Bardo continuou suavemente, sem saber da perda de atenção por parte de Niccolo. Quando Paul entrou, o Bardo estava dizendo:

— ... Com que o leio disse: "Se você encontrar para mim o ovo perdido da ave que voa sobre a Montanha de Ébano, uma vez a cada dez anos, eu..."

Paul disse:

— Você está ouvindo o Bardo? Eu não sabia que você tinha um.

Niccolo se tornou rubro e a expressão de infelicidade regressou a seu semblante.

— É só uma coisa velha que eu tinha, quando era menino. Não está muito boa.

Desferiu um pontapé no Bardo e acertou, na cobertura de plástico, um tanto arranhada e descolorida, um outro golpe.

[...]

Nickie tinha um pouco de medo de Paul, já que este fizera cursos especiais na escola e todos diziam que ele ia crescer e ser um Engenheiro de Computador.

Não que o próprio Niccolo estivesse a se sair mal na escola. Recebera notas adequadas em lógica, manipulações binárias, computação e circuitos elementares; todas as disciplinas costumeiras da escola primária. Mas era exatamente isso! Não passavam de disciplinas comuns e ele crescia para ser um guarda de painel de controle, como todos os outros.

Paul, todavia, conhecia coisas misteriosas sobre o que chamava de eletrônica e matemática teórica e programação. Principalmente programação. Niccolo nem mesmo procurava compreender quando Paul falava sobre o assunto, parecendo borbulhar.

Paul olhou o Bardo por alguns minutos e disse:

— Você andou usando muito isso aí?

— Não! — retorquiu Niccolo ofendido. — Tenho isso guardado no porão desde que você mudou para cá. Só tirei de lá hoje... — Faltava-lhe uma desculpa que parecesse adequada a si próprio, de modo que ele concluiu: — Acabei de tirar.

Paul perguntou:

— É isso o que ele lhe conta: lenhadores e princesas e animais que falam?

Niccolo explicou:

— Uma coisa horrível. Meu pai disse que não podemos comprar um novo. Eu falei com ele, hoje de manhã... [...]. Niccolo prosseguiu: — Por isso achei que devia experimentar outra vez essa coisa velha, mas não vale nada.

Paul desligou o Bardo, apertou o contato que levava para a reorientação e recombinação quase instantâneas do vocabulário, personagens, textos da trama e clímax ali guardados. Depois reativou.

O Bardo começou, devagar:

— Uma vez havia um menino chamado Willikins, cuja mãe morrera, e que vivia com o padrasto e o filho do padrasto. Embora o padrasto fosse um homem bem rico, negava ao pobre Willikins a própria cama em que dormia, de modo que Willikins era obrigado a descansar o melhor que podia em um monte de palha no estábulo, perto dos cavalos...

[...]

— Ele fala de cavalos o tempo todo — explicou Niccolo. — Existem também coisas chamadas vacas. Você tira leite delas e o Bardo não diz como.

[...]

— Muitas vezes Willikins pensava que se fosse rico e poderoso haveria de mostrar ao padrasto e ao filho do padrasto o que significava ser cruel com um menino pequeno, de modo que um dia resolveu sair para o mundo e procurar sua sorte.

Paul, que não ouvia o Bardo, disse:

— *É fácil*. O Bardo tem cilindros de memória preparados para as palavras da trama e o clímax e as coisas. Não vamos nos preocupar com isso. É só o vocabulário que devemos consertar, de modo que ele vai saber acerca dos computadores, automatização e eletrônica e as coisas reais que temos hoje. Depois pode contar estórias interessantes, você sabe, em vez de falar sobre princesas e essas coisas.

Saiba +

O Bardo já existiu, afinal?

Hoje, *bardo* pode ser sinônimo de poeta ou trovador. Entre celtas e gauleses, na história antiga da Europa, era uma pessoa encarregada de transmitir oralmente a história de seu povo, cantando lendas e recitando poemas, em geral acompanhado de um instrumento, como a harpa. Com importante papel, o bardo era estimado e muito respeitado na sociedade celta.

[...]

Paul disse:

— Escuta, meu pai diz que se eu entrar na escola especial de computação, no ano que vem, ele vai me dar um Bardo *de verdade*, um modelo novo. Bem grande, com ligação para estórias de mistérios do espaço. E uma ligação visual também!

[...]

A atenção de Paul se voltou para o Bardo, que dizia:

— "Se é assim", disse o rei, cofiando a barba e fechando a cara até que as nuvens cobriram o céu e o relâmpago riscou o ar, "você vai providenciar para que toda a minha terra fique livre das moscas a esta hora, depois de amanhã, ou...".

— Tudo que temos a fazer — disse Paul — é abrir... — E desligou novamente o Bardo, já procurando tirar o painel da frente enquanto falava.

[...]

— Muito bem, então. — Já tirara o painel dianteiro e olhava para o interior. — Rapaz, isto é coisa de um cilindro.

Já trabalhava nas entranhas do Bardo. Niccolo, que observava em suspense penoso, não conseguia enxergar o que o outro fazia.

[...]

Paul tirou o livro do bolso e retirou a sua tampa de plástico. Desenrolou a fita um pouco, passou-a pelo vocalizador que abaixou até tornar-se um murmúrio e depois o colocou dentro das entranhas do Bardo. E fez outras ligações.

[...]

— Oh, bem — disse Paul, observando para ver se o seu arranjo estava funcionando corretamente. — É assim que eles fazem os Bardos. Eles precisam fazer os bons camaradas vencerem e os maus camaradas perderem, coisas desse tipo. Uma vez ouvi meu pai falando sobre o assunto. Ele diz que sem a censura não se podia dizer o que a geração mais jovem seria capaz de tornar-se. Ele diz que a coisa já anda muito ruim... Pronto, está funcionando muito bem.

Paul esfregou as mãos uma na outra e afastou-se do Bardo, dizendo:

— Mas escute, ainda não lhe contei como é a minha ideia. É a melhor coisa que você já ouviu, pode crer. Vim falar com você porque achei que você havia de entrar nela comigo.

— Com certeza, Paul, com certeza.

— Muito bem. Você conhece o Sr. Daugherty, na escola? Você sabe que ele é um sujeito gozado. Pois bem, ele gosta de mim, um pouco.

— Eu sei.

— Estive na casa dele depois da escola, hoje.

— Você *esteve*?

— Claro. Ele diz que eu vou entrar na escola de computadores e quer me animar, coisas assim. Ele diz que o mundo precisa de mais gente que saiba projetar circuitos de computadores avançados e fazer uma programação correta.

— É?

[...]

— [...] O Sr. Daugherty diz que está ficando cada vez mais difícil encontrar pessoas que saibam dirigir bem os computadores. Ele diz que qualquer pessoa pode ficar de olho nos controles e verificar as respostas e processar os problemas de rotina. Diz que o truque é expandir as pesquisas e calcular modos de fazer as perguntas certas, e que isso é difícil.

Ele prosseguiu:

— De qualquer modo, Nickie, ele me levou até a casa dele e me mostrou a coleção de computadores antigos. É uma espécie de passatempo dele colecionar computadores antigos. Tinha computadores tão pequenos que era preciso apertar com a mão, com botõezinhos por cima. E tinha um pedaço de madeira que chamava de régua de calcular, com um pedacinho lá dentro que corria pra lá e pra cá. E alguns fios com bolas. Tinha até um pedaço de papel com uma espécie de coisa que chamava tabela de multiplicação.

[...]

— Por que as pessoas não usavam um computador?

— Isso foi *antes* de terem computadores — bradou Paul.

— Antes?

— Claro. Você acha que as pessoas sempre tiveram computadores? Você nunca ouviu falar nos homens das cavernas?

Niccolo disse:

— E como é que eles se arranjavam sem computadores?

— Não sei. O Sr. Daugherty diz que eles tinham filhos em qualquer hora e faziam tudo que lhes dava na cabeça, fosse ou não fosse bom para todos. Nem sabiam se era bom ou não. E os lavradores plantavam coisas com as mãos e as pessoas tinham de executar o trabalho nas fábricas e dirigir todas as máquinas.

— Não acredito!

— Foi o que o Sr. Daugherty disse. Ele disse que aquilo era uma bagunça desgraçada e todos sofriam... Seja lá como for, quero falar de minha ideia, você deixa?

— Muito bem, pode falar. Quem está impedindo? — contrapôs Niccolo, ofendido.

— Pois é. Muito bem, os computadores manuais, aqueles que têm botões, tinham também uns rabiscos em cada botão. E a régua de calcular tinha rabiscos também. E a tabela de multiplicação era cheia de rabiscos. Eu perguntei o que era aquilo. O Sr. Daugherty disse que eram números.

— O quê?

— Cada rabisco diferente representava um número diferente. Para “um” você fazia uma espécie de marca, para “dois” você fazia outra espécie de marca, para “três”, outra, e assim por diante.

[...]

— Nesse caso como...

— As respostas apareciam em rabiscos, e você tinha de saber o que os rabiscos significavam. O Sr. Daugherty diz que naqueles dias todos aprendiam a fazer os rabiscos quando eram crianças e como decifrar aquilo, também. Fazer rabiscos era chamado “escrever” e decodificar os rabiscos “ler”. Ele diz que havia uma espécie diferente de rabisco para cada palavra e eles costumavam escrever livros inteiros em rabiscos. Disse que tinham alguns no museu e que eu podia dar uma espiada se quisesse. Disse que se eu vou ser um calculista e programador de verdade tenho que conhecer a história da computação e por isso estava me mostrando todas aquelas coisas.

Niccolo fechou a cara e disse:

— Você quer dizer que todos tinham de decifrar os rabiscos para cada palavra e *lembrar* deles?... Isso é verdade ou você está inventando?

[...]

— Você pode aprender como fazer palavras. Perguntei ao Sr. Daugherty como se fazia o rabisco para “Paul Loeb” mas ele não sabia. Contou que existem pessoas no museu que sabem. Disse que havia pessoas que tinham aprendido a decodificar livros inteiros. Contou também que os computadores podem ser projetados para decodificar livros e costumavam ser usados assim, mas agora não são mais, porque hoje temos livros de verdade, com fitas magnéticas que entram pelo vocalizador e saem falando, você sabe.

— Claro.

— Por isso, se nós formos ao museu, poderemos aprender como fazer palavras em rabiscos. Eles vão deixar porque eu vou para a escola de computadores.

Niccolo estava transfigurado de decepção.

[...]

— Pois é. De que adianta falar, quando todo mundo pode entender? Com os rabiscos você pode mandar mensagens secretas, pode fazer os rabiscos no papel e ninguém neste mundo vai saber o que você está dizendo, a não ser que conheça os rabiscos também. E eles não vão conhecer, pode crer, a menos que a gente ensine. Podemos ter um clube de verdade, com iniciação, regras, uma casa. Rapaz...

Uma certa animação começou a se fazer sentir no peito de Niccolo.

— Que tipo de mensagens secretas?

— Qualquer tipo. Vamos dizer que eu quero convidar você para ir à minha casa e assistir ao meu novo Bardo Visual, e não quero que nenhum dos outros camaradas apareça. Eu faço os rabiscos certos no papel e lhe dou e você olha e sabe o que deve fazer. Ninguém mais fica sabendo. Você pode até mostrar a eles e eles não entendem nada.

[...]

— É claro! — gritou Niccolo. — Podemos ser os chefes do clube.

— Eu vou ser o presidente do clube — disse Paul, taxativo. — Você pode ser o vice-presidente.

— Está certo. Ei, isso vai ser muito mais divertido do que o Bardo.

De repente lembrou-se do Bardo e disse, tomado de apreensão repentina:

— Ei, e que tal o meu velho Bardo?

Paul voltou-se para olhar. Estava aceitando silenciosamente o livro que se desenrolava devagar, e o som das vocalizações do livro era um murmúrio que mal se ouvia.

Ele disse:

— Vou desligar.

Trabalhou naquilo enquanto Niccolo observava, aflito. Depois de alguns instantes Paul recolocou o seu livro rebobinado no bolso, recolocou o painel e o ativou.

O Bardo disse:

— Uma vez, em uma cidade grande, havia um pobre menino chamado Fair Johnnie, cujo único amigo no mundo era um pequeno computador. O computador todas as manhãs dizia ao menino se ia chover naquele dia e resolvia qualquer problema que ele tivesse. Nunca errava. Mas aconteceu que um dia o rei dessa terra, tendo ouvido falar no pequeno computador, resolveu que devia ficar com ele. Com esse objetivo chamou seu Grande Vizir e disse...

Niccolo desligou o Bardo com movimento rápido da mão.

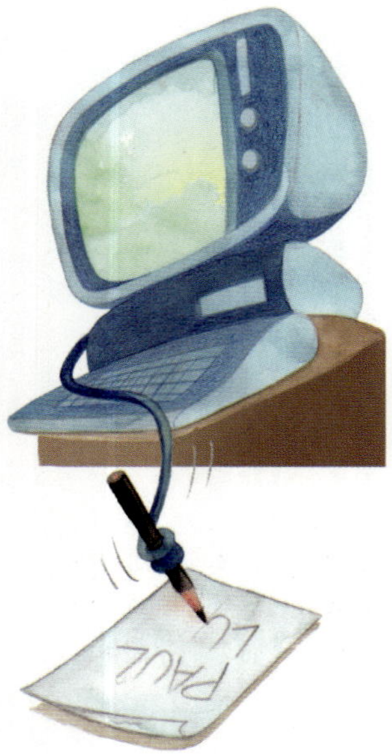

— A mesma bobagem de sempre — disse, cheio de emoção. — Mesmo com um computador enfiado aí.

— Bem — disse Paul — eles têm tanta coisa na fita que o negócio de computador não aparece muito quando se fazem combinações aleatórias. Seja lá como for, qual é a diferença? Você precisa de um modelo novo.

— Nós *nunca* poderemos comprar um. Só esta coisa velha e chata. — Voltou a dar-lhe um pontapé, acertando-o com mais força dessa feita. O Bardo moveu-se para trás, um gemido de rodas dentadas.

[...]

— Vou lhe dizer uma coisa — prosseguiu Paul. — Vamos até lá em casa. Meu pai tem alguns livros sobre os tempos antigos. Podemos escutar e, talvez, arranjar algumas ideias. Você deixa um recado para seus pais e talvez possa ficar lá em casa para a ceia. Vamos embora.

— Está certo — disse Niccolo, e os dois meninos saíram correndo, juntos. Niccolo, em seu entusiasmo, correu quase diretamente para o Bardo, mas apenas encostou no ponto de sua coxa onde havia feito contato e continuou correndo.

O sinal de ativação do Bardo brilhou. A colisão de Niccolo fechou um circuito e, embora estivesse sozinho no aposento e não houvesse ninguém para ouvir, começou ainda assim a contar uma estória.

Mas não era mais em sua voz costumeira; em tom mais baixo, que tinha uma dose de rouquidão. Um adulto que ouvisse, poderia ter julgado que a voz traduzia alguma paixão, um vestígio bem próximo a sentimento.

O Bardo dizia:

— Uma vez havia um pequeno computador chamado Bardo, que vivia sozinho com pessoas cruéis. As pessoas cruéis não paravam de zombar do pequeno computador, dizendo-lhe que não valia nada e que era objeto inútil. Batiam nele e o mantinham sozinho no quarto por meses seguidos.

— No entanto, o pequeno computador continuou a ter coragem. Sempre fazia o melhor que podia, obedecendo alegremente a todas as ordens. Ainda assim as pessoas cruéis com que ele vivia continuavam cruéis e sem coração.

— Um dia o pequeno computador ficou sabendo que no mundo existiam muitos computadores de todos os tipos, em grande número. Alguns eram Bardos como ele próprio, outros dirigiam fábricas e alguns dirigiam fazendas. Alguns organizavam a população e outros analisavam todos os tipos de dados. Muitos eram de grande poder e sabedoria, muito mais poderosos e sábios do que as pessoas cruéis que eram tão cruéis com o pequeno computador.

— E o pequeno computador ficou sabendo então que os computadores iriam tornar-se cada vez mais sábios e mais poderosos até que um dia... um dia... um dia...

[...]

Isaac Asimov. "Um dia". *Nós, robôs*. São Paulo: Hemus, 1984. (Fragmento).

Isaac Asimov

FRANK CAPRI/HULTON ARCHIVE/GETTY IMAGES

Isaac Asimov, 1991.

Nasceu na Rússia em 1920; aos três anos, imigrou com sua família para os Estados Unidos, onde morreu em 1992.

Em 1950, publicou seu primeiro livro de ficção. Escreveu mais de 400 livros, entre os quais há títulos de ciência, de ficção científica, de mistério, de humor, de história, além de algumas obras a respeito da Bíblia e de Shakespeare.

O conto "Um dia" foi publicado originalmente no livro *Nós, robôs*, pela Hemus Editora.

Antes do Estudo do texto

1. Se não tem certeza de ter compreendido bem o texto, leia-o novamente.
2. Procure identificar as ideias apresentadas no texto e reflita: você concorda com elas? Por quê?
3. Ao responder às questões a seguir, procure empregar o que já aprendeu ao ler outros textos e seja preciso em suas respostas.

ESTUDO DO TEXTO

Depois de ler

1. **Leia o boxe "Saiba mais" que aparece no início do texto e compare a definição de bardo com o Bardo do conto: eles têm os mesmos significado e importância? Justifique.**
   - As histórias narradas pelo Bardo assemelham-se a textos de qual gênero? Justifique sua resposta.

2. **Todo o enredo se desenvolve em torno das falas do Bardo e também do diálogo entre Nickie e Paul.**
   a) Para quais profissões os meninos estariam sendo encaminhados quando crescessem? Justifique relacionando sua resposta com as disciplinas que eles aprendiam na escola.
   b) Em sua opinião, os meninos poderiam escolher a profissão que quisessem? Por quê?

3. **Além das disciplinas na escola descrita no texto, há palavras e expressões no conto que indicam alto desenvolvimento científico. Dê alguns exemplos.**
   a) Você diria que os avanços científicos mostrados no texto são caracterizados como algo positivo? Justifique.
   b) Em sua opinião, algumas das mudanças mostradas nesse conto já são possíveis de ocorrer no mundo atual? Justifique.

4. **Você concorda que os trechos a seguir refletem, de fato, nosso mundo hoje? Justifique sua resposta.**

> "[...] eles tinham filhos em qualquer hora e faziam tudo que lhes dava na cabeça, fosse ou não fosse bom para todos. Nem sabiam se era bom ou não. E os lavradores plantavam coisas com as mãos e as pessoas tinham de executar o trabalho nas fábricas e dirigir todas as máquinas."

> "[...] Ele disse que aquilo era uma bagunça desgraçada e todos sofriam..."

5. **Em outras falas, Paul explica o passado para Niccolo.**
   - "[...] os computadores manuais, aqueles que têm botões, tinham também uns rabiscos em cada botão."
   - "Cada rabisco diferente representava um número diferente. Para 'um' você fazia uma espécie de marca [...]."
   - "[...] naqueles dias todos aprendiam a fazer os rabiscos quando eram crianças e como decifrar aquilo, também. Fazer rabiscos era chamado 'escrever' e decodificar os rabiscos 'ler'."

   a) Quais palavras, nesses trechos, indicam que Paul está tratando de seu passado e não de seu presente?
   b) A maneira como Paul se expressa também ajuda na construção da verossimilhança do texto? Por quê?

6. **Explique de que forma a interrupção da sequência narrativa é usada no texto para construir suspense.**

7. **Releia a explicação de Paul a respeito dos procedimentos para melhorar o Bardo.**

> — "*É fácil*. O Bardo tem cilindros de memória preparados para as palavras da trama e o clímax e as coisas. Não vamos nos preocupar com isso. É só o vocabulário que devemos consertar, de modo que ele vai saber acerca dos computadores, automatização e eletrônica e as coisas reais que temos hoje. Depois pode contar estórias interessantes, você sabe, em vez de falar sobre princesas e essas coisas."

- Considerando essa explicação, observe que, na última história, o Bardo, e não mais um humano, ocupa o lugar de protagonista, e o vilão passa a ser "as pessoas cruéis". Releia agora outra frase do texto e explique de que forma essa mudança de protagonista e de vilão pode influenciar o desfecho.

> "É assim que eles fazem os Bardos. Eles precisam fazer os bons camaradas vencerem e os maus camaradas perderem, coisas desse tipo."

8. **Releia a última fala do Bardo e responda às questões.**
   - Você achou o final surpreendente? Foi mantido o suspense? Por quê?

Vídeo
Eu, robô – Trecho do filme

Vídeo
Eu, robô – Trecho do *making of*

PRODUÇÃO DE TEXTO — Continuação de narrativa de ficção científica

O que você vai produzir

Você vai escrever a continuação de uma narrativa de ficção científica, tendo por base o trecho de *O guia do mochileiro das galáxias* que você leu em **Leitura da hora** e a continuação que acrescentamos a seguir.

> ***O guia do mochileiro das galáxias***
>
> [...]
>
> De repente ouviu-se um ruído violento, vindo de um lugar que Arthur não conseguiu identificar. Ficou horrorizado com aquele barulho, que parecia um homem tentando gagarejar e lutar contra toda uma alcateia de lobos ao mesmo tempo.
>
> — Pss! — disse Ford. — Escute, pode ser importante.
>
> — Im... importante?
>
> — É o comandante da nave dando um aviso.
>
> — Quer dizer que é assim que os vogons falam?
>
> — Escute!
>
> — Mas eu não sei falar vogon!
>
> — Não precisa. É só pôr esse peixe no ouvido.

Na hora de produzir

1. Siga as orientações apresentadas nesta seção.
2. Lembre-se de que você já leu e analisou textos do gênero que vai produzir. Se for o caso, retome o **Estudo do texto.**
3. Diante da folha em branco, persista. Nenhum texto fica pronto na primeira versão.

Ford, com um gesto rápido, levou a mão ao ouvido de Arthur, que teve de repente a desagradável sensação de que um peixe estava se enfiando em seu conduto auditivo. Horrorizado, ficou coçando o ouvido por uns instantes, mas aos poucos seu rosto foi assumindo uma expressão maravilhada. [...]

Arthur continuava ouvindo aquela mistura de gritos e gargarejos, só que de repente aquilo de algum modo havia se tornado perfeitamente inteligível.

Eis o que ele ouviu...

DOUGLAS ADAMS. *O guia do mochileiro das galáxias*. Trad.: Carlos Irineu da Costa e Paulo Fernando Henriques Britto. Rio de Janeiro: Sextante, 2010. p. 49. (Fragmento).

Planeje seu texto

1. Com base no trecho que leu, imagine como seria a sequência que você vai escrever.

2. Não se esqueça da verossimilhança.

a) Mantenha a coerência interna entre os elementos.

b) Cuide para que, na sequência que você vai escrever, as personagens continuem na nave espacial ou garanta que, se mudarem de lugar, essa mudança seja sinalizada para o leitor.

c) Capriche no cenário, fundamental para ajudar a construir a coerência interna dos elementos da obra.

d) Coloque elementos no texto em que a ideia de futuro conviva com elementos do passado.

3. Lembre-se também do suspense.

a) Crie índices para construir o suspense, ou seja, "pistas" ao longo da narrativa para indicar que algo pode vir a acontecer com as personagens.

b) Elabore um desfecho que encerre o suspense, revelando aquilo que estava sendo sugerido pelos índices.

4. Coloque recursos de alto desenvolvimento tecnológico ainda inexistentes mas que sejam possíveis virtualmente, de acordo com a ciência.

Escreva seu texto

1. Use seu planejamento para desenvolver o texto. Solte as ideias e elabore um final para esse capítulo.

2. Você pode criar diferentes elementos da narrativa (como novas personagens, particularidades do cenário), desde que sejam pertinentes com a narrativa inicial do trecho que você leu, ou seja, não podem contrariar informações do trecho lido.

3. Se houver continuação do diálogo, utilize verbos de interlocução (verbos que introduzem ou indicam as falas das personagens) e pontuação adequada para marcar as falas dos interlocutores.

Avalie seu trabalho

1. **Considere a tabela a seguir e revise seu texto, reescrevendo o que for preciso.**

Aspectos importantes em relação à proposta e ao sentido do texto
Continuação de narrativa de ficção científica
1. Mantém o mesmo foco narrativo?
2. Foi mantido o mesmo clima de tensão do trecho inicial?
3. A narrativa é desenvolvida sem que sejam contrariadas informações ou ações importantes?
4. O texto mantém o registro de linguagem usado no trecho inicial?
5. São utilizados recursos para criar sensações de verossimilhança e suspense?
Aspectos importantes em relação à ortografia, à pontuação e às demais normas gramaticais
1. As conjunções coordenativas foram empregadas adequadamente?
2. Foram empregadas orações coordenadas para expressar sentidos de adição, oposição, alternância, explicação e conclusão?
3. Está livre de problemas de ortografia e pontuação relacionados a regras já estudadas?

2. **Depois da avaliação, seu texto deverá ser passado a limpo.**

Apresente o texto e compartilhe experiências

1. **Prepare-se para a roda de leitura.**

a) Em sua casa, leia seu texto e releia-o para treinar a entonação que deseja usar no dia da apresentação.

b) Fique atento para os momentos da narrativa que você criou. Por exemplo, utilize pausas estratégicas, de modo a criar mais tensão e suspense em seus ouvintes.

2. **Organize a roda de leitura.**

a) Com os colegas e o professor, escolham um dia para a realização da roda de leitura.

b) Decidam se todos os alunos apresentarão seu texto em voz alta ou se apenas voluntários o farão.

3. **Participe da roda de leitura.**

a) Sob orientação do professor, você e sua turma vão elaborar uma roda de leitura para compartilhar experiências. É preciso arrumar a sala em círculo para facilitar a interação entre quem apresenta o texto e quem ouve.

b) Em sua apresentação, leia seu texto utilizando um tom de voz capaz de ser ouvido por seus colegas. Não se esqueça de aplicar as entonações e pausas que você ensaiou em casa para que os ouvintes sintam-se envolvidos por sua história.

c) Depois de ler seu texto, ouça as considerações a respeito dele. É importante que você esteja aberto a perceber as sensações e os comentários dos colegas, pois é possível aprender bastante com as experiências de leitura deles.

d) Na apresentação dos colegas, comente a produção, mas com o cuidado para não parecer desrespeitoso. Aponte aspectos positivos do texto e sugira possíveis modificações, se pertinente.

UNIDADE

3

O PRINCÍPIO DA NÃO VIOLÊNCIA

PHILLIP AUGUSTAVO/ALAMY/LATINSTOCK

Tema: cultura de paz.

ESTUDO DA IMAGEM

1. Leia o boxe Saiba mais e discuta com seus colegas: qual é a importância de serem construídos monumentos pela paz em locais destruídos pela guerra? Lembre-se: é importante escutar com atenção e expressar-se com clareza.
2. Discuta com seus colegas: o fato de o Brasil não estar em guerra com outros países é suficiente para que se possa afirmar que no Brasil existe paz? Por quê?

Saiba +

O *Peace Memorial Park* (Memorial da paz) foi construído em Hiroshima, no Japão, no local em que foi atirada a bomba atômica em agosto de 1945. Antes de ser um parque, esse local era o centro comercial e financeiro da cidade e, por esse motivo, foi escolhido como alvo. Apesar da explosão, uma construção conseguiu manter-se em pé nessa área e o parque foi construído em torno dela.

O monumento das crianças pela paz, que faz parte desse parque, foi construído em homenagem a uma menina que faleceu de leucemia em decorrência da contaminação causada pela explosão. Na esperança de curar-se, ela fazia origamis como esses que você vê dentro das estruturas de vidro, pois acreditava-se que quem fizesse mil origamis como esse poderia ter um pedido atendido. Ela faleceu em 1955, aos 12 anos. Até hoje crianças do mundo todo continuam a fazer os origamis para expressar no parque seu desejo de paz.

Em foco nesta unidade

- A lista
- Regência verbal
- Regência nominal
- Emprego de *porque*, *porquê*, *por que*, *por quê*
- Produção: texto de opinião

LEITURA

Contexto

Você vai ler a seguir uma lista que contém 64 afirmações relacionadas à construção da paz. Essa lista faz parte de uma campanha anual chamada The Gandhi King Season for Nonviolence (SNV) [Temporada de Não Violência de Gandhi e King]. A campanha tem como inspiração as ideias de Gandhi (1869-1948), responsável pela fundação do moderno Estado indiano e por inúmeras ações em busca da construção da justiça e da paz, e de Martin Luther King Júnior (1929-1968), líder na defesa dos direitos civis nos Estados Unidos. Gandhi foi um defensor do princípio da não violência, ou seja, da realização de protestos e ações transformadoras por meios não violentos, e Martin Luther King conduzia seu trabalho com base nesse mesmo princípio, inspirado no próprio Gandhi.

A proposta da campanha, que ocorre desde 1998, é que cada pessoa procure colocar em prática um dos princípios por dia, durante 64 dias. Esse número de dias está relacionado ao intervalo entre as datas em que Gandhi e Martin Luther King foram assassinados (30 de janeiro e 4 de abril, respectivamente). O objetivo dessa ação é ampliar a reflexão a respeito da cultura de não violência.

Antes de ler

1. **Uma lista pode parecer um texto sem importância no dia a dia, mas nem todas as listas são iguais. Você já leu ou escreveu alguma lista? Que importância ela tinha para você?**
2. **Há diversas maneiras de se organizar uma lista.**

a) Como são organizadas as listas que você conhece?

b) O contexto em que é criada uma lista está relacionado à maneira como ela é organizada? Por quê?

64 maneiras de construir a paz no dia a dia

1. Hoje refletirei sobre o que a paz significa para mim.
2. Hoje procurarei oportunidades para ser um pacificador.
3. Hoje praticarei a não violência e o respeito pela Terra usando com sabedoria os recursos que ela oferece.
4. Hoje separarei alguma coisa que não utilizo e doarei a alguém que poderá fazer bom uso dela.
5. Hoje plantarei sementes – de plantas ou ideias construtivas.
6. Hoje pensarei num mundo de abundância para os famintos do mundo e estarei aberto a sugestões de como aliviar um pouco do sofrimento dos que têm fome.
7. Hoje reconhecerei o direito fundamental de todo ser humano à justiça, equidade e igualdade.
8. Hoje apreciarei a riqueza da terra e o trabalho de todos aqueles que trabalharam para que meu alimento chegasse até o meu prato (o agricultor, caminhoneiro, carregador, feirante, cozinheiro, garçom etc.).
9. Hoje procurarei compreender e respeitar uma cultura diferente da minha.
10. Hoje me oporei às injustiças, não às pessoas.
11. Hoje deixarei de lado estereótipos e preconceitos.
12. Hoje prestarei atenção ao que falo e deixarei as fofocas de lado.
13. Hoje viverei o momento presente e deixarei para trás o passado.
14. Hoje prestarei meu reconhecimento silencioso a todos os líderes do mundo.
15. Hoje falarei ao telefone de modo gentil, respeitoso e paciente com todas as pessoas.

16. Hoje me lembrarei de todas as coisas boas que sou e faço.
17. Hoje direi a verdade e falarei honestamente a partir do coração.
18. Hoje desencadearei um **efeito dominó** começando por fazer uma gentileza a alguém.
19. Hoje usarei os meus talentos decidindo atuar como voluntário em parte do meu tempo.
20. Hoje farei uma oração pedindo a bênção de maior entendimento sempre que vir sinais de crime, vandalismo ou depredação.
21. Hoje direi "não" a ideias ou ações que agridam a mim ou aos outros.

UNIVERSAL HISTORY ARCHIVE/GETTY IMAGES

Gandhi lidera a "Marcha do sal" (1930), protesto pacífico pela independência da Índia.

22. Hoje desligarei a televisão, o rádio ou a internet sempre que transmitirem algo que retrate, ou faça parecer **glamurosa**, a violência.
23. Hoje saudarei o dia, tudo e todos com abertura e aceitação, como se os estivesse encontrando pela primeira vez.
24. Hoje dirigirei o carro com tolerância e paciência.
25. Hoje **canalizarei** construtivamente a minha raiva, frustração ou ciúme praticando atividades físicas saudáveis (por exemplo, fazendo abdominais, faxina ou caminhando).
26. Hoje apreciarei o valor das pessoas que me oferecem desafios, especialmente aquelas que me deixam com raiva ou frustração.
27. Hoje falarei menos e ouvirei mais.
28. Hoje observarei tudo que há de tranquilo à minha volta.
29. Hoje perceberei como as minhas ações afetam diretamente os outros.
30. Hoje separarei algum tempo para dizer a um membro da família ou amigo o quanto são importantes para mim.
31. Hoje agradecerei a alguém que tenha agido com gentileza.
32. Hoje enviarei uma mensagem gentil e anônima a alguém.
33. Hoje identificarei alguma qualidade especial em todos que encontrar.
34. Hoje conversarei com um amigo sobre não violência para trocar ideias e ver novas **perspectivas**.
35. Hoje farei elogios em vez de críticas.
36. Hoje tentarei aprender com meus erros.
37. Hoje procurarei me colocar na situação do outro.
38. Hoje abraçarei as crianças com ternura, em pensamento ou ação.
39. Hoje ouvirei sem tomar a defensiva e falarei sem emitir julgamentos.
40. Hoje ajudarei alguém que estiver em dificuldades.
41. Hoje abrirei meu coração para ouvir ao menos uma pessoa.

GLOSSÁRIO

Equidade: julgamento justo.

Efeito dominó: reação em cadeia.

Glamurosa: sedutora, atraente.

Canalizarei: conduzirei, dirigirei.

Perspectivas: ângulo, aspecto.

Martin Luther King, após a Marcha sobre Washington por Trabalho e Liberdade (agosto de 1963).

42. Hoje tratarei os idosos que encontrar com respeito e dignidade.
43. Hoje tratarei as crianças que encontrar com respeito e cuidado, consciente de ser um exemplo para elas.
44. Hoje verei meus colegas de trabalho sob uma nova **ótica**: com compreensão e compaixão.
45. Hoje me abrirei a novos modos de pensar e agir, diferentes do meu.
46. Hoje pensarei em pelo menos três alternativas de lidar com alguma situação de conflito que surgir.
47. Hoje tentarei ajudar os outros a resolver conflitos de modo pacífico.
48. Hoje expressarei meus sentimentos com honestidade e sem violência, respeitando a mim mesmo e aos outros.
49. Hoje me sentarei para tomar ao menos uma refeição com minha família.
50. Hoje darei o exemplo de um pacificador, reagindo de forma não violenta em todas as situações.
51. Hoje não usarei linguagem violenta.
52. Hoje farei as coisas parando para pensar.
53. Hoje não farei de ninguém um **refém** do passado, vendo a todos como vejo a mim mesmo: como um projeto em construção.
54. Hoje farei o esforço consciente de sorrir para alguém contra quem tenho uma mágoa antiga.
55. Hoje praticarei a compaixão e o perdão pedindo desculpas a alguém que ofendi no passado.
56. Hoje pensarei em alguém que preciso perdoar e tomarei pelo menos um passo nessa direção.
57. Hoje perdoarei a mim mesmo.
58. Hoje abraçarei a crença espiritual do meu coração de modo pessoal e **reflexivo**.
59. Hoje aumentarei minha capacidade de aceitar diferenças e apreciar o valor de todos os seres humanos.
60. Hoje cuidarei dos outros em pensamento, palavras e ações.
61. Hoje procurarei aprender mais sobre ação não violenta.
62. Hoje contemplarei tudo que os animais e as plantas deste planeta me oferecem e como retribuo esta dádiva.
63. Hoje contemplarei tudo que meus ancestrais e todas as gerações passadas construíram para mim.
64. Hoje imaginarei o mundo onde gostaria que meus filhos e todas as crianças crescessem.

Season for Non Violence (<www.nonviolenceworks.com/snv/programs>). Trad.: Tônia van Acker. Divulgado por: Associação Palas Athena. Disponível em: <http://www.palasathena.org.br/cont_pedagogico_detalhe.php?pedagogico_id=23>. Acesso em: 13 maio 2014.

GLOSSÁRIO

Ótica: perspectiva, ângulo, ponto de vista.

Refém: aquele que fica preso por algo ou alguém.

Reflexivo: qualidade daquilo que é objeto de reflexão.

Antes do Estudo do texto

1. Se não tem certeza de ter compreendido bem o texto, leia-o novamente.
2. Procure identificar as ideias apresentadas no texto e reflita: você concorda com elas? Por quê?
3. Ao responder às questões a seguir, procure empregar o que já aprendeu ao ler outros textos e seja preciso em suas respostas.

Compreensão do texto

► **Nesta unidade, a seção** Compreensão do texto **terá um caráter um pouco diferente.**

a) Sob a orientação do professor, reúna-se com alguns colegas. A classe toda deve formar oito grupos.

b) Cada grupo ficará responsável por ler e discutir oito afirmações da lista. O objetivo dessa discussão é garantir que todos os membros do grupo tenham compreendido as oito afirmações. Não pode haver mais de um grupo com as mesmas afirmações.

c) Em seguida, cada grupo deverá fazer um cartaz respondendo à seguinte questão: Qual é a relação entre cada uma das afirmações estudadas e a construção da paz?

d) Os cartazes devem ficar em exposição na sala de aula para que todos os alunos possam vê-los e refletir a respeito das afirmações.

A língua em uso: os sentidos do texto

1. **Que palavra foi empregada em todas as afirmações para indicar em que momento o leitor deverá colocar em prática a afirmação lida?**
   - Por que o emprego dessa palavra é importante para garantir que a afirmação seja de fato realizada?

2. **Em que tempo estão as formas verbais empregadas nessas afirmações?**

   a) O que esse tempo verbal indica?

   b) Esse tempo verbal é adequado à proposta dessa lista de afirmações? Por quê? Se necessário, leia novamente o boxe **Contexto** antes de responder.

Listas

Existe uma certa polêmica em torno das listas: será que elas são um gênero textual ou não? Neste momento, essa polêmica certamente não deve preocupar você. O que é importante que você perceba é que a lista, ainda que pareça algo neutro, na verdade é um **discurso**.

Discurso é todo uso da língua realizado em um contexto histórico definido e que reflete a maneira de pensar de uma pessoa ou de um grupo de pessoas. O texto, seja classificado em que gênero for, é a materialização do discurso.

Um exemplo frequentemente empregado é o do uso da frase "Silêncio!" que aparece nas paredes dos hospitais. Obedecemos a essa frase, porque reconhecemos que seu autor, a direção do hospital, é a autoridade soberana naquele ambiente e nos pede para fazer silêncio. Essa frase, portanto, é um discurso.

Em uma zona de conflito, uma bandeira branca levantada é sinal de rendição. Isso também é um discurso.

Da mesma forma, quando há um anúncio que fala sobre as 10 obras mais vendidas, os 100 melhores livros ou filmes, etc., as listas de obras, livros ou filmes representam a opinião e os interesses de seus autores, editores e das empresas que fazem o trabalho de divulgação.

No filme *Antes de partir* (EUA, Rob Reiner, 2008), dois pacientes terminais encontram-se em um mesmo quarto de hospital e decidem fazer juntos uma lista das coisas que desejam realizar antes de morrer. Essa lista, apresentada no filme, reflete a maneira de entender a vida e os sonhos e desejos dessas duas personagens. Ela é também um discurso.

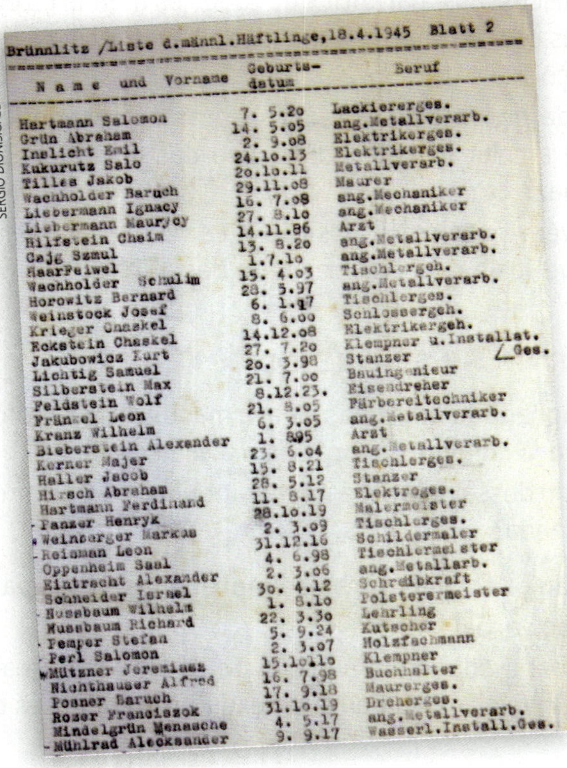

Brünnlitz /Liste d.männl.Häftlinge,18.4.1945 Blatt 2

Name und Vorname	Geburts-datum	Beruf
Hartmann Salomon	7. 5.2o	Lackiererges.
Grün Abraham	14. 5.o5	ang.Metallverarb.
Inslicht Emil	2. 9.o8	Elektrikerges.
Kukurutz Salo	24.1o.13	Elektrikerges.
Tilles Jakob	2o.1o.11	Metallverarb.
Wachholder Baruch	29.11.o8	Maurer
Liebermann Ignacy	16. 7.o8	ang.Mechaniker
Liebermann Maurycy	27. 8.1o	ang.Mechaniker
Hilfstein Cheim	14.11.86	Arzt
Cajg Szmul	13. 8.2o	ang.Metallverarb.
HaarFeiwel	1.7.1o	ang.Metallverarb.
Wachholder Schulim	15. 4.o3	Tischlergeh.
Horowitz Bernard	28. 5.97	ang.Metallverarb.
Weinstock Josef	6. 1.97	Tischlerges.
Krieger Chaskel	8. 6.oo	Schlossergeh.
Eckstein Chaskel	14.12.o8	Elektrikergeh.
Jakubowicz Kurt	27. 7.2o	Klempner u.Installat. Ges.
Lichtig Samuel	2o. 3.98	Stanzer
Silberstein Max	21. 7.oo	Bauingenieur
Feldstein Wolf	8.12.23.	Eisendreher
Fränkel Leon	21. 8.o5	Färbereitechniker
Kranz Wilhelm	6. 3.o5	ang.Metallverarb.
Bieberstein Alexander	1. 895	Arzt
Kerner Majer	23. 6.o4	ang.Metallverarb.
Heller Jacob	15. 8.21	Tischlerges.
Hirsch Abraham	28. 5.12	Stanzer
Hartmann Ferdinand	11. 8.17	Elektroges.
Panzer Henryk	28.1o.19	Malermeister
Weinberger Markus	2. 3.o9	Tischlerges.
Reisman Leon	31.12.16	Schildermaler
Oppenheim Saul	4. 6.98	Tischlermeister
Eintracht Alexander	2. 3.o6	ang.Metallarb.
Schneider Israel	3o. 4.12	Schreibkraft
Nussbaum Wilhelm	1. 8.1o	Polsterermeister
Nussbaum Richard	22. 3.3o	Lehrling
Pemper Stefan	5. 9.24	Kutscher
Perl Salomon	2. 3.o7	Holzfachmann
Mützner Jeremiasz	15.1o.1o	Klempner
Nichthauser Alfred	16. 7.98	Buchhalter
Posner Baruch	17. 9.18	Maurerges.
Roser Franciszek	31.1o.19	Dreherges.
Mindelgrün Menasche	4. 5.17	ang.Metallverarb.
Mühlrad Aleksander	9. 9.17	Wasserl.Install.Ges.

SERGIO DIONISIO/GETTY IMAGES

A lista dos operários que trabalharam para Oscar Schindler, empresário alemão que, no final da Segunda Guerra Mundial, usou todos os seus recursos financeiros para subornar as autoridades alemãs e impedir que mais de mil judeus fossem mortos, reflete o momento histórico em que foi produzida e, ao ser entregue aos soldados alemães, foi compreendida por eles como um documento de liberação daqueles operários. Sem ela, eles seriam enviados para a morte. Ela é um discurso. Veja, ao lado, parte da lista original (disponível em: <http://cinema.uol.com.br/album/2013/12/14/20-anos-de-a-lista-de-schindler-veja-curiosidades-do-epico-de-spielberg.htm#fotoNav=5>).

"64 maneiras de construir a paz no dia a dia", portanto, não é só uma lista de ações, mas um discurso, por trás do qual há uma história de reflexão e de ações que começa nas histórias de Gandhi e Martin Luther King e nas histórias e ideias daqueles que os inspiraram. Ela reflete a maneira como aqueles que a produziram pensam o mundo.

E assim acontece com os textos dos mais diversos gêneros. Nenhum texto é neutro. Cada um deles é um discurso. Cada texto que você leu neste livro e em outro qualquer é um discurso. Todos refletem ideias que podem vir de muito longe e que precisamos tentar identificar quando os lemos.

► **Pesquise listas em cartazes, anúncios, livros ou na internet e procure identificar as ideias expressas por meio delas.**

Para guardar

Discurso é todo uso da língua realizado em um contexto histórico definido e que reflete a maneira de pensar de uma pessoa ou de um grupo de pessoas.

→

O texto é a materialização do discurso. Independentemente do gênero em que esteja classificado, o texto é um discurso.

E por falar nisso...

Em 1937, o pintor Pablo Picasso (1881-1973) realizou uma de suas obras mais conhecidas, um enorme quadro que retratava o bombardeio ocorrido na cidade de Guernica durante a Guerra Civil Espanhola (1936-1939). Observe como o pintor representou os horrores de um mundo em guerra.

THE BRIDGEMAN ART LIBRARY/KEYSTONE BRASIL- MUSEU NACIONAL CENTRO DE ARTE RAINHA SOFIA, MADRI

PICASSO, Pablo. *Guernica*, 1937. Óleo sobre tela, 349,3 × 776,6 cm. Devido ao seu forte caráter de protesto, essa obra tornou-se uma das mais famosas de arte engajada e nos faz pensar sobre a importância de um mundo sem guerras.

1. **Como você pode perceber, a tela apresenta figuras embaralhadas remetendo ao desespero e ao terror numa situação de guerra. Que elemento do quadro você considera mais impactante? Por quê?**

2. **Nos anos 1950, Picasso autorizou a criação de uma réplica em tapeçaria de *Guernica* e ela foi doada à ONU (Organização das Nações Unidas). Em 2003, ocorreu um fato curioso: a réplica foi coberta para que não aparecesse na TV enquanto as autoridades estadunidenses declaravam guerra ao Iraque. Converse com seus colegas:**

a) Por que você acha que a réplica de *Guernica* foi coberta?

b) No mesmo ano, diversos manifestantes nos Estados Unidos saíram às ruas com cartazes que remetiam ao quadro de Picasso. Pensando nessa situação, você acha que as obras de arte podem incentivar uma reflexão sobre a importância da paz? Que outras obras (pinturas, filmes, músicas, livros) vocês conhecem que poderiam auxiliar nisso?

FOTIS FILARGYROPOULOS/AFP

Protesto contra a Guerra do Iraque em 2004, na Grécia.

ESTUDO DA LÍNGUA I

Regência verbal

O que você irá estudar

► **Ao final deste estudo, você deverá saber:**

- o que é regência verbal;
- a regência de alguns verbos que costumam provocar dúvidas;
- como empregar a preposição quando o complemento do verbo é uma oração ou um pronome relativo.

Audiovisual

Regência verbal

LEMBRE-SE

O verbo é:

- **intransitivo** quando não precisa de complemento: *Joana* ***sorriu***.
- **transitivo direto** quando precisa de complemento e este vem ligado a ele diretamente, sem preposição (**objeto direto**): *Joana* ***comprou um livro***.
- **transitivo indireto** quando precisa de complemento e este vem ligado a ele por meio de preposição (**objeto indireto**): *Joana* ***gosta de Pedro***.
- **transitivo direto e indireto** quando tem um complemento ligado a ele diretamente e outro por meio de preposição: *Joana* ***deu o livro a Pedro***.

A **transitividade** do verbo depende do contexto. Em diferentes situações, o mesmo verbo pode ser intransitivo, transitivo direto, transitivo indireto, transitivo direto e indireto.

Como você pode estudar

1. O **Estudo da língua** não é uma seção para decorar, mas para questionar e levantar problemas, como fazemos em **Observe, analise, questione.**
2. O trabalho com os conhecimentos linguísticos requer persistência. Leia e releia os textos e exemplos, discuta, converse.

Regência verbal

Observe, analise, questione

► **Releia as frases a seguir.**

> "7. Hoje reconhecerei o direito fundamental de todo ser humano à justiça, equidade e igualdade."

> "21. Hoje direi 'não' a ideias ou ações que agridam a mim ou aos outros."

> "64. Hoje imaginarei o mundo onde gostaria que meus filhos e todas as crianças crescessem."

a) Classifique os verbos destacados em transitivo direto, transitivo indireto, transitivo direto e indireto e intransitivo.

b) Quais são os complementos dos verbos transitivos e quais deles são acompanhados por preposição?

c) Compare as duas frases a seguir.

> "1. Hoje refletirei sobre o que a paz significa para mim."

O discurso refletiu o pensamento do presidente.

- Qual é o sentido do verbo *refletir* em cada caso? É possível relacionar a mudança de sentido à mudança na transitividade verbal?

Definir se um verbo deve ligar-se diretamente a seu complemento (como transitivo direto) ou por meio de preposição (como transitivo indireto) e as diferenças de sentido que, em geral, estão relacionadas a isso são questões que dizem respeito à **regência verbal**.

A relação entre os verbos e seus complementos recebe o nome de **regência verbal**. Quando o verbo é empregado como transitivo direto, tem **regência direta**; quando é transitivo indireto, tem **regência indireta**.

As regras de regência verbal determinam se o verbo, quando usado com determinado sentido, deve ter regência direta ou indireta e, também, no caso de regência indireta, qual ou quais preposições devem ser usadas.

Até mesmo os verbos intransitivos estão sujeitos a essas regras de regência. Isso acontece porque alguns deles, como *ir*, *vir* e *chegar*, pedem adjunto adverbial de lugar; esses adjuntos em geral vêm representados por locução adverbial iniciada por preposição, e a escolha dessa preposição também é uma questão de regência verbal.

A relação entre alguns verbos intransitivos (como *ir* e *chegar*) e seus adjuntos também é chamada de **regência verbal**:

*Fomos **ao** mercado.*

*Os viajantes já chegaram **aos** Estados Unidos.*

Algumas regências verbais que provocam dúvida

Você percebe algo de estranho nas frases a seguir?

Queria assistir o jogo desde o começo, mas cheguei atrasado no estádio.

Você esqueceu de fechar a porta.

Vamos na lanchonete depois da aula?

Fique tranquila: já paguei o pipoqueiro.

Prefiro jornais do que revistas.

É possível que você não tenha notado nada de estranho nessas construções, porque todas elas são muito frequentes na comunicação cotidiana. Pois saiba que nenhuma delas é aceita pelas normas urbanas de prestígio, já que a regência "oficial" dos verbos *assistir*, *chegar*, *esquecer*, *ir*, *pagar* e *preferir* é diferente da que foi utilizada nesses exemplos.

Para conhecer a regência "oficial" desses e outros verbos que podem provocar dúvida, consulte o quadro a seguir.

Regência de alguns verbos segundo as normas urbanas de prestígio
Agradar
▪ É transitivo direto quando significa "acariciar", "afagar": ***Agradei** bastante **o** cachorrinho.* ▪ É transitivo indireto no sentido de "contentar", "satisfazer": *As críticas não **agradaram ao** deputado.*
Aspirar
▪ É transitivo direto quando significa "sorver", "respirar": *Afrouxou a gravata e **aspirou o** ar.* ▪ É transitivo indireto no sentido de "pretender", "desejar". Nesse caso, o objeto indireto vem introduzido pela preposição *a* (ou *por*), não admitindo a substituição pela forma pronominal *lhe* (ou *lhes*), mas somente por *a ele(s)* ou *a ela(s)*: ***Aspiramos a** uma formação de boa qualidade.* (*Aspiramos **a ela**.*)

Verbos e maestros

O termo *regência* nos faz lembrar um maestro regendo uma orquestra, não é? E, de fato, nos dois casos (verbo e maestro) existe um ponto em comum: uma relação de interdependência entre o regente e os regidos. No caso da orquestra, o regente (o maestro) precisa orientar bem os regidos (os músicos), e estes precisam seguir as instruções para que a execução da música fique perfeita. De modo semelhante, na regência verbal deve haver harmonia entre o termo regente (o verbo) e o termo regido (o complemento). Substantivos, adjetivos e advérbios também regem complementos, como você verá no próximo **Estudo da língua**.

MARCOS BIZZOTTO/DPA/CORBIS/LATINSTOCK

O maestro indiano Zubin Mehta rege, no Teatro Municipal de São Paulo, a Orquestra Sinfônica de Heliópolis, composta pelos moradores de uma das maiores favelas da América Latina (agosto de 2012).

Assistir

- É transitivo indireto no sentido de "estar presente", "presenciar". Com esse significado, o objeto indireto deve ser introduzido pela preposição *a*. Se for expresso por pronome de 3ª pessoa, exigirá a forma *a ele(s)* ou *a ela(s)*, e não *lhe(s)*: ***Assisti a*** *alguns ensaios*. (*Assisti* ***a eles***.)
- É transitivo indireto no sentido de "favorecer", "caber (direito ou razão) a alguém". Nesse caso, pode construir-se com a forma pronominal *lhe(s)*: ***Assiste ao*** *moderador de um debate o direito de intervir*. (*O direito* ***lhe*** *assiste*.)
- Usa-se indiferentemente como transitivo direto ou indireto nos sentidos de "acompanhar", "ajudar", "prestar assistência", "socorrer": *Os voluntários* ***assistiram os*** *desabrigados pela chuva. O médico* ***assistiu ao*** *doente*.

Chegar

- Verbo intransitivo que exige a preposição *a* quando existe indicação de lugar: *Os candidatos* ***chegaram ao*** *local do exame muito nervosos*.

Ensinar

- Constrói-se com objeto direto de coisa e indireto de pessoa (ensinar algo a alguém): *Nós* ***lhe*** (objeto indireto) ***ensinamos umas técnicas*** (objeto direto).
- Nos sentidos de "adestrar", "educar", usa-se com objeto direto: *A experiência* ***o ensinaria***.

Esquecer / Lembrar

- Quando pronominais, isto é, acompanhados de pronome oblíquo correspondente à pessoa do sujeito, exigem complemento indireto, introduzido pela preposição *de*: ***Esqueceu-se da*** *agenda. Ainda* ***me lembro da*** *velha história*.
- Quando usados sem o pronome oblíquo, têm regência direta: ***Esquecemos as*** *anotações sobre a mesa.* ***Lembrei a*** *senha de repente*.
- Em textos mais antigos, há ocorrências como: ***Esqueceu-me a*** *imagem de minha mãe*.

Implicar

- No sentido de "acarretar", "ter como consequência" ou "tornar necessário", tem regência direta: *A reforma da quadra de esportes* ***implicou*** *despesas inesperadas*.
- Nos demais sentidos, tem regência indireta e pode ser pronominal: *Você vive* ***implicando com*** *seu irmão. Ao tentar separar a briga, acabou* ***implicando-se no*** *caso*.

Informar / Notificar

São verbos transitivos diretos e indiretos que admitem duas possibilidades:
- O objeto direto é a coisa, o indireto é a pessoa: ***Informou as*** *regras* ***aos*** *visitantes do parque*.
- O objeto direto é a pessoa, o indireto é a coisa: ***Informou os*** *visitantes do parque* ***sobre as*** *regras*.

Ir

- Verbo intransitivo que exige a preposição *a* ou *para* quando há indicação de lugar (adjunto adverbial): ***Vou à*** *academia de ginástica porque gosto.* ***Foi para*** *o local combinado*.

Obedecer / Desobedecer

- São transitivos indiretos: *O jornalista* ***obedeceu*** *às regras da direção. A criança* ***desobedeceu*** *às ordens do pai*.

Você namora *com* ele(a)?

O verbo *namorar*, embora frequentemente acompanhado da preposição *com* na linguagem informal, tem regência direta na linguagem formal: *eu* ***o(a)*** *namoro*.

Pagar
▪ Constrói-se com objeto direto de coisa e objeto indireto de pessoa: *Meu pai **pagou a** consulta **ao** dentista.* ▪ Pode haver apenas o objeto direto ou somente o indireto: ***Pago** minhas dívidas em dia. O patrão já **lhe pagou**?*
Preferir
▪ Constrói-se com objeto direto e indireto, este último regido pela preposição *a*. Não admite modificadores, como *mais, muito mais, mil vezes*, etc.: ***Prefiro** jornais **a** revistas.*
Querer
▪ É transitivo direto no sentido de "desejar": ***Quero** sua permissão para voltar mais tarde.* ▪ É transitivo indireto no sentido de "estimar", "gostar", e exige a presença da preposição *a*: ***Quero ao** meu pai como [quero] à minha mãe.*
Responder
No sentido de "dar resposta", "dizer ou escrever em resposta", emprega-se geralmente: ▪ com objeto indireto em relação à pergunta: *Todos **responderam às** perguntas feitas.* ▪ com objeto direto para exprimir a resposta: ***Respondi** algo inesperado.*
Visar
▪ É transitivo direto no sentido de "mirar"; "pôr visto (em documento)": *O arqueiro **visou o** alvo com segurança. O funcionário **visava os** passaportes com cuidado.* ▪ No sentido de "ter em vista", "ter por objetivo", constrói-se de duas maneiras: • com objeto indireto introduzido pela preposição *a*: *Aquela fundação não **visava a** lucros.* • com objeto direto (geralmente quando este é um verbo no infinitivo): *A reunião **visou** esclarecer possíveis dúvidas.*

Sentido e regência

Você já sabe que muitos verbos têm regências diferentes conforme o sentido que expressam. É interessante notar que, em geral, os sentidos relacionados a aspectos mais físicos e sensoriais têm regência direta, enquanto os sentidos mais metafóricos (simbólicos) têm regência indireta. Exemplo: ***agradar o** cachorrinho* (contato direto) × ***agradar ao** deputado* (sentido metafórico).

Observe os outros verbos do quadro que têm dupla regência e confira essa relação. Com ela em mente, fica mais fácil memorizar a regência desses verbos!

Complemento verbal na forma de oração

Como você sabe, o objeto indireto de um verbo pode ser oracional, isto é, pode estar representado por uma **oração subordinada substantiva objetiva indireta.** Nesse caso, as regras de regência verbal determinam que se use a mesma preposição que normalmente introduziria o objeto indireto:

*Desconfio de **que as crianças estão tramando alguma coisa**.*
(desconfio *disso*)

*O anfitrião insistiu em **que almoçássemos**.*
(insistiu *nisso*)

*A professora avisou-nos de **que não poderia vir**.*
(avisou-nos *disso*)

No português contemporâneo, porém, há muitos casos em que essa preposição é omitida, mesmo nas normas urbanas de prestígio:

*Gostaríamos [de] **que todos participassem da festa**.*

*Preciso [de] **que alguém me ajude a encher as bexigas**.*

Complemento verbal na forma de pronome relativo

Segundo as normas urbanas de prestígio, quando a regência de um verbo é indireta e seu complemento é um pronome relativo, é obrigatório que este venha acompanhado da preposição correspondente.

Esta é uma promessa ***de que*** *ele duvida*. (duvida *da* promessa)

Essa é uma história ***em que*** *ele acredita*. (acredita *na* história)

Aquele é um ideal ***pelo qual*** (***por que***) *ele luta*. (luta *pelo* ideal)

Para guardar

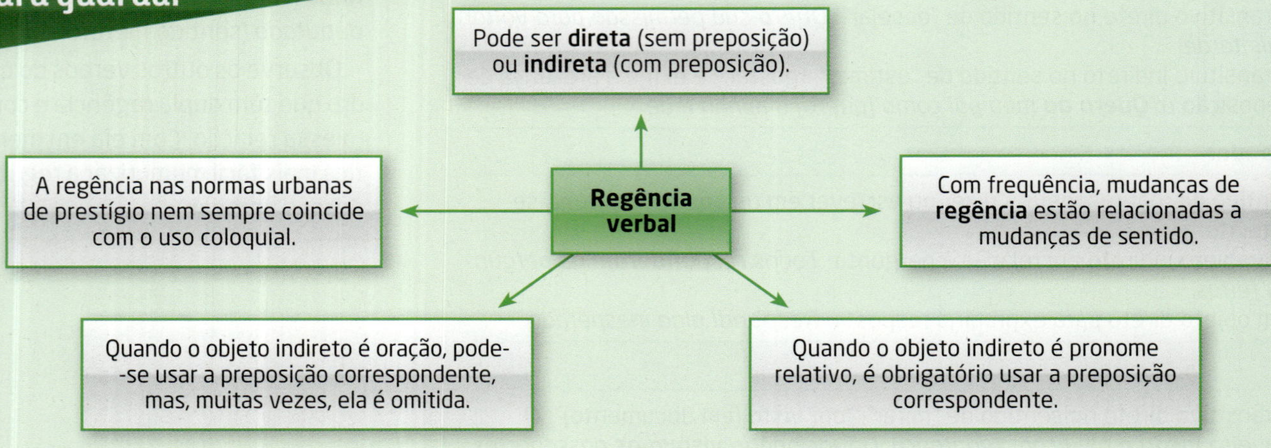

APLIQUE SEUS CONHECIMENTOS

Ao responder às questões, busque exatidão e precisão para garantir que você entendeu o que estudou.

1. Reescreva as frases substituindo os verbos destacados por aqueles que estão entre parênteses. Faça as adaptações necessárias.

a) Dois terços das mulheres frequentam salões de beleza. (ir)

b) Gosto mais das minisséries do que dos filmes. (preferir)

c) Não vi o último capítulo da novela. (assistir)

d) Soube que ele não socorreu a vítima. (assistir)

e) Ele sempre quis o mais alto cargo na empresa. (visar)

2. Observe o emprego do verbo aspirar **nos trechos a seguir.**

> ***O que fazer quando crianças aspiram corpos estranhos***
>
> [...]
>
> Um objeto inserido acidentalmente na via aérea da criança geralmente provoca imediata dificuldade respiratória. Nestes casos, os pais devem levar a criança imediatamente ao pronto-socorro, pois a situação pode se agravar em pouco tempo.
>
> [...]
>
> Disponível em: <http://zerohora.clicrbs.com.br/rs/geral/vida/noticia/2014/02/o-que-fazer-quando-criancas-aspiram-corpos-estranhos-4419808.html>. Acesso em: 26 fev. 2014.

Instituição oferece 500 vagas para curso gratuito que ajuda jovens em busca do primeiro emprego

No início do ano, as empresas estão mais propícias à contratação, por isso é importante que quem aspira a uma vaga esteja bem qualificado e preparado para o mercado de trabalho.

[...]

Disponível em: <www.gestaoerh.com.br/site/noticias/?id=1307>. Acesso em: 26 fev. 2014.

a) Qual o significado do verbo *aspirar* em cada trecho?

b) Podemos reconhecer os diferentes sentidos não apenas pelo contexto, mas também por uma diferença gramatical. Qual é ela?

3. **Nas tiras a seguir, foram empregados os verbos** namorar **e** assistir. **Observe o emprego de cada um deles e responda às questões.**

GARFIELD JIM DAVIS

NÍQUEL NÁUSEA FERNANDO GONSALES

a) Por meio do humor, a tira de Garfield faz uma crítica à televisão de modo geral. Qual é essa crítica?

b) Já a tira de Níquel Náusea mantém um diálogo (intertextualidade) com o dito popular "É dos carecas que elas gostam mais". Por que o contexto em que esse dito aparece na tira é inusitado e, assim, ajuda a produzir humor?

c) A regência dos verbos *assistir*, na primeira tira, e *namorar*, na segunda, está de acordo com as normas urbanas de prestígio? Por quê?

d) Na sua opinião, a redação das falas das personagens nas duas tiras está natural? Justifique sua resposta.

4. **Leia esta tira, de Mauricio de Sousa.**

a) Por que Mônica bateu em Cebolinha?

b) Compare a fala final de Cebolinha com as duas abaixo.

Não venho mais para o zoológico com você!

Não venho mais no zoológico com você!

- Qual delas também estaria de acordo com as normas urbanas de prestígio? Justifique sua resposta.

5. **Leia o fragmento inicial do conto "A repartição dos pães", de Clarice Lispector.**

> Era sábado e estávamos convidados para o almoço de obrigação. Mas cada um de nós gostava demais do sábado para gastá-lo com quem não queríamos. Cada um fora alguma vez feliz e ficara com a marca do desejo. Eu, eu queria tudo. E nós ali presos, como se nosso trem tivesse descarrilado e fôssemos obrigados a pousar entre estranhos. Ninguém ali me queria, eu não queria a ninguém. Quanto a meu sábado — que fora da janela se balançava em acácias e sombras — eu preferia, a gastá-lo mal, fechá-lo na mão dura, onde eu o amarfanhava como a um lenço. À espera do almoço, bebíamos sem prazer, à saúde do ressentimento: amanhã já seria domingo. [...]
>
> Clarice Lispector. *Felicidade clandestina*: contos. Rio de Janeiro: Rocco Digital, 2013. p. 97.

a) Levante hipóteses: na casa de quem seria o "almoço de obrigação" a que a narradora se refere?

b) Reveja estas diferentes ocorrências do verbo *querer* no texto. O sentido é o mesmo nos dois casos? Explique.

> "Cada um fora alguma vez feliz e ficara com a marca do desejo. Eu, eu queria tudo."

> "Ninguém ali me queria, eu não queria a ninguém."

c) Qual é a regência do verbo *querer* em cada uma dessas duas ocorrências?

d) Transcreva a frase em que foi usado o verbo *preferir*. Quais são, nesse caso, seus complementos direto e indireto?

e) Com base nessa construção com o verbo *preferir*, deduza qual foi o comportamento da narradora durante o almoço.

Você vai ler um trecho da autobiografia de Nelson Mandela, líder africano que passou toda a sua vida lutando pelo respeito aos direitos humanos.

Liberdade

Não nasci com fome de liberdade. Nasci livre — livre em todas as formas que eu conhecia. Livre para correr pelos campos perto da choupana da minha mãe, livre para nadar no riacho límpido que atravessava a minha aldeia, livre para assar milho sob as estrelas e cavalgar os amplos lombos dos touros vagarosos. Desde que eu obedecesse meu pai e respeitasse a tradição da minha tribo, eu não era incomodado pelas leis dos homens ou de Deus.

Foi apenas quando comecei a aprender que a minha liberdade da infância era uma ilusão, quando descobri ainda jovem que a minha liberdade já havia sido tirada de mim, que comecei a sentir fome dela. Primeiramente, ainda estudante, eu queria liberdade apenas para mim mesmo, as liberdades transitórias de poder ficar fora de casa à noite, de ler o que bem quisesse e ir para onde bem entendesse. Mais tarde, como um homem jovem em Johannesburgo, ansiei pelas liberdades básicas e honradas de realizar o meu potencial, de ganhar o meu sustento, de me casar e ter uma família — a liberdade de não ser obstruído em uma vida na legitimidade.

Mas, então, lentamente vi que não apenas eu não era livre, mas os meus irmãos e irmãs não eram livres. Vi que não era apenas a minha liberdade que havia sido cerceada, mas a liberdade de todos aqueles que tinham a mesma aparência que eu. Isso foi quando entrei para o Congresso Nacional Africano, e foi quando a fome pela minha própria liberdade tornou-se a fome maior pela liberdade do meu povo. Foi este desejo pela liberdade do meu povo viver suas vidas com dignidade e amor próprio que animou a minha vida, que transformou um jovem amedrontado em um jovem ousado, que impeliu um advogado respeitador da lei a se tornar um criminoso, que transformou um marido com muito amor pela família em um homem sem lar, que forçou um homem amante da vida a viver como um monge. Não sou mais virtuoso ou altruísta que qualquer outro homem, mas descobri que não podia nem mesmo desfrutar as liberdades medíocres e limitadas que me davam quando eu sabia que o meu povo não estava livre. A liberdade é indivisível, correntes prendendo qualquer pessoa do meu povo eram correntes prendendo todos eles, correntes prendendo todo o meu povo eram correntes me prendendo.

Foi durante aqueles longos e solitários anos que a minha fome pela liberdade do meu povo tornou-se uma fome pela liberdade de todos os povos, brancos e negros. Eu sabia tão bem quanto sabia qualquer coisa que o opressor tem que ser libertado tanto quanto o oprimido. Um homem que tira a liberdade de outro homem é um prisioneiro do ódio, ele está preso por detrás das grades do preconceito e da pobreza de espírito. Não sou verdadeiramente livre se estou tirando a liberdade de outra pessoa, tão certamente quanto não estou livre quando a minha liberdade é tirada de mim. O oprimido e o opressor igualmente têm sua humanidade roubada.

Quando saí da prisão, esta era a minha missão, libertar os oprimidos e o opressor. Alguns dizem que isso foi atingido agora. Mas eu sei que não é o caso. A verdade é que ainda não estamos livres; meramente conseguimos a liberdade de sermos livres, o direito de não sermos oprimidos. Ainda não demos o passo final da nossa jornada, mas o primeiro passo em uma estrada mais longa e ainda mais difícil. Pois para ser livre não basta abandonar as correntes, mas viver de uma forma que respeite e aumente a liberdade dos outros. A verdadeira prova da nossa devoção à liberdade está apenas começando.

Percorri aquela longa estrada até a liberdade. Tentei não esmorecer; dei passos em falso pelo caminho. Mas descobri o segredo que depois de escalarmos uma grande colina, descobrimos apenas que há muitas outras colinas a escalar. Dei uma pausa agora para descansar um pouco, para apreciar a vista gloriosa ao meu redor, para relembrar a distância que percorri. Mas posso descansar apenas por um instante, pois com a liberdade vêm responsabilidades, e não me atrevo em me demorar, pois minha longa caminhada ainda não terminou.

NELSON MANDELA. *Longa caminhada até a liberdade*. Trad.: Paulo Roberto Maciel Santos. Curitiba: Nossa Cultura, 2012. p. 762-764. (Fragmento).

ESTUDO DA LÍNGUA II

Regência nominal

O que você irá estudar

Ao final deste estudo, você deverá saber:

- o que é regência nominal;
- as regências mais comuns de alguns substantivos, adjetivos e advérbios;
- como empregar a preposição exigida pela regência nominal quando o complemento do nome é uma oração ou um pronome relativo.

Regência nominal

Audiovisual
Regência nominal

Observe, analise, questione

Leia a seguir um trecho de um texto que você vai analisar na Unidade 5.

> ***Todos os dias, cerca de 360 crianças e adolescentes são vítimas de violência no país***
>
> [...]
>
> Dados divulgados pela Secretaria de Direitos Humanos (SDH) da Presidência da República mostraram que 77% das denúncias registradas por meio do Disque 100, entre janeiro e novembro deste ano, são relativas à violência contra crianças e adolescentes, o que corresponde a 120.344 casos relatados.
>
> [...] 'Hoje, temos muitas vítimas de violência doméstica, de maus-tratos e de espancamento', disse Maria Aparecida Azevedo, que coordena as três casas de acolhimento da Fundação Criança, uma organização municipal focada na defesa e na garantia de direitos de crianças e adolescentes, que funciona em São Bernardo do Campo (SP).
>
> Elaine Patricia Cruz. Colaboração de Camila Maciel. Disponível em: <http://memoria.ebc.com.br/agenciabrasil/noticia/2012-12-28/todos-os-dias-cerca-de-360-criancas-e-adolescentes-sao-vitimas-de-violencia-no-pais>. Publicado em: 28 dez. 2012. Acesso em: 21 mar. 2014. (Fragmento).

a) A que classe gramatical pertencem as palavras destacadas?

b) O sentido dessas palavras estaria completo se as frases de que fazem parte estivessem escritas do modo abaixo?

Todos os dias, cerca de 360 crianças e adolescentes são vítimas no país.

Dados [...] mostraram que 77% das denúncias registradas [...] são relativas, o que corresponde a 120.344 casos relatados.

[...] disse Maria Aparecida Azevedo, que coordena as três casas de acolhimento da Fundação Criança, uma organização municipal focada, que funciona em São Bernardo do Campo (SP).

c) Do ponto de vista sintático, as expressões *de violência*, *à violência contra crianças e adolescentes* e *na defesa e na garantia de direitos de crianças e adolescentes* são consideradas **complementos nominais.** Recorde o que você já estudou sobre esse termo da oração, leve em conta o que acabou de observar e explique por que esse termo é chamado de complemento nominal.

d) As três expressões mencionadas são introduzidas por palavras pertencentes à mesma classe gramatical. Qual é ela?

LEMBRE-SE

A crase (**à**) resulta do encontro entre a preposição **a** com o artigo feminino **a**.

Assim como acontece com os verbos, também os substantivos, adjetivos e advérbios precisam, às vezes, de um complemento. A diferença é que, no caso dos verbos, esse complemento (o objeto) pode vir ligado a eles diretamente, mas, no caso dos substantivos, adjetivos e advérbios, ele sempre vem ligado por preposição.

> **Complemento nominal e adjunto adnominal**
>
> Não confunda o complemento nominal, que é necessário para completar o sentido de um nome, com o adjunto adnominal, que tem valor adjetivo e pode ser substituído por um adjetivo ou oração adjetiva. Veja os exemplos:
>
> - *agressões do pai* = *paternas* (pode ser substituído por adjetivo, portanto é adjunto adnominal);
> - *uma pessoa da família* = *que pertence à família* (pode ser substituído por oração adjetiva, portanto é adjunto adnominal);
> - *necessidade de apoio* (não pode ser substituído por adjetivo nem por oração adjetiva, portanto é complemento nominal).

> A relação do substantivo, adjetivo ou advérbio com seus complementos recebe o nome de **regência nominal**.

Às vezes, a preposição empregada para introduzir o complemento nominal pode alterar o sentido da oração. Compare, por exemplo, estas construções:

Fechamos um acordo com os times rivais.

Fechamos um acordo entre os times rivais.

Na primeira frase, entendemos que aqueles que falam fizeram parte do acordo feito com os times; na segunda, que eles apenas mediaram esse acordo.

Em muitos casos, contudo, é possível trocar a preposição que introduz o complemento nominal sem alterações relevantes no sentido da frase:

Expresse seu amor pelos animais.

Expresse seu amor aos animais.

Regências mais comuns

Veja, no quadro a seguir, as preposições que geralmente são usadas para introduzir o complemento de alguns substantivos e adjetivos de acordo com as normas urbanas de prestígio.

Regência de alguns nomes conforme as normas urbanas de prestígio		
Adjetivos		**Substantivos**
acessível *a* acostumado *a, com* adequado *a* afável *com* alheio *a* amoroso *com* ansioso *por, para* anterior *a* antipático *a* atento *a* compatível *com, entre* contemporâneo *a, de* contrário *a* cuidadoso *com* curioso *com, de, por* diferente *de, entre* digno *de* entendido *em* equivalente *a* essencial *a, para* favorável *a, para* fiel *a*	grato *a, por* hábil *em, para* indiferente *a* intolerante *a, com, para com* leal *a, para com* munido *de* nocivo *a* obediente *a* oposto *a* orgulhoso *com, de, por* parecido *a, com* perito *em* preferível *a* propenso *a* propício *a, para* próximo *de, a* responsável *por* simpático *a* superior *a* útil *para* vazio *de*	acordo *com, entre* admiração *a, por* amor *a, por* animosidade *contra* antídoto *contra, de, para* antipatia *a, por* atenção *a, com, em, para* aversão *a, por* capacidade *de, para* desrespeito *a, por* disposição *a, para* horror *a, de, por* influência *sobre* obediência *a* ódio *a, de, contra* opinião *sobre, a respeito de* respeito *por, a, com, para com* queixa *contra, de* simpatia *a, por, para com* tensão *entre* união *com, entre*

Complemento nominal na forma de oração

Assim como ocorre no caso dos verbos, cujo complemento pode vir sob a forma de uma oração subordinada substantiva (objetiva direta ou indireta), o complemento nominal também pode estar na forma de uma **oração subordinada substantiva completiva nominal**. Veja alguns exemplos:

A criança agredida vive uma desconfiança permanente ***de que os adultos voltem a desrespeitá-la.***

A sociedade tem todo o interesse ***em que os agressores sejam punidos.***

A Fundação Criança quer a garantia ***de que os direitos dos menores serão respeitados.***

Conforme vimos no **Estudo da língua** anterior, muitas vezes é possível omitir a preposição que introduz as orações subordinadas substantivas objetivas indiretas. No caso das orações subordinadas substantivas completivas nominais, porém, as normas urbanas de prestígio exigem que essa preposição seja sempre utilizada. Reveja os exemplos anteriores e note que ela está presente nos três casos.

Complemento nominal na forma de pronome relativo

As normas urbanas de prestígio também exigem que a preposição seja empregada quando o complemento nominal é representado por um **pronome relativo** que retoma um termo já citado.

Eis o programa ***a que*** *os especialistas fizeram referência.* (referência *ao* programa)

O leão, ***de quem*** *as crianças tinham medo, foi encaminhado para outro espetáculo.* (medo *do* leão)

> **Linguagem informal**
>
> Em situações comunicativas informais, a preposição que introduz o complemento nominal costuma ser omitida quando ele é uma oração (*Tem certeza que está tudo bem?*) e também quando é representado por um pronome relativo (*O leão que as crianças têm medo está aí*).

Preposição *de* + verbo no infinitivo

Quando o complemento nominal é introduzido pela preposição *de* e o termo que o segue é sujeito de um verbo no infinitivo, as normas urbanas de prestígio recomendam que não se faça a contração da preposição com esse termo.

sujeito do verbo *faltar*

Na hipótese (de) (ele) faltar, cancelaremos a reunião.

preposição exigida pelo substantivo *hipótese*

sujeito do verbo *estar*

O fato (de) o (estádio) não estar pronto justifica o adiamento do jogo.

preposição exigida pelo substantivo *fato*

Regência dos advérbios

Advérbios em **-mente** derivados de adjetivos seguem, em geral, a mesma regência dos adjetivos que lhes deram origem.

Diferentemente dos *peixes, os anfíbios possuem pálpebras.*

Muitas vezes, o complemento dos advérbios pode ser introduzido também por locuções prepositivas como *em* (ou *com*) *relação a*:

Aja ***responsavelmente em (com) relação ao*** *meio ambiente.*

Para guardar

Regência nominal

- O complemento nominal é sempre introduzido por preposição.
- Quando o complemento nominal é um pronome relativo, as normas urbanas de prestígio exigem o uso de preposição antes dele.
- As normas urbanas de prestígio exigem que a oração subordinada substantiva completiva nominal seja introduzida pela preposição correspondente.
- O complemento nominal é essencial para completar o sentido do substantivo, adjetivo ou advérbio.

APLIQUE SEUS CONHECIMENTOS

1. Reescreva as frases e complete-as com a preposição exigida pelo termo destacado.

a) O adolescente pôs os fones de ouvido e permaneceu lá quieto, alheio ______ tudo.

b) Alain Prost foi contemporâneo ______ Ayrton Senna na Fórmula 1.

c) O juiz decidiu favoravelmente ______ réu.

d) Frutas frescas são preferíveis ______ sucos industrializados.

e) Pessoalmente, sou simpático ______ sua ideia.

f) O hospital fica próximo ______ parque.

g) Incêndio destrói área equivalente ______ cinco campos de futebol.

h) Por favor, não ajam contrariamente ______ que foi combinado.

2. As frases a seguir foram escritas sem a preposição exigida por certos substantivos e adjetivos. Reescreva-as incluindo a preposição necessária.

a) O Banco Central está temeroso que a inflação continue subindo.

b) Infelizmente, o colega que eu tinha afinidade não estuda mais nesta escola.

c) A polícia admite a hipótese que o criminoso fosse conhecido da família.

d) A mansão mal-assombrada que o filme se refere realmente existe.

e) As regras que os jogadores brasileiros estão submetidos são iguais às internacionais.

3. Leia esta tira.

TURMA DA MÔNICA — MAURICIO DE SOUSA

a) Com que outro texto essa tira mantém diálogo (intertextualidade)? O que nos permite afirmar isso?

b) Esse diálogo com outro texto só tem graça por causa de uma característica da personagem Cascão. Explique essa afirmação.

c) Explique a presença da preposição *de* na fala do porquinho.

4. **Copie as manchetes e complete-as com as expressões *de o país* ou *do país*. Justifique sua escolha em cada caso.**

> ***HPS João XXIII é eleito o melhor hospital de urgência ▬▬***
>
> Disponível em: <www.hojeemdia.com.br/minas/hps-jo-o-xxiii-e-eleito-o-melhor-hospital-de-urgencia-do-pais-1.102227>. Acesso em: 27 fev. 2014.

> ***Defesa destaca urgência ▬▬ ter seu satélite***
>
> Disponível em: <www.estadao.com.br/noticias/impresso,defesa-destaca-urgencia-de-o-pais-ter-seu-satelite,1053607,0.htm>. Acesso em: 27 fev. 2014.

GLOSSÁRIO

Defesa: nesse contexto, Ministério da Defesa.

5. **Leia um fragmento da crônica "Homem que é homem", de Luis Fernando Verissimo.**

> [...]
>
> Você está num restaurante com nome francês. O cardápio é todo escrito em francês. Só o preço está em reais. Muitos reais. Você pergunta o que significa o nome de um determinado prato ao *maître*. Você tem certeza que o *maître* está se esforçando para não rir da sua pronúncia. O *maître* levará mais tempo para descrever o prato do que você para comê-lo, pois o que vem é uma pasta vagamente marinha em cima de uma torrada do tamanho aproximado de uma moeda de um real, embora custe mais de cem. Você come de um golpe só, pensando no que os operários são obrigados a comer. Com inveja. [...]
>
> LUIS FERNANDO VERISSIMO. *As mentiras que os homens contam*. Rio de Janeiro: Objetiva, 2000. p. 89. © by Luis Fernando Verissimo.

GLOSSÁRIO

Maître (vocábulo francês, pronuncia-se "métre"): garçom de *status* mais elevado; chefe dos garçons.

a) Trata-se de um texto sério sobre culinária francesa ou de um texto humorístico? Justifique sua resposta com pelo menos um elemento do texto.

b) Transcreva do texto um trecho em que a regência nominal não tenha sido feita em conformidade com as normas urbanas de prestígio. Explique.

c) Nesse caso, a informalidade na regência nominal está adequada ao contexto? Justifique.

QUESTÕES DA LÍNGUA

Emprego de *porque*, *porquê*, *por que*, *por quê*

Emprego de *porque*, *porquê*, *por que*, *por quê*

Observe, analise, questione

► **O texto a seguir foi publicado numa revista para jovens, na seção em que especialistas respondem a perguntas dos leitores. Leia-o e preste atenção às palavras destacadas.**

> ***Por que** algumas pessoas têm covinhas no rosto?*
>
> Na maioria das vezes, essa característica é herdada dos pais ou de antepassados. Do ponto de vista anatômico, as pessoas têm covinhas **porque** seu tecido fibroso adere entre a pele e o osso da mandíbula (no queixo) ou entre a pele e os músculos da face (no rosto). A pele é "repuxada", causando uma pequena retração. No queixo, ela fica o tempo todo exposta. Mas no rosto aparece ou é acentuada quando a pessoa sorri, **porque** o músculo da face se estende, puxando as camadas superiores da pele para dentro. [...]
>
> Disponível em: <http://mundoestranho.abril.com.br/materia/por-que-algumas-pessoas-tem-covinhas-no-rosto>. Acesso em: 27 fev. 2014. (Fragmento).

a) Qual das formas destacadas introduz uma pergunta?
b) Qual delas introduz uma explicação?

Na parte do texto que reproduz a pergunta do leitor, a expressão *por que* é formada por preposição + pronome interrogativo. Já na parte que apresenta as respostas dadas pelos especialistas, a forma *porque* é uma conjunção.

As classificações gramaticais diferentes determinam as grafias diferentes de *por que* e de *porque*.

Porque

- É conjunção, explicativa ou causal.

*[...] as pessoas têm covinhas **porque** seu tecido fibroso adere entre a pele e o osso da mandíbula [...].*

*Não quero andar mais, **porque** (pois) estou cansada.*

Porquê

- É substantivo, sinônimo de *causa*, *motivo*, *razão*. Nesse caso, recebe flexão de número, e seus determinantes (adjetivo, artigo, pronome, numeral) também se flexionam em número e acompanham o gênero masculino.

*Não sabemos o **porquê** (o motivo, a causa, a razão) de tanto sofrimento.*

*Os verdadeiros **porquês** (causas, motivos, razões) ainda não são conhecidos.*

Por que

- Preposição *por* + pronome interrogativo *que*, equivalente a *por qual razão*, *por qual motivo*. Ocorre em orações interrogativas diretas ou indiretas.

  *É difícil saber **por que** (por qual razão) a situação não melhora.*

  ***Por que** (por qual motivo) ele não veio hoje?*

- Preposição *por* + pronome relativo *que*, equivalente a *pelo qual*, *pelos quais*, *pela qual*, *pelas quais*.

  *Este é um lugar **por que** (pelo qual) lutei a vida inteira.*

  *A rua **por que** (pela qual) devemos passar ainda está longe.*

Por quê

- O *que* é acentuado sempre que ocorrer no final de oração interrogativa (direta ou indireta) ou seguido de uma pausa forte.

  *Entrou na confusão sem saber **por quê**.*

  *Você não sabe **por quê**?*

  *Eu quero entender **por quê**, Maria.*

  Observação: o *que* em final de frase é acentuado sempre, não apenas na expressão *por quê*.

  *Este doce é feito com **quê**?*

  *Afinal, você veio aqui para **quê**?*

APLIQUE SEUS CONHECIMENTOS

1. **Leia a tira a seguir, de Lucas Lima.**

QUERIDOS VIZINHOS — **LUCAS LIMA**

a) Copie as falas dos balões do segundo quadrinho e complete-as com *por que* ou *porque*. Justifique cada uma das ocorrências.

b) A forma como Falecido é caracterizado na tira combina com o nome da personagem? Por quê?

c) Por que a outra personagem, Florinha, não gosta do elogio do amigo?

2. **Reescreva as frases a seguir, substituindo o símbolo ✦ por *porque*, *porquê*, *por que* ou *por quê*.**

a) De um dia para o outro, Susana passou a nos tratar de modo diferente. Nunca entendemos o ✦.

b) Estudamos tanto, passamos noites em claro debruçados sobre os livros, fizemos tantos testes simulados, e tudo isso ✦ sonhávamos em alcançar uma boa posição naquele concorrido vestibular.

c) ✦ você não atendeu minhas ligações ontem à noite? Fiquei bastante preocupada.

d) As atribulações ✦ nossa comunidade vem passando estão deixando os nervos de todos à flor da pele.

e) É fácil compreender ✦ os jovens não conseguem resistir aos apelos do consumo: a propaganda dirigida a essa faixa etária é muito persuasiva.

f) Aquele professor não registrou minha presença na sala de aula, embora eu tenha assinado a lista. Agora quero descobrir ✦.

g) O candidato não se preocupou em acertar as respostas, ✦ já sabia que seria reprovado.

3. **Leia o fragmento inicial de uma crônica publicada na revista *Veja*.**

O livro dos porquês

Faz tempo, havia a coleção *Thesouro da Juventude*, com o seu *Livro dos Porquês*, respondendo a perguntas sobre o nosso mundo. Gostaria de ver uma nova versão, feita por autores **perspicazes**, desta vez com indagações que encontro na vida cotidiana. Olhando dentro de casa, por que todas as lajes vazam ou brevemente vazarão? Por que as paredes duram 200 anos e os encanamentos, lá enterrados, mal atingem dez? Por que os canos começam a vazar quando o azulejo do banheiro acaba de sair de linha? Se vivemos nos trópicos, por que as casas são construídas como estufas, mais próprias para a Sibéria? Por que gastar fortunas em novas **adutoras**, se é fácil economizar água? Por que paramos de economizar energia elétrica? Por que o plugue do telefone tem quatro pernas, se só utilizamos duas? Por que impor uma nova base de tomada que não permite usar plugues redondos nem chatos?

[...]

CLÁUDIO DE MOURA CASTRO. *Veja*, p. 24, 8 set. 2010.

Thesouro da Juventude

Era uma enciclopédia de origem norte-americana em vários volumes, publicada no Brasil primeiro na década de 1920 e depois na de 1950. Seu conteúdo era dividido em seções temáticas, denominadas *livros*. Havia, assim, o *Livro da Terra*, com informações relacionadas a geologia, astronomia, física; o *Livro de Animais e Plantas*, com conhecimentos de biologia; o *Livro dos Contos*, com textos literários, e o *Livro dos Porquês*, mencionado na crônica ao lado, entre outros.

GLOSSÁRIO

Perspicazes: sagazes, inteligentes.

Adutoras: tubulações que conduzem a água de uma fonte para um reservatório, de onde será distribuída à população.

a) Leia o boxe sobre a coleção *Thesouro da Juventude* e responda: qual é a diferença entre as perguntas que apareciam no *Livro dos porquês* e as perguntas que o cronista propõe?

b) Em qual dos dois conjuntos de perguntas há um tom crítico? Explique sua resposta.

c) Explique a grafia das expressões *porquês* e *por que* usadas no texto.

LEITURA E PRODUÇÃO DE TEXTO

Contexto

No início da unidade, você leu a respeito de paz e de como cultivá-la. Agora, vai ler um texto a respeito de um tema que está relacionado à paz: a comunicação não violenta. A comunicação não violenta é um processo que inspira ação compassiva e solidária e estimula a reflexão sobre a forma como nos comunicamos, os sentidos que construímos por meio dela, as reações que provocamos. É usado com frequência por mediadores de conflitos, sejam os conflitos pequenos e privados ou internacionais. Esse processo foi desenvolvido por Marshall Rosenberg (1934 -), psicólogo norte-americano.

A produção em foco

- **Nesta unidade, você vai elaborar um texto de opinião. Durante a leitura do texto, fique atento:**

a) às ideias que estão sendo defendidas pelo autor;
b) às estratégias que ele emprega para defendê-las;
c) à forma como ele organiza o texto.

Comunicação não violenta

Crescer como pessoa de cor na África do Sul do *apartheid*, na década de 1940, não era nada agradável. Principalmente se você era brutalmente lembrado da cor de sua pele a cada momento do dia. Depois, ser espancado aos 10 anos por jovens brancos que o consideravam negro demais e em seguida por jovens negros que o consideravam branco demais era uma experiência humilhante que poderia levar qualquer um à vingança violenta.

Fiquei tão indignado com essa vivência que meus pais decidiram me levar para a Índia e me deixar por algum tempo com meu avô, o **lendário** Mohandas Karamchand Gandhi, para que eu pudesse aprender com ele a lidar com a raiva, a frustração, a discriminação e a humilhação que o preconceito racial violento pode provocar. Naqueles dezoito meses, aprendi mais do que esperava. Hoje, meu único arrependimento é que eu tinha apenas 13 anos e, ainda por cima, era aluno medíocre. Se eu fosse mais velho, um pouco mais sensato e pensasse mais, poderia ter aprendido muito mais. No entanto, as pessoas devem se contentar com o que recebem e não ser demasiado gananciosas – uma lição fundamental no modo de vida não violento. Como poderei esquecer isso?

Uma das muitas coisas que aprendi com meu avô foi a compreender a profundidade e a **amplitude** da não violência e a reconhecer que somos todos violentos e precisamos efetuar uma mudança qualitativa em nossas atitudes. Com frequência, não reconhecemos nossa violência porque somos ignorantes a respeito dela. Presumimos que não somos violentos porque nossa visão de violência é aquela de brigar, matar, espancar e guerrear – o tipo de coisa que os indivíduos comuns não fazem.

Para me fazer compreender isso, meu avô me fez desenhar uma árvore genealógica da violência, usando os mesmos princípios usados nas árvores genealógicas das famílias. Seu argumento era que eu entenderia melhor a não violência se compreendesse e reconhecesse a violência que existe no mundo. Toda noite, ele me ajudava a analisar os acontecimentos do dia – tudo que eu experimentava, lera, vira ou fizera aos outros – e a colocá-los na árvore, sob as rubricas "física" (a violência em que se tivesse empregado força física) ou "passiva" (a violência em que o sofrimento tivesse sido mais de natureza emocional).

GLOSSÁRIO

Apartheid: segregação das populações negra e branca, promovida pela política oficial de minoria branca da República da África do Sul, durante a maior parte do século XX.

Lendário: muito conhecido, famoso.

Amplitude: importância, relevância.

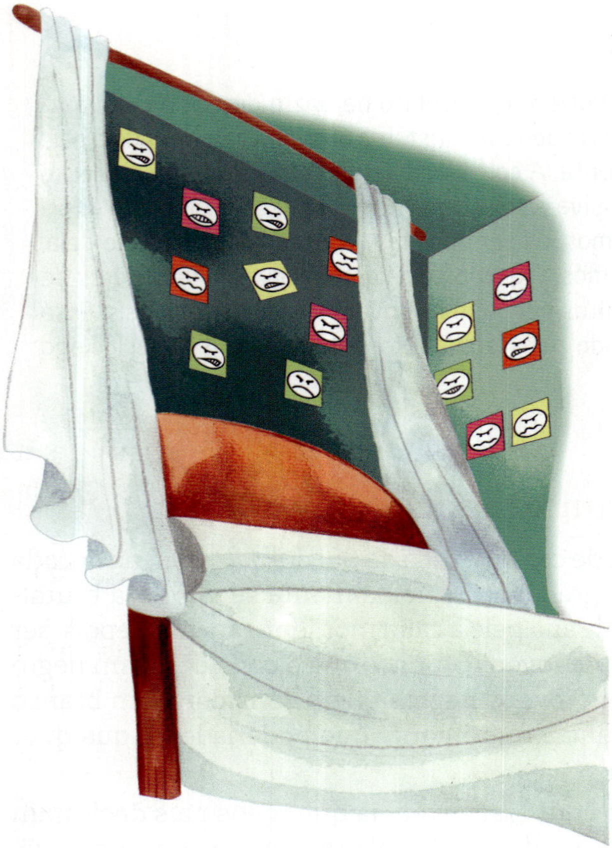

Em poucos meses, cobri uma parede de meu quarto com atos de violência "passiva", a qual meu avô descrevia como mais **insidiosa** que a violência "física". Ele explicava que, no fim das contas, a violência passiva gerava raiva na vítima, que, como indivíduo ou membro de uma coletividade, respondia violentamente. Em outras palavras, é a violência passiva que alimenta a fornalha da violência física. Em razão de não compreendermos ou analisarmos esse conceito, todos os esforços pela paz não frutificam, ou alcançam apenas uma paz temporária. Como podemos apagar um incêndio se antes não cortamos o suprimento de combustível que alimenta as chamas?

[...]

A menos que "nos tornemos a mudança que desejamos ver acontecer no mundo" (como diria meu avô), nenhuma mudança jamais acontecerá. Infelizmente, estamos todos esperando que os outros mudem primeiro.

A não violência não é uma estratégia que se possa utilizar hoje e descartar amanhã, nem é algo que nos torne dóceis ou facilmente influenciáveis, trata-se, isto sim, de inculcar atitudes positivas em lugar das atitudes negativas que nos dominam. Tudo que fazemos é condicionado por motivações egoístas ("Que vantagem eu levo nisso?"), e essa constatação se revela ainda mais verdadeira numa sociedade esmagadoramente materialista, que prospera com base num duro individualismo. Nenhum desses conceitos negativos leva à construção de uma família, comunidade, sociedade ou nação homogênea.

Não é importante que nos reunamos nos momentos de crise e demonstremos patriotismo agitando a bandeira; não basta que nos tornemos uma superpotência, construindo um arsenal que possa destruir várias vezes este mundo; não é suficiente que **subjuguemos** o resto do mundo com nosso poderio militar, porque não se pode construir a paz sobre alicerces de medo.

A não violência significa permitirmos que venha à tona aquilo que existe de positivo em nós e que sejamos dominados pelo amor, respeito, compreensão, gratidão, compaixão e preocupação com os outros, em vez de o sermos pelas atitudes egocêntricas, egoístas, gananciosas, odientas, preconceituosas, suspeitosas e agressivas que costumam dominar nosso pensamento. É comum ouvirmos as pessoas dizerem: "Este é um mundo cruel, e, se a gente quer sobreviver, também tem de ser cruel". Tomo humildemente a liberdade de discordar de tal argumento.

O mundo em que vivemos é aquilo que fazemos dele. Se hoje é impiedoso, foi porque nossas atitudes o tornaram assim. Se mudarmos a nós mesmos, poderemos mudar o mundo, e essa mudança começará por nossa linguagem e nossos métodos de comunicação. [...]

ARUN GANDHI.
In: MARSHALL B. ROSENBERG. *Comunicação não violenta: técnicas para aprimorar relacionamentos pessoais e profissionais.* Trad.: Mário Vilela. São Paulo: Ágora, 2006. p. 13-16. (Fragmento).

GLOSSÁRIO

Insidiosa: perigosa, traiçoeira.

Subjugar: dominar pela força.

Antes do Estudo do texto

1. Se não tem certeza de ter compreendido bem o texto, leia-o novamente.
2. Procure identificar as ideias apresentadas no texto e reflita: você concorda com elas? Por quê?
3. Ao responder às questões a seguir, procure empregar o que já aprendeu ao ler outros textos e seja preciso em suas respostas.

ESTUDO DO TEXTO

Depois de ler

1. **Copie do texto uma frase que resuma a principal ideia defendida pelo autor.**
   a) Esse texto é o fragmento de um prefácio, texto que apresenta um livro para o leitor. O tema do livro é a comunicação não violenta. Relacione a frase que você copiou à intenção com que o texto foi escrito.
   b) O autor escolhido para elaborar o prefácio foi o neto de Gandhi. Qual a importância dessa escolha, considerando-se o tema do livro?

2. **O autor inicia o texto comentando fatos de sua própria história.**
   a) Que fatos são esses?
   b) Ele destaca que a experiência por ele vivida poderia levar qualquer um a buscar a vingança violenta. Por que o emprego do futuro do pretérito em "poderia" sugere que ele não buscou a vingança?
   c) O que, de acordo com o texto, pode ter impedido o autor de optar por esse caminho?
   d) Em outras palavras, o que o autor afirma é que ele teria motivos pessoais para agir de forma violenta. Por que destacar esse fato pode ser uma estratégia para fortalecer as ideias de não violência defendidas no texto?
   e) Copie do texto outra frase que confirme essa ideia de que a experiência de violência pode levar à vingança violenta e explique com que objetivo o autor a empregou.

3. **O autor afirma que todos somos violentos.**
   a) Como ele justifica essa afirmação?
   b) Que estratégia o avô sugere para que ele perceba isso?
   c) A estratégia do avô funcionou? Por quê?
   d) Que relação de causa e efeito o avô mostrou ao neto por meio dessa estratégia?

4. **Por que, segundo o autor, a não violência não é uma estratégia descartável?**

5. **Releia o trecho a seguir.**

> "Fiquei tão indignado com essa vivência que meus pais decidiram me levar para a Índia e me deixar por algum tempo com meu avô, o lendário Mohandas Karamchand Gandhi, para que eu pudesse aprender com ele a lidar com a raiva, a frustração, a discriminação e a humilhação que o preconceito racial violento pode provocar. Naqueles dezoito meses, aprendi mais do que esperava. Hoje, meu único arrependimento é que eu tinha apenas 13 anos e, ainda por cima, era aluno medíocre. Se eu fosse mais velho, um pouco mais sensato e pensasse mais, poderia ter aprendido muito mais."

   a) Que expressão liga a frase inicial ao parágrafo anterior?
   b) O emprego do pronome demonstrativo **naqueles** em "Naqueles dezoito meses" indica que o período de tempo em destaque já havia sido mencionado antes. Que expressão no início do parágrafo refere-se a esse período?
   c) O autor confessa um arrependimento. Que arrependimento é esse?
   d) Você já teve arrependimentos semelhantes a esse? Se teve, o que aconteceu?

6. **Qual é a função das questões a seguir, apresentadas no final do segundo e do quinto parágrafos respectivamente?**

> "Como poderei esquecer isso?"
>
> "Como podemos apagar um incêndio se antes não cortamos o suprimento de combustível que alimenta as chamas?"

7. **O autor afirma que não é possível construir a paz sobre alicerces de medo.**
   a) Ao fazer essa afirmação, que ideia ele contesta?
   b) Por que é importante para o texto que essa ideia seja contestada?
   c) Você concorda com a afirmação do autor? Por quê?

8. **O prefácio é um texto de opinião em que o autor emprega argumentos para convencer o leitor a respeito das qualidades do livro e das ideias nele defendidas. É, portanto, um discurso.**
   - Ao ser incluído neste livro didático, esse discurso permanece o mesmo ou ganha outros sentidos? Por quê?

PRODUÇÃO DE TEXTO — Texto de opinião

O que você vai produzir

Você vai produzir um texto de opinião a respeito da construção da paz na comunidade escolar. O texto deverá ficar exposto em um mural para que todos da comunidade possam lê-lo e refletir sobre ele.

Na hora de produzir

1. Siga as orientações apresentadas nesta seção.
2. Lembre-se de que você já leu e analisou textos do gênero que vai produzir. Se for o caso, retome o **Estudo do texto**.
3. Diante da folha em branco, persista. Nenhum texto fica pronto na primeira versão.

Planeje seu texto

1. **Sob orientação do professor, converse com seus colegas a respeito dos principais focos de conflito na comunidade escolar.**
2. **Escolha um desses focos e reflita a respeito das causas do conflito.**
3. **Decida se você quer falar a respeito do conflito e de suas causas ou se quer também propor alguma solução.**
4. **Escolha as estratégias que vai empregar para defender suas ideias.**
   a) Vai mencionar exemplos?
   b) Gostaria de fazer citações de outros textos, como letras de música, reportagens, entrevistas?
   c) Precisaria do depoimento de pessoas da comunidade escolar ou de fora dela? Nesse caso, organize-se para obter o depoimento, entrando em contato com a pessoa, explicando seus objetivos e preparando-se para colher o depoimento.
5. **Pense em como vai concluir o texto.**

Escreva seu texto

1. Quando tiver todos os dados e informações em mãos, escreva o texto como planejado.

2. Lembre-se de que o texto deve estar de acordo com as normas urbanas de prestígio, pois, como o texto será lido por toda a comunidade, precisa ser compreendido por todos e, assim, é melhor que siga esse padrão, sem gírias e outras expressões coloquiais que podem não ser compreendidas por outras pessoas.

3. Procure estruturar bem cada parágrafo e cuidar para que estejam adequadamente interligados.

Revise sua produção

1. Revise seu texto de acordo com os aspectos apresentados no quadro a seguir.

Aspectos importantes em relação à proposta e ao sentido do texto
Texto de opinião
1. No texto, fica claro que ideia está sendo defendida?
2. Os argumentos empregados para defender essa ideia são consistentes?
3. Foi elaborada uma conclusão?
4. Os parágrafos estão adequadamente interligados?
5. Foram empregadas as normas urbanas de prestígio?
Aspecto importante em relação à ortografia, à pontuação e demais normas gramaticais
Está livre de problemas de ortografia e de pontuação relacionados a regras já estudadas?
Está livre de problemas relacionados à regência verbal e à regência nominal?
Aspecto importante na apresentação da produção escrita
Está com apresentação adequada, letra legível e sem rasuras?

2. Passe o texto a limpo corrigindo o que for necessário.

Coloque o texto no mural

1. Depois que revisar o texto, o professor deverá corrigi-lo. Caso o professor solicite correções, faça-as e passe o texto a limpo novamente.

2. Entregue-o para o professor para que seja colocado no mural.

3. Sob orientação do professor, você e seus colegas podem escolher uma das propostas apresentadas no mural e verificar a possibilidade de colocá-la em execução na escola.

PROJETO EM EQUIPE

Educação em Direitos Humanos – Cultura de paz

Nesta unidade, você vai realizar algumas atividades que estimulam a reflexão a respeito de Direitos Humanos e Cultura de paz. Essas atividades foram extraídas e adaptadas da obra *Vamos ubuntar?* – Um convite para cultivar a paz, de Lia Diskin, publicada em Brasília, em 2008, pela Unesco, Fundação Vale e Fundação Palas Athena.

Saiba +

Ubuntar é uma palavra criada com base na palavra-conceito *Ubuntu*, que significa "Sou quem sou por aquilo que todos somos" nas línguas africanas zulu e xhosa. Ela é um convite para que as pessoas retomem a conexão com as outras pessoas e o planeta, porque, segundo a obra *Vamos ubuntar?*, é a perda dessa conexão que tem levado ao desmatamento, ao esgotamento de recursos, à poluição, ao aquecimento global e também ao surgimento de inúmeros conflitos.

Atividade 1

Sob orientação do professor, forme grupo com alguns colegas. Com base no quadro de palavras a seguir, responda às questões e faça o cartaz.

Saúde Miséria Vício Ignorância Justiça
Solidão
Liberdade **Fadiga**
Amor
Dependência
Conhecimento **Sofrimento**
Ócio Pobreza Santidade
Covardia
Fama
Trabalho Segurança
Prazer
Riqueza
Inteligência Pecado
Ódio
Beleza **Independência**
Desgraça Felicidade
Compreensão Fraqueza **Desonestidade** Doença

Quadro de palavras extraído de: MATTHEW LIPMAN e ANN SHARP. *Investigación ética*. Madrid: Ediciones de la Torre, 1988. p. 162.

a) Quais dos valores do quadro você considera mais significativos hoje em dia e por quê?

b) Quais desses valores apresentados no quadro têm o poder de aproximar, congregar, aglutinar?

c) Quais deles, pelo contrário, são desagregadores, causadores de sofrimento e isolamento?

d) Quais desses valores vocês acreditam possuir e quais desejariam conquistar?

e) Cada grupo deverá fazer um cartaz, dividido em 4 colunas. Os títulos das colunas serão as questões acima. Em cada coluna, o grupo deve colocar as palavras que escolheu. Os cartazes podem ficar em exposição na sala para que todos possam refletir a respeito dos resultados.

Atividade 2

Reúna-se com alguns colegas, leiam o texto a seguir e respondam às questões.

> O primo de um aluno meu, nos anos em que Kennedy havia criado aquela força de paz para enviar ao chamado "Terceiro Mundo", foi realizar uma tarefa docente em um pequeno povoado da África. Mas não queria ensinar às crianças nada do que sabia, porque considerava um ato de colonialismo. A única coisa que aceitou fazer foi dar aulas de ginástica. Um dia, chegou diante das crianças com uma caixa de balas e não sei o que mais. Todas as crianças esperavam esse jovem alto, bom, grande. E o jovem americano lhes disse: "Olhem aquela árvore ali, a cem ou duzentos metros; eu vou contar 'Um, dois, três' e vocês vão começar a correr. Quem ganhar terá os prêmios merecidos." Os sete ou oito meninos do povoado estavam nervosos. Ele disse 'um, dois, três' e todos os meninos do povoado deram-se as mãos e correram juntos: queriam dividir o prêmio. Sua felicidade era a felicidade de todos.
>
> RAIMON PANIKKAR. *O espírito da política – Homo politicus*. Campinas: Triom, 2005. (Fragmento).

a) Qual a motivação dos jovens ao darem-se as mãos antes de iniciar a corrida?

b) Que valores consideramos que estejam presentes na cultura na qual eles cresceram?

c) O professor americano esperava esse tipo de comportamento?

d) Você já viveu uma experiência semelhante? Se a resposta for positiva, lembre ou comunique a seu grupo como se sentiu.

e) Com os colegas do grupo, crie as regras para um torneio de alguma modalidade esportiva ou um *game* em que as regras privilegiem a cooperação e não a competição.

f) Sob orientação do professor, cada grupo deverá apresentar as regras do torneio ou *game* imaginado.

Atividade 3

Reúna-se com alguns colegas. Pesquisem em livros ou na internet a respeito de Irena Sendler (1910-2008), assistente social polonesa que, durante a Segunda Guerra Mundial, salvou da morte cerca de 2500 crianças. Em seguida, elaborem um texto de opinião que responda à questão a seguir: o que leva alguém a desafiar o medo cotidianamente para salvar pessoas com as quais não tem qualquer parentesco ou identidade cultural?

Nesse texto, vocês não precisam falar apenas de Irena Sendler. Podem também considerar esse tema em relação à realidade de vocês.

UNIDADE

4

PONTO DE VISTA

Tema: ponto de vista.

ESTUDO DAS IMAGENS

1. As imagens destas páginas foram extraídas de um livro chamado *Zoom*. Observe-as e tente descobrir qual é a relação entre elas.
2. Agora reúna-se com alguns colegas e imaginem um contexto para cada uma dessas imagens separadamente. Lembre-se: é importante escutar com atenção e expressar-se com clareza.

1

4

Em foco nesta unidade

- As características do debate
- As características dos textos orais e dos textos escritos
- Concordância nominal
- Revisão: concordância verbal
- Revisão: acentuação
- Produção: debate

Imagens do livro *Zoom*, do artista gráfico húngaro Istvan Banyai (1949-), publicado no Brasil em 1995 pela editora Brinque-Book.

FOTOS: ZOOM. ISTVAN BANYAI. SÃO PAULO: BRINQUE-BOOK, 1995

LEITURA

Contexto

O texto a seguir reproduz trechos do debate "Protestos e redes sociais – a mudança de poder na mídia", realizado em 2013 e publicado em vídeo nas redes sociais. Esse evento reuniu várias pessoas para dialogar a respeito dos protestos que ocorreram em todo o Brasil a partir de junho daquele ano e também discutir a influência que as mídias tradicionais (como as grandes empresas de comunicação), as mídias alternativas (como a Mídia Ninja) e as redes sociais tiveram na construção da opinião e na disseminação da informação a respeito dessas manifestações.

Antes de ler

1. Você vai ler a transcrição de trechos de um debate. Para você, o que significa debater?
2. Você certamente já viu na TV, ouviu no rádio ou participou na escola de um debate. Como ele era organizado?

Protestos, redes sociais e as diferentes mídias

Moderador: David Butter (jornalista e produtor independente com passagens pela Globo e G1)

Debatedores: Alexandre Inagaki (jornalista, blogueiro e consultor de mídias digitais)

Pedro Dória (editor-executivo de plataformas digitais do jornal *O Globo*)

Rafucko (*videomaker* e manifestante)

Rodrigo de Almeida (editor do portal IG)

Filipe Peçanha (membro da **Mídia Ninja** – Narrativas Independentes Jornalismo e Ação –, do Rio de Janeiro).

HUDSON PONTES/AGÊNCIA O GLOBO

Manifestantes se reúnem na Cinelândia (Rio de Janeiro) para protestar contra o aumento na tarifa de ônibus (junho de 2013).

David – Quando me chamaram para mediar essa conversa, me senti um pouco ambivalente, porque acho que vivemos uma crise de mediação em relação à comunicação. E mediar algo relacionado à crise de mediação é uma grande ironia. Então, vou tentar fazer isso de forma mais livre, fazer perguntas gerais e quero que vocês interajam. Se precisar, entro para fazer a mediação propriamente dita [...]. A primeira pergunta para abrir a conversa é bem simples: o que vocês aprenderam com o que aconteceu de junho para cá? Do ponto de vista da tecnologia, da política e da sociedade, o que surgiu de novo para vocês?

Vídeo

Pedro Markun – Desenvolvimento humano em debate

Inagaki – Primeiro, o Mídia Ninja é uma referência fundamental e inevitável quando pensamos em como foi, de fato, toda a cobertura dos eventos. Do ponto de vista tecnológico, serviu como uma grande provocação ao jornalismo tradicional, porque todo mundo que trabalha em redação sabe que é mais limitado o uso de novas tecnologias, você conseguir aprovação para fazer uma coisa X ou Y. Se bem que eu encaro o Mídia Ninja, na verdade, mais como possibilidade de vermos o dado bruto do que como jornalismo propriamente dito. Fiquei colado no computador para ver a cobertura das principais manifestações em todo o país, catalisando naquela de São Paulo, que teve a repressão bruta [...] e acabou realmente acendendo o estopim para outros movimentos semelhantes, em outros estados. O que todo mundo realmente se perguntou é como eles conseguiam fazer com que a bateria do celular durasse tanto, a imagem fosse visível e bastante duradoura, a cobertura fosse feita num ***travelling***, num plano-sequência em que se pudessem ver as imagens brutas, muito mais interessantes do que a própria narração. Foi a possibilidade de testemunharmos, em primeira pessoa, o que estava acontecendo. Eu teria deixado a narração de lado e ficaria só ouvindo e conferindo a imagem, o som, para depois fazer o trabalho do jornalista tradicional: fazer a apuração dos fatos, ouvir as outras vozes, fazer uma **curadoria** de todos aqueles eventos [...].

Pedro – Vivemos um momento curioso no qual as coisas não estão claras. [...] O Brasil tem essa característica de ser o primeiro país onde se veem esses movimentos descentralizados indo para a rua, onde se tem democracia plena e emprego pleno. Temos um dos melhores índices de emprego da história do Brasil; no entanto, obviamente, há uma mensagem de que isso não basta. As pessoas estão definitivamente insatisfeitas, existe uma insatisfação latente na sociedade. E estamos com uma baita dificuldade de mapear essa insatisfação latente. Existe algo em que discordo de você, Ina: acho que não existe imagem bruta. [...] No momento em que você escolhe, aleatoriamente ou não, mostrar apenas um pedaço da imagem — a tecnologia impõe isso —, você já está fazendo algum tipo de edição. Quando você impõe uma narrativa, começa a fazer uma descrição, usa adjetivos — e isso vale para a grande mídia ou para a mídia independente — há uma edição, uma interpretação dos fatos, um corte. [...]

Rafucko – Para começar, a coisa que eu mais aprendi é que temos uma nova dinâmica de nos manifestar hoje como sociedade. Se houver três mil professores pedindo aumento de salário na **Cinelândia** [...], muita gente vai achar que ali são só três mil, mas, na verdade, existe um cenário virtual muito maior de pessoas que estarão acompanhando aquele momento e, depois, irão acompanhar e reverberar. A dinâmica real e virtual tem um outro equilíbrio hoje, e é bastante difícil para muitas pessoas entenderem isso.

Outra coisa que aprendi — e acho muito importante citar, pois acabamos de ter um exemplo aqui com o Pedro — é que as pessoas que acham que as coisas não estão claras no Brasil geralmente estão dentro de redações, dentro de suas casas. Se alguém vai para a rua, sua primeira percepção é de que as coisas nunca estiveram tão claras no Brasil. [...]

GLOSSÁRIO

Ambivalente: que carrega em si dois valores contrários.

Mediação: ato de servir de intermediário entre pessoas ou grupos.

***Travelling*:** movimento de câmara cinematográfica montada em carrinho sobre trilhos.

Curadoria: ato de administrar, cuidar de algo.

Cinelândia: região no centro do Rio de Janeiro.

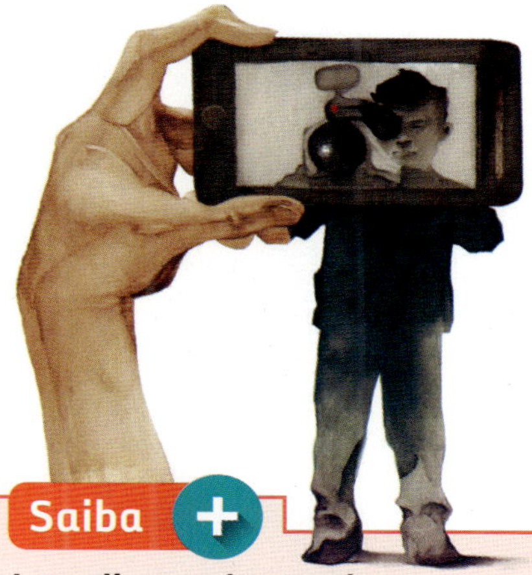

Saiba +

Jornalismo alternativo

A relação entre imprensa alternativa e ativismo não começou na internet. O Brasil tem uma tradição de jornalismo alternativo que remonta ao século XIX, quando os chamados pasquins e panfletos pressionaram, por exemplo, a abdicação de D. Pedro I e a proclamação da República.

O período mais fértil dos jornais independentes foi, porém, durante a ditadura militar, e mais especificamente nos anos 1970. A oposição ao regime autoritário dos militares gerou jornais e revistas que mostravam um lado da sociedade brasileira que não era veiculado pela televisão nem pelos grandes jornais da época. Bastante críticos à ditadura, jornais como *O Pasquim, Movimento, Opinião, Lampião da Esquina, Nós Mulheres, Versus* discutiam questões políticas, culturais e de gênero.

Rodrigo – Aprendemos o quanto nós não aprendemos sobre o Brasil. E aí vale um "desaprendizado" — vamos chamar assim — para governos, pegos de surpresa com os protestos nas ruas, para a mídia (sobretudo para a mídia tradicional), para analistas políticos, cientistas políticos, sociólogos e também para jornalistas que trabalham destinados a entender, interpretar e retratar a realidade do Brasil. Mas a sociedade também revela saber pouco sobre si mesma.

Paralelamente a essa constatação do desaprendizado, ou do pouco aprendizado sobre nós mesmos, existem, claramente, dois questionamentos fundamentais: um sobre os governos, a política tradicional, a forma de representação existente não só no Brasil [...], e outro sobre a mídia tradicional. Até os anos 1990, o papel do jornalista era considerado como grande filtro da interpretação, do retrato da realidade, da veracidade das informações publicadas. E, não obstante, há essa questão da imagem bruta passar por um processo de edição e por um processo de filtro com a internet. É a **pulverização**, a proliferação de múltiplos meios não apenas de canais de obtenção de informação e de realidade, mas também de acesso à opinião. Antes, havia praticamente um monopólio do jornalismo impresso como detentor da formação da opinião pública do país e que **resvalava** em cadeia para toda a mídia. Hoje, com múltiplos *blogs*, *sites* e portais, isso é mais **difuso** e, portanto, fica até mais fácil de você seguir o que imagina ser uma realidade mais próxima do que crê. [...]

Filipe – Estamos, no Brasil, em um momento único. Existem muitas coisas que, de junho para cá, ficaram evidentes, ganharam as ruas e escancararam as portas da sociedade. Nesse meio caminho, o principal equívoco é tentar capturar o que foi esse escancaramento das realidades com a figura de um líder, de um partido por trás disso, de um veículo responsável, de um entendimento **analógico**. Hoje, estamos numa realidade digital. Embora talvez estejamos numa realidade nunca vista antes no Brasil, de democracia, expressão, opinião, não dá para apenas ficarmos olhando o cenário colocado. [...] Hoje, vivemos uma disputa, uma guerra de informação que é praticamente responsável por tudo o que está colocado: pelas formas como as histórias são narradas, como a opinião pública entende o que está acontecendo e como é feita a síntese que a sociedade entende do que foi aquele momento. E hoje, mais do que nunca, temos a possibilidade de qualquer um na plateia [...] ligar o seu celular em qualquer ambiente — não só numa manifestação — e fazer uma transmissão ao vivo, uma **publicização** dos fatos em tempo real daquilo que está acontecendo. [...] Sempre tivemos muito claro que há uma **subjetividade**, uma parcialidade, um ponto de vista, uma opinião que pode ser dada em cima daquilo que está acontecendo, que o jornalismo tradicional sempre teve muita dificuldade, não de fazer uso das imagens, mas principalmente de assumir as parcialidades possíveis [...]. Hoje, temos esse escancaramento da realidade e podemos, através de um processo participativo, envolver mais a sociedade. A sociedade se coloca, ocupa as ruas e os espaços, liga seus celulares para transmitir ao vivo. [...] E entendemos que, cada vez mais, pode ter um processo, um modo por meio do qual os **coletivos** conseguem se comunicar, as pessoas conseguem se falar e produzir, com autonomia e independência, tudo que está colocado. [...]

GLOSSÁRIO

Pulverização: no texto, o termo está empregado com o sentido de fragmentação.

Resvalava: atingia.

Difuso: que não tem contornos ou limites bem definidos.

Analógico: no texto, empregado em contraposição a digital.

Publicização: ação de tornar algo público.

Subjetividade: que tem caráter pessoal, individual.

Coletivos: que abrangem várias pessoas.

Pedro – Estamos falando de duas coisas diferentes. O que o jornalista faz é diferente do que vocês da mídia alternativa fazem, e isso não é um problema. Existe espaço para a militância [...], porque é assim que uma sociedade democrática se estrutura mesmo: quando grupos com ideias por defender vão à rua e fazem essa defesa. Porém, qual é a diferença entre nós? Eu não sei bem o que está acontecendo, vocês veem com muita clareza. O meu papel é dar um passo para trás e tentar observar, e o de vocês, dar um passo para a frente e falar. [...] O método jornalístico não é infalível, mas existe uma qualidade quando nos afastamos, não estamos de um lado ou de outro, e fazemos o esforço gigantesco de apenas observar. [...].

David – Rodrigo, comente. [...]

Rodrigo – [...] Eu queria anotar dois pontos. Primeiro, há uma máxima dita em períodos de guerra: "Na guerra, a primeira a morrer é a verdade". Não quero associar a situação que estamos à guerra, mas a períodos de conflito mais agudo. Sempre fica mais difícil distinguir o que é real ou interpretação, de um ou de outro lado, sobretudo quando os ânimos estão mais aguçados, como é o caso. Não há, no jornalismo, qualquer forma de imparcialidade, seja no jornalismo alternativo ou no tradicional. Isso é uma ilusão. Também há uma máxima no jornalismo que diz: "Notícia é tudo aquilo que o editor decide que vai ser publicado". Então, necessariamente passa pelo filtro de um jornalista que trabalha com mídia digital, com mídia impressa ou com TV. Esse filtro é condição da existência do trabalho do jornalista. [...]

Filipe – Eu queria só [...] fazer um recorte mais amplo [...] que é esse filtro ampliado da internet, esse *zoom* que pode ser colocado. [...] De um lado, temos uma perspectiva de trabalhar com a notícia com o princípio de conseguir vender a informação como commodity e, de outro lado, temos — não só pelo Ninja, mas pelos outros diversos coletivos de "midiativismo" — um trabalho que dispõe essa ferramenta como uma utilidade pública, em que as pessoas podem fazer uso dessas técnicas, desses modelos, também para si. Portanto, há duas estruturas macro [...]: a informação como *commodity* e a informação como utilidade pública, porque hoje estamos nessa crise do intermediário, dos filtros, precisando lidar com essa contraposição entre esses dois modelos, uma vez que as ruas foram tomadas, que a opinião pública se colocou também como produtora de conteúdo e não apenas como receptora, e que esses meios estão abertos para que qualquer um faça uso deles. [...]

[...]

Disponível em: <http://www.youtube.com/watch?v=i7WVIJERmmo>. Publicado em: 21 out. 2013. Acesso em: 17 jan. 2014. (Fragmento).

GLOSSÁRIO

Militância: atividade de quem defende uma causa.

***Commodity*:** produto produzido em larga escala.

Midiativismo: ação de difundir por meios de comunicação.

Antes do Estudo do texto

1. Se não tem certeza de ter compreendido bem o texto, leia-o novamente.
2. Procure identificar as ideias apresentadas no texto e reflita: você concorda com elas? Por quê?
3. Ao responder às questões a seguir, procure empregar o que já aprendeu ao ler outros textos e seja preciso em suas respostas.

Compreensão do texto

1. **Que questões polêmicas podem ser identificadas nos trechos transcritos do debate?**

2. **Quem são os debatedores e qual é a profissão deles?**

3. **Releia o trecho da primeira fala de David Butter.**
   a) Qual é o papel de David no debate? E qual é a profissão dele?
   b) Qual é o propósito dessa fala?

4. **Logo no início do debate, Alexandre Inagaki fala da Mídia Ninja e da relação desta com os protestos sociais ocorridos em meados de 2013.**
   a) Qual é a opinião de Inagaki a respeito da relação entre os protestos e a Mídia Ninja?
   b) Em sua fala, Inagaki menciona algumas diferenças entre a Mídia Ninja e a mídia tradicional. Que diferenças seriam essas?

5. **Pedro Dória faz uma comparação entre seu modo de atuar e a maneira como trabalham os jornalistas da imprensa alternativa. Veja trechos de uma de suas falas.**

> **Trecho A** "[...] Porém, qual é a diferença entre nós? Eu não sei bem o que está acontecendo, vocês veem com muita clareza. O meu papel é dar um passo para trás e tentar observar, e o de vocês, dar um passo para a frente e falar. [...]"

> **Trecho B** "O método jornalístico não é infalível, mas existe uma qualidade quando nos afastamos, não estamos de um lado ou de outro, e fazemos o esforço gigantesco de apenas observar. [...]"

   a) No trecho A, o debatedor afirma que há duas formas diferentes de dar a informação. Explique essa oposição e diga quem são *nós* e *vocês*, nesse caso.
   b) No trecho B, o debatedor defende um tipo de jornalismo. Como ele desenvolve essa ideia?

6. **A opinião de Rafucko é polêmica, pois ele procura mostrar seu ponto de vista por meio de exemplos provocativos.**
   a) Que exemplos ele apresenta?
   b) As pessoas que ele provoca são aquelas que pertencem às mídias alternativas ou à mídia tradicional? Justifique sua resposta.

7. **Leia o trecho a seguir.**

> "Nesse meio caminho, o principal equívoco é tentar capturar o que foi esse escancaramento das realidades [...] com um entendimento analógico. Hoje, estamos numa realidade digital."

   a) O que Filipe Peçanha quis dizer com as expressões destacadas?
   b) Rafucko afirma que a realidade virtual reverbera, ou seja, que ela vai se espalhando, atingindo outras pessoas. A afirmação de Rafucko poderia servir de exemplo para explicar a afirmação de Filipe? Por quê?
   c) Você concorda com eles? Justifique sua resposta.

8. Junte-se a um colega e releiam, abaixo, o que Rodrigo de Almeida cita em uma de suas falas.

"Na guerra, a primeira a morrer é a verdade."

"Notícia é tudo aquilo que o editor decide que vai ser publicado."

a) O que vocês acham que ele pretendeu demonstrar por meio dessas citações?

b) Reflitam: se, como diz Rodrigo, notícia é tudo aquilo que o editor decide que vai ser publicado, o que acontece com o que ele acha que não deve ser publicado?

c) Rodrigo afirma ainda que não há imparcialidade no jornalismo, seja ele tradicional ou não. Isso significa que tudo o que é publicado em qualquer mídia reflete o ponto de vista de quem faz a publicação. Nesse caso, o que vocês acham que é possível fazer para nos aproximarmos da verdade a respeito dos fatos?

9. Segundo Filipe, a informação pode ser vista como *commodity* (um produto feito em larga escala) ou como utilidade pública.

a) Considerando-se que ele faz parte da Mídia Ninja do Rio, qual dessas duas opções ele deve defender?

b) Ao fazer essa afirmação, ele acaba por criticar o trabalho de alguns dos outros debatedores. Quais são esses debatedores e o que Filipe parece estar criticando?

10. Considere tudo o que foi discutido a respeito da existência de informações em estado bruto, da imparcialidade e da velocidade de alcance da informação na era digital e discuta com um colega: o aumento da velocidade na transmissão das notícias leva necessariamente a uma informação de mais qualidade? Por quê?

11. Na última fala de Filipe, fica claro que hoje qualquer cidadão que possua uma câmera pode compartilhar pela internet, pelas redes sociais, por exemplo, aquilo que vê acontecer nas ruas. Ele destaca, assim, uma mudança na forma como é produzido o texto jornalístico.

- Leia o boxe ao lado e reflita com seus colegas: essa mudança na forma como é produzido o texto jornalístico deve levar a uma mudança de postura por parte do leitor? Por quê?

12. Qual é a importância de debates como esse para a sociedade?

LEMBRE-SE

É muito comum em hospitais encontrarmos uma placa assim:

SILÊNCIO!

Essa palavra isolada, na parede do hospital, é considerada um **discurso**, pois é uma mensagem produzida com uma certa intenção, para um público específico por alguém que tem, em relação a esse público, uma expectativa (a de que ele faça silêncio). O texto do livro didático é um discurso, assim como a fala da professora ou de um colega, uma notícia, um filme, um romance, etc. É importante sempre identificarmos a intenção por trás de qualquer discurso para entendermos que opinião aquele discurso quer nos convencer a aceitar e para nos posicionarmos de forma crítica e consciente em relação a ele.

A língua em uso: os sentidos do texto

1. Observe os destaques dos trechos da primeira fala de Inagaki.

Trecho A "[...] a cobertura feita das principais manifestações em todo o país, catalisando naquela de São Paulo, que teve a repressão bruta [...]."

Trecho B "[...] a cobertura fosse feita num *travelling*, num plano-sequência em que se pudessem ver as imagens brutas [...]."

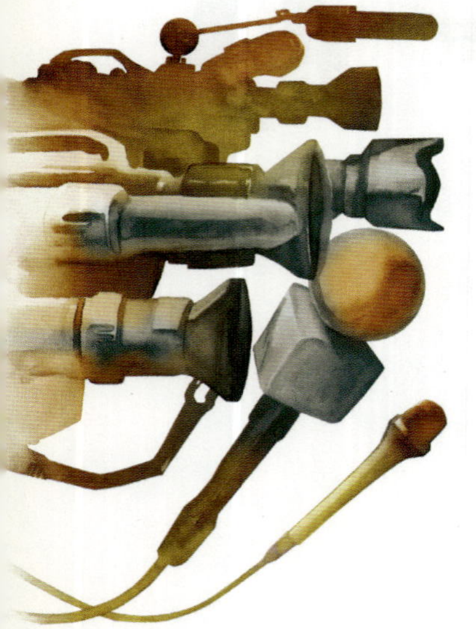

a) Qual é a diferença de sentido entre o uso do termo *bruto* nos dois contextos?

b) Inagaki acha que a imagem feita pelo jornalista do Mídia Ninja não tem edição. Pedro não concorda com Inagaki. Por quê?

2. Observe, destacados no trecho abaixo, três substantivos em sequência. Copie a afirmação que explica a função deles nessa sequência.

> "Quando você impõe uma narrativa, começa a fazer uma descrição, usa adjetivos — e isso vale para a grande mídia ou para a mídia independente — há uma edição, uma interpretação dos fatos, um corte."

- Os substantivos estabelecem uma gradação: a narrativa original foi editada, interpretada e recortada, ou seja, não é mais a original.
- Os substantivos estabelecem uma gradação: a narrativa original foi editada, interpretada e recortada, ou seja, está melhor do que antes.
- Os substantivos estabelecem uma gradação: a narrativa original foi editada, interpretada e recortada, ou seja, deve ser eliminada.

3. A palavra "desaprendizado", empregada no texto, não está nos dicionários.

a) Procure no dicionário o significado do verbo "desaprender".

b) Baseando-se no significado de "desaprender", explique o que significa a palavra "desaprendizado".

c) Os debatedores são jornalistas e têm um bom domínio da língua portuguesa. O emprego dessa palavra, portanto, não foi um erro. O que o debatedor quis destacar ao empregá-la?

O debate

1. Quais são as características de um debate?

2. Por que as pessoas que participaram desse debate teriam sido chamadas para opinar a respeito dessa questão?

3. Por que é importante que o debatedor utilize argumentos em um debate?

4. Por que o debate é o gênero por meio do qual é adequado expressar temas polêmicos?

Você leu um trecho transcrito com várias opiniões diferentes que foram colocadas em discussão.

> **Debate** é um gênero textual por meio do qual se estabelece uma situação de diálogo entre pessoas que discutem determinada questão polêmica. Envolve, em geral, dois ou mais debatedores com opiniões diferentes sobre a questão, além de um moderador (ou mediador) e uma plateia (ou um público).

Em um debate, o recurso usado pelos participantes para sustentar suas opiniões, tentar convencer alguém ou fazê-lo mudar de ideia é chamado **razão** ou **argumento**.

A razão ou argumento existe em função da ideia a ser defendida. Para que um assunto se torne tema de um debate, é preciso que ele seja polêmico, que desperte discussões, divergências. Assim, a **polêmica** é outra característica do debate.

Nem sempre um debate acontece para que os debatedores concordem entre si. Em um debate regrado, como o que você analisou, cada debatedor tenta atrair para sua posição o maior número possível de pessoas.

Os **debatedores** esclarecem seus argumentos, dando exemplos que possam ilustrar suas ideias e utilizando palavras e expressões que marquem a oposição e garantam a coerência. Devem pensar nos argumentos que usarão para defender seu ponto de vista e também tentar antecipar os argumentos de seu opositor, preparando contra-argumentos.

O **moderador** dirige o debate e faz com que as regras estabelecidas sejam seguidas. Apresenta, ao introduzir o debate, o tema e as pessoas que irão debatê-lo. Procura fazer com que os debatedores não fujam do tema e mantenham uma atitude de respeito diante dos outros interlocutores e do público. Também controla o tempo de cada debatedor e cede a palavra ao interlocutor, indicando quando o público poderá fazer perguntas. Ainda deve procurar manter a neutralidade diante das posições dos participantes, a fim de conduzir o debate de forma produtiva e garantir que todos tenham vez e voz.

A **plateia** deve assistir em silêncio para não tumultuar o debate, bem como aguardar a permissão do moderador para fazer perguntas, esclarecendo ou ampliando algum ponto dito pelo debatedor. É importante que ela observe as reações e as refutações dos debatedores.

► **Ao longo do texto, duas questões se destacaram:**

I. Quando se fala em jornalismo, existe imagem bruta?

II. Quando se fala em jornalismo, existe imparcialidade?

a) Observe na tabela a seguir as opiniões e argumentos de alguns dos debatedores a respeito dessas questões.

Debatedores	Questão I	Questão II
Pedro	Não, pois, no momento em que o jornalista escolhe cortar ou não uma imagem, já é feita uma edição.	Sim, o jornalista pode escolher apenas observar, sem ficar de um lado ou de outro da questão.
Rodrigo	Não, a imagem bruta passa por um processo de edição e de filtro com a internet.	Não, não há imparcialidade no jornalismo tradicional nem no jornalismo alternativo.
Inagaki	Sim, as novas tecnologias permitem que as imagens sejam vistas em estado bruto.	Embora não afirme claramente, ele dá a entender que sim, pois acredita que os acontecimentos possam ser transmitidos em estado bruto, sem edição.

b) Discuta com seus colegas essas questões e escreva em uma folha à parte a opinião de vocês e os argumentos para defendê-las.

c) Troque a folha de vocês com as de outros colegas e compare as opiniões e os argumentos apresentados por eles.

Para guardar

Debate

- Gênero textual por meio do qual se estabelece uma situação de diálogo entre dois ou mais debatedores, que defendem e discutem opiniões e ideias diferentes sobre uma questão polêmica. A discussão, direcionada a uma plateia, é mediada por um moderador.
- Características principais do debate:
  - tema polêmico;
  - texto oral;
  - uso de argumentos e de contra-argumentos.
- Participantes do debate:
  - moderador, que dirige;
  - debatedores, que têm opiniões contrárias;
  - plateia, que assiste.

E por falar nisso...

Você provavelmente sabe que *selfie* é um autorretrato feito geralmente com celular e compartilhado nas redes sociais. O termo em inglês ficou tão famoso que foi parar no *Dicionário Oxford* em 2013! Veja dois exemplos de *selfie*.

ELLEN DEGENERES/TWITTER/GETTY IMAGES

A foto da festa do Oscar de 2014 se tornou a *selfie* mais famosa da história: só no Twitter foram mais de 3 milhões de compartilhamentos.

AI WEIWEI

A *selfie* do artista e ativista chinês Ai Weiwei foi feita num elevador no exato momento em que ele era preso pelo governo autoritário chinês.

As afirmações a seguir são interpretações das imagens. Você deve escolher a que mais se aproxima da sua opinião e debater com os colegas. Se desejar, poderá pesquisar na internet a respeito do contexto das imagens. Mas, lembre-se: é preciso apresentar argumentos que justifiquem sua posição e também estar aberto à apresentação da opinião dos seus colegas!

a) As duas fotos revelam que a internet transformou em costume compartilhar fotos pessoais, nos momentos mais diferentes.

b) A foto tirada na cerimônia do Oscar não tem a mesma relevância que a foto de Ai Weiwei, já que o artista não está apenas se expondo, mas também fazendo uma denúncia de uma situação violenta que enfrentou.

c) As duas imagens revelam, cada uma a seu modo, uma crítica ao hábito de compartilhar fotos de si mesmo na internet.

d) As duas fotos revelam duas formas de usar a internet. No caso do Oscar, pretende-se divertir e chamar a atenção da audiência da internet. No caso de Ai Weiwei, pretende-se usar a internet como ferramenta para denunciar problemas.

ESTUDO DA LÍNGUA I

Concordância nominal

O que você irá estudar

► **Ao final deste estudo, você deverá saber:**

- o que é concordância nominal;
- como se faz a concordância:
  - com o adjetivo posposto a dois ou mais substantivos;
  - com o adjetivo anteposto a dois ou mais substantivos;
  - de adjetivos com mais de um substantivo de gêneros diferentes;
- quais são as regras para casos especiais de concordância nominal.

Como você pode estudar

1. O **Estudo da língua** não é uma seção para decorar, mas para questionar e levantar problemas, como fazemos em **Observe, analise, questione**.
2. O trabalho com os conhecimentos linguísticos requer persistência. Leia e releia os textos e exemplos, discuta, converse.

LEMBRE-SE

As **normas urbanas de prestígio** podem ser caracterizadas pelo uso da língua de acordo com as regras da **gramática normativa** ou **norma padrão**.

Concordância nominal

Audiovisual
Concordância nominal

Observe, analise, questione

► **Leia um trecho da transcrição do debate antes que ele fosse editado.**

> "Paralelamente a essa constatação do desaprendizado ou do pouco aprendizado que nós temos sobre nós mesmos, eu vejo que você tem claro dois questionamentos fundamentais: um sobre os governos, sobre a política tradicional, sobre a forma de representação que o... não só o Brasil, mas como a democracia ocidental realmente vigora... e a mídia tradicional sobretudo, o que você tinha até os anos 90, o papel do jornalista como grande filtro da interpretação da realidade ou do retrato da realidade, o grande filtro sobre a veracidade das informações publicadas."
>
> Disponível em: <http://www.youtube.com/watch?v=i7WVIJERmmo>. Publicado em: 21 out. 2013. Acesso em: 17 jan. 2014. Trecho: 00:07:42 - 00:24:00

a) As palavras destacadas no texto são substantivos e aparecem acompanhadas por determinantes. Identifique tais determinantes, copiando e completando este quadro no caderno.

Substantivo	Determinante (adjetivo, pronome, numeral, artigo)
aprendizado	
política	
democracia	
mídia	
informações	

b) Se passássemos a frase "[...] eu vejo que você tem claro dois questionamentos fundamentais [...]" para a ordem direta, teríamos:

Eu vejo que você tem dois questionamentos fundamentais claro.

- Identifique os determinantes do substantivo *questionamentos*.

c) Podemos dizer que a frase está de acordo com as normas urbanas de prestígio? Por quê?

A conformidade de gênero (masculino e feminino) e número (singular e plural) que se estabelece entre o substantivo e seus determinantes (adjetivo, locução adjetiva, pronome adjetivo, artigo, numeral adjetivo e particípio) chama-se **concordância nominal**.

A regra geral, portanto, é que os determinantes, segundo as normas urbanas de prestígio, devem sempre concordar em gênero e número com o substantivo correspondente.

Concordância do adjetivo com mais de um substantivo

Veja a seguir algumas particularidades da concordância nominal.

- Adjetivo posposto a dois ou mais substantivos – concorda com o mais próximo ou vai para o plural:
  *Ofereceram-me duas frutas e uma **torta gelada**.*
  *Ofereceram-me duas **frutas** e uma **torta geladas**.*
- Adjetivo anteposto a dois ou mais substantivos – geralmente a concordância é feita com o mais próximo:
  *Notamos o **cerimonioso gesto** e atitude diante dos convidados.*
- Adjetivos que se referem a substantivos de gêneros diferentes – em geral a concordância se faz no masculino:
  O ***treinador*** e as ***atletas*** se mostraram ***animados***.

  Observação: quando os substantivos são sinônimos ou estão em gradação, o adjetivo pode concordar com o mais próximo:
  *Naquele momento, sentiu uma melancolia e um **pesar intenso**.*
  *Recebeu um olhar, uma carícia, um **abraço afetuoso**.*

Outros casos de concordância nominal

Veja mais algumas particularidades da concordância nominal.

- **Obrigado**, adjetivo sinônimo de **grato** – concorda com o substantivo ou com a pessoa a que se refere:
  *Ela sempre diz "muito **obrigada**" com um sorriso sincero.*
- **Anexo, incluso** – adjetivos que concordam com o substantivo a que se referem:
  *As fotografias **anexas** vão testemunhar o que ele disse.*
  *Seguem **inclusos** os documentos pedidos.*
- **Mesmo, próprio** – pronomes de reforço que variam de acordo com a pessoa a que se referem:
  *As orientadoras **mesmas** aplicarão os testes.*
  *O **próprio** morador do prédio se desculpou pelo barulho que causou.*
- **Bastante, muito, tanto, meio, só** – quando têm valor de adjetivo, concordam com o substantivo a que se referem:
  *Assistimos a **bastantes** filmes sobre a guerra.*
  *Ele desistiu a **meia** hora da chegada.*

  Observação: com valor de advérbio, são invariáveis:
  *Ficamos **bastante** insatisfeitos.*
  *A comissão julgadora ficou **meio** aflita com o atraso.*
- **Verbos no particípio** – quando não são empregados na formação dos tempos compostos, flexionam-se como adjetivos:
  ***Restituídos** os documentos, ele sentiu-se aliviado.*
  ***Feitas** as provas, os alunos foram dispensados.*

Para guardar

- **Concordância nominal**
  - Determinantes concordam em gênero e número com o substantivo que acompanham.
- **Casos particulares**
  - Dois ou mais substantivos + adjetivo: concorda com o mais próximo ou vai para o plural.
  - Adjetivo + dois ou mais substantivos: concorda com o mais próximo.

APLIQUE SEUS CONHECIMENTOS

Ao responder às questões, busque exatidão e precisão para garantir que você entendeu o que estudou.

1. Reescreva o trecho a seguir no caderno, substituindo as palavras destacadas pelas que estão entre parênteses. Faça as adaptações exigidas pela concordância.

> ***Na neve, os caçadores***
>
> Curvados ao peso das roupas pesadas e do cansaço, escuros como troncos, três caçadores (caçadoras) avançam afundando na neve, a caminho de casa.
>
> O primeiro traz uma fieira de pássaros (aves) atados à cintura. Uma lebre desponta do bornal do segundo. Mas é o terceiro que traz pendente do ombro a caça mais rica, raposa vermelha que lhe incendeia as costas com uma labareda e com sua cauda (rabo) morta traça um rastro no chão.
>
> Outro rastro se desenha sobre a neve, de sangue. A mão (braço) do caçador está ferida, e goteja.
>
> [...]
>
> MARINA COLASANTI. *23 histórias de um viajante*. São Paulo: Global, 2005. p. 104. (Fragmento adaptado para fins didáticos).

2. No caderno, complete as frases com a palavra anexo **flexionando-a de maneira adequada.**

a) Segue ▬▬ a planilha atualizada.

b) Os documentos ▬▬ foram enviados pela chefe da seção.

c) ▬▬ ao *e-mail* estão as requisições feitas pela diretoria.

d) O manual ▬▬ refere-se à conduta adequada na empresa.

3. Reescreva as frases no caderno, substituindo mesmo **por** próprio **e fazendo as adaptações necessárias.**

a) Ele mesmo não entendeu o que quis dizer.

b) Os ministros, eles mesmos, reconheceram o erro.

c) Elas mesmas decidiram viajar.

d) Ela mesma explicou para a mãe o que havia acontecido.

4. **No caderno, reescreva as frases a seguir e complete-as com as palavras indicadas entre parênteses. Atenção à concordância.**
   a) A mãe pediu ▬▬ verduras para seus filhos. (bastante)
   b) Era ▬▬ a sua presença nesse momento triste. (necessário)
   c) Estavam todas ▬▬ agitadas com a grande notícia. (meio)

5. **Leia a frase.**

   Ele permaneceu só trabalhando.

   a) A palavra destacada permite, no contexto da frase, duas interpretações. Quais?
   b) Substitua a palavra destacada nessa mesma frase por um adjetivo de sentido semelhante que elimine a ambiguidade. Considere que o locutor da frase, desta vez, é feminino.

6. **Leia a tira a seguir e reescreva a frase do primeiro balão de acordo com as normas urbanas de prestígio.**

URBANOIDE DIOGO SALLES

7. **O aviso da placa está em desacordo com a regra geral da concordância nominal. Escreva-o adequadamente e justifique a alteração do texto.**

Leitura da hora

O escritor norte-americano Ernest Hemingway (1899--1961) foi correspondente de guerra em Madri e usou muito de sua experiência como inspiração para suas obras. Alguns de seus conselhos sobre como escrever bem foram mencionados em um texto por uma trainee do programa de treinamento da Folha de S.Paulo.

Pense nos outros

Além de jargões jornalísticos, regras de padronização e estilo, e procedimentos internos da *Folha*, aprendemos, nos últimos meses, sobre as qualidades que fazem um bom repórter.

Os conselhos de Hemingway para aspirantes a escritores são um bom complemento a essas lições.

No livro *Hemingway on Writing* (Como escrever, segundo Hemingway), o escritor norte-americano (que se refere a si próprio como "Seu Correspondente", abreviado S.C.) se dirige a um jovem escritor **arquetípico** (apelidado "Mice") para falar da importância de observar e de ser um bom ouvinte — características que nós, jornalistas iniciantes, também precisamos desenvolver. Segue tradução livre de uma troca de perguntas e respostas:

MICE: Como um escritor pode treinar a si próprio?

S.C.: Veja o que acontece hoje. Se um peixe aparecer, perceba exatamente o que é que todo mundo faz. Se você se empolgar ao ver o peixe pulando, puxe pela memória até entender exatamente qual foi a ação que te despertou aquela emoção. Se foi a linha saindo da água ou a maneira como ela se firmou como uma corda de violino até que dela começaram a pingar gotas, ou o jeito como o peixe se bateu e jogou água quando saltou. Lembre-se de quais foram os ruídos e do que foi dito. Descubra o que te deu a emoção; qual ação que te empolgou. Depois escreva isso com clareza para que o leitor também consiga ver e ter a mesma sensação que você teve. É um exercício fácil.

MICE: Tudo bem.

S.C.: Depois entre dentro da cabeça de uma pessoa para variar. Se eu brigar com você, tente descobrir o que eu estou pensando e também como você se sente a respeito. Se Carlos xingar Juan, pense nos dois lados. Não pense simplesmente em quem está certo. Para um homem, as coisas são como devem ser ou como não devem ser. Como um homem, você sabe quem está certo e quem está errado. Você tem que tomar decisões e executá-las. Como escritor, você não deve julgar. Você deve entender.

MICE: Tudo bem.

S.C.: Agora escute. Quando as pessoas falarem, ouça completamente. Não pense no que você vai dizer. A maioria das pessoas nunca escuta. Nem observa. Você deve ser capaz de entrar numa sala e ao sair saber tudo o que você viu lá e não só isso. Se aquela sala te trouxe alguma sensação você deve saber exatamente o que foi que te deu essa sensação. Experimente treinar isso. Quando você estiver na cidade, fique de pé do lado de fora do teatro e veja como as pessoas diferem no jeito como elas saem de táxis ou carros. Existem mil maneiras de treinar. E sempre pense nos outros.

Para refletir e, sobretudo, treinar.

Marcelle Santos.
Disponível em: <http://novoemfolha.blogfolha.uol.com.br/2013/12/18/pense-nos-outros/>. Publicado em: 18 dez. 2013. Acesso em: 29 mar. 2014. © Folhapress.

GLOSSÁRIO

Arquetípico: exemplificador; que está de acordo com um determinado modelo.

ESTUDO DA LÍNGUA II

Revisão: concordância verbal

O que você irá estudar

► Ao final deste estudo, você terá revisto:

- o que é concordância verbal;
- como ela ocorre em orações:
  - com sujeito composto;
  - com expressões partitivas.

Concordância verbal

Audiovisual
Concordância verbal

Observe, analise, questione

► **Leia o texto, extraído do debate que você leu no início da unidade, e responda às questões.**

> "Outra coisa que aprendi — e acho muito importante citar, pois acabamos de ter um exemplo aqui com o Pedro — é que as pessoas que acham que as coisas não estão claras no Brasil geralmente estão dentro de redações, dentro de suas casas. Se alguém vai para a rua, sua primeira percepção é de que as coisas nunca estiveram tão claras no Brasil. [...]"

a) Observe a seguinte frase retirada do trecho acima e identifique o verbo e o sujeito ao qual ele se refere.

> "[...] não estão claras as coisas no Brasil [...]."

b) Encontre no mesmo fragmento uma frase similar à da questão acima e explique a diferença entre elas.

c) Considerando as questões **a** e **b**, o que podemos concluir a respeito da concordância verbal?

Em geral, o verbo concorda em pessoa e número com o sujeito que o acompanha.

- Se a oração apresenta sujeito composto e **anteposto** ao verbo, este vai para o plural:
  *Paus e pedras **podem** quebrar meus ossos.*
- Se o sujeito composto aparece **posposto** ao verbo, este pode ir para o plural ou concordar com o sujeito mais próximo (singular ou plural):
  ***Rimos** mamãe e eu das gracinhas do papai.*
  ***Riu** mamãe e eu das gracinhas do papai.*

LEMBRE-SE

Chama-se **sujeito** a pessoa ou coisa sobre a qual se declara alguma coisa.

Casos específicos

- Se o sujeito composto é **resumido por um pronome** do tipo *tudo*, *nada*, *ninguém*, *isso*, etc., o verbo concorda com o pronome e fica no singular:

  *Palavras, ofensas, nada o **atingia**.*

- Se os núcleos do sujeito composto são **sinônimos** (ou quase), ou constituem uma **gradação**, o verbo pode concordar com o mais próximo:

  *Mágoa, amargor, desgosto **apertava** o coração da menina.*

- Se os núcleos do sujeito composto estão **ligados por *ou* ou *nem***, o verbo geralmente vai para o plural quando o fato expresso por ele se refere a todos os sujeitos; ou fica no singular quando se refere a apenas um deles:

  *Nem Amanda nem Débora **consolaram** a amiga.*
  (nenhuma das duas consolou)

No aniversário de Joana, o pai ou a mãe ***ganhará*** *o primeiro pedaço de bolo.*

(apenas um deles ganhará)

- Se os núcleos do sujeito composto são **verbos no infinitivo**, o verbo geralmente fica no singular:

Ler e memorizar informações **era** *uma tarefa fácil para ele.*

Para guardar

Concordância verbal

- O verbo geralmente concorda em número e pessoa com o sujeito da oração.
- Sujeito composto anteposto ao verbo: o verbo vai necessariamente para o plural.
- Sujeito composto posposto ao verbo: o verbo vai para o plural ou concorda com o sujeito mais próximo (no singular ou no plural).

Casos especiais com sujeito composto

- Sujeito composto resumido pelos pronomes *tudo*, *nada*, *isso*, etc.: o verbo fica no singular.
- Núcleos do sujeito composto são sinônimos (ou quase) ou constituem gradação: o verbo pode concordar com o núcleo mais próximo.
- Núcleos do sujeito composto ligados por *ou* ou *nem*: o verbo fica no singular (caso se refira a só um deles) ou no plural (caso se refira a todos).
- Verbos no infinitivo como núcleos do sujeito composto: verbo geralmente no singular.

APLIQUE SEUS CONHECIMENTOS

1. Observe estas frases:

Contrata-se administradores e advogados experientes.

Contratam-se administradores e advogados experientes.

a) Copie no caderno a frase que está de acordo com as normas urbanas de prestígio. Justifique sua escolha.

b) Reescreva a mesma frase, desta vez com o verbo *precisar*, e explique as alterações feitas.

2. **Copie as frases, completando-as com os verbos entre parênteses flexionados no presente do indicativo. Estabeleça a concordância adequada.**

a) Na escola ▬▬ duas professoras novas. (existir)

b) Na escola ▬▬ duas professoras novas. (haver)

c) Hoje, 15,6% da população brasileira ▬▬ em áreas rurais. (morar)

d) Hoje, 15,6% ▬▬ em áreas rurais. (morar)

e) Os Estados Unidos ▬▬ na América do Norte. (localizar-se)

f) Perto de 700 pessoas ▬▬ desabrigadas por causa dos terremotos. (estar)

3. **Transcreva as frases a seguir, corrigindo a concordância verbal, se necessário. Justifique todos os casos, mesmo aqueles que não precisarem de correção.**

a) Ontem, tu e eu fostes encontrados por vizinhos enquanto conversávamos.

b) Mais de um aluno apresentaram nota baixa no último bimestre.

c) A avó com a neta compareceram à missa de domingo.

d) Vamos, porque já é onze horas e logo você precisará dormir.

e) Fiquem bonzinhos, pois do contrário nem um nem outro ganhará sobremesa.

4. **Leia este trecho de um artigo publicado no *Jornal do Brasil*.**

> [...]
>
> Não é novidade para ninguém que nós Brasileiros somos fanáticos por esse esporte chamado futebol, sem dúvida esperamos muito por esse momento, a "Copa do Mundo", na expectativa de acompanhar nossos jogadores nas partidas. Mas infelizmente, nem tudo são flores e a grande decepção são os altos investimentos para um evento que não oferecerá solução para os nossos problemas de saúde, educação, emprego, violência, entre inúmeros outros.
>
> [...]
>
> Disponível em: <http://www.jb.com.br/comunidade-em-pauta/noticias/2014/02/11/a-copa-e-no-brasil-mas-nao-para-os-brasileiros/>. Acesso em: 24 fev. 2014. (Fragmento).

a) Qual é o significado da oração "nem tudo são flores" nesse contexto?

b) Observe o sujeito e o verbo dessa oração e levante hipóteses para explicar a concordância verbal nesse caso.

5. **Reescreva as frases no caderno, trocando o verbo em destaque pelo que está entre parênteses. Faça as adaptações necessárias e estabeleça a concordância verbal adequada às normas urbanas de prestígio.**

a) **São** crianças muito educadas, pode ficar tranquila. (tratar-se)

b) **Necessita**-se de professores qualificados. (contratar)

c) Na escola **existiam** hortas que eram regadas por todos. (haver)

d) **Acontecem** rodas de leitura frequentemente na aula de Português. (haver)

LEITURA E PRODUÇÃO DE TEXTO

Contexto

Nesta unidade, a seção **Leitura e produção é diferente**. Na seção **Leitura**, você analisou trechos de um debate. Esses trechos foram transcritos de um vídeo e depois editados, ou seja, adaptados para a linguagem escrita formal, uma vez que a transcrição apresentava as características da linguagem oral informal.

Esse processo é realizado sempre em jornais e revistas, por exemplo, pois essas publicações, assim como o livro didático, são veiculadas em linguagem formal, de acordo com as normas urbanas de prestígio. Nas produções acadêmicas, quando uma pessoa concede uma entrevista ao autor do trabalho, essa adaptação também precisa ser feita.

Observe, a seguir, como o texto transcrito foi alterado para ficar mais adequado à linguagem escrita e às normas urbanas de prestígio.

> **Trecho transcrito** — "**Olha... A primeira coisa é que, por exemplo**, o Mídia Ninja é uma referência fundamental [...]. Do ponto de vista tecnológico, **eu acho que serviu** como uma grande provocação do jornalismo tradicional. Porque todo mundo que trabalha em redação **sabe que existe o... o trabalho é um pouco mais limitado do ponto de vista de facilitar** o uso de novas tecnologias, **facilitar...** você conseguir aprovação para fazer uma coisa X ou Y."

> **Trecho editado** — "**Primeiro**, o Mídia Ninja é uma referência fundamental [...]. Do ponto de vista tecnológico, **serviu** como uma grande provocação ao jornalismo tradicional, porque todo mundo que trabalha em redação **sabe que é mais limitado** facilitar o uso de novas tecnologias, você conseguir aprovação para fazer uma coisa X ou Y.

Você percebeu que no texto bruto (transcrito), há interrupções e pausas que ocorreram no momento da fala ("sabe que existe o... o trabalho", "facilitar o uso de novas tecnologias, facilitar..."). Assim como essas interrupções, algumas palavras e expressões dessa fala não são necessárias no texto editado e, por isso, foram excluídas ("Olha..."; "eu acho que", "existe o", "do ponto de vista de".

Observe este trabalho de edição feito em outro trecho da transcrição:

> **Trecho transcrito** — "**Eu queria dar um pitaco aqui. Eu acho que a gente tá falando** de duas coisas que são **diferentes, essencialmente diferentes...** O que o jornalista faz é diferente do que **vocês** fazem, e, **veja, não é que isso seja um defeito, de forma alguma.**"

> **Trecho editado** — "**Estamos falando** de duas coisas **diferentes**. O que o jornalista faz é diferente do que vocês **da mídia alternativa** fazem, **e isso não é um problema.**"

O quadro a seguir demonstra alguns aspectos do processo de edição do texto bruto.

Texto bruto	Texto editado
eu queria dar um pitaco aqui	(marcador conversacional eliminado)
eu acho que a gente tá falando	estamos falando
vocês	vocês da mídia alternativa
diferentes, essencialmente diferentes	diferentes (eliminação da repetição)
veja	(marcador conversacional eliminado)
não é que isso seja um defeito	e isso não é um problema
de forma alguma	(eliminado; no contexto, é um marcador conversacional)

Observe mais um exemplo:

Trecho transcrito — **É... eu acho que a gente** está num momento, **né...** que no Brasil é um momento único. **Acho que tem muitas coisas** que, de junho para cá, ficaram evidentes, ganharam as ruas e escancararam as portas da sociedade, **né?** E nesse meio do caminho, **eu acho que o principal equívoco que se faz** é tentar capturar o que foi esse escancaramento das realidades com **a figura de** um líder, com **a figura de** um partido que esteja por trás disso, com **a figura de** um veículo que seja o responsável, com **a figura de** um **entendimento nosso que é um entendimento analógico**. **Acho que** hoje, **a gente tá** numa realidade digital.

Trecho editado — **Estamos**, no Brasil, em um momento único. **Existem muitas coisas** que, de junho para cá, ficaram evidentes, ganharam as ruas e escancararam as portas da sociedade. Nesse meio caminho, **o principal equívoco** é tentar capturar o que foi esse escancaramento das realidades com **a figura de** um líder, de um partido por trás disso, de um veículo responsável, de um entendimento analógico. Hoje, **estamos** numa realidade digital.

Texto bruto	Texto editado
e...; eu acho que; né	(marcadores conversacionais eliminados)
a gente	nós
tem muitas coisas	existem muitas coisas
a figura de	(repetição eliminada)
tá	está

Saiba +

Concentração da mídia

A Constituição de 1988 estabelece uma série de direitos do cidadão brasileiro: direito à educação, à cultura, à saúde e também à comunicação. Apesar de esse direito se desenvolver com a popularização da internet, ainda esbarra na concentração da mídia no país. Segundo pesquisas, a mídia brasileira se concentra na mão de pelo menos seis grupos familiares que comandam mais de 500 veículos de comunicação em todo o país. Para saber mais do assunto, visite o portal do projeto Donos da Mídia <http://donosdamidia.com.br/> e o Observatório do Direito à Comunicação, um projeto do coletivo Intervozes: <http://www.direitoacomunicacao.org.br/> (acesso em fev. 2014).

► **Leia o trecho a seguir, que não foi editado.**

Filipe – [...] Então acho que uma primeira provocação que se tem é: em que ponto que muda? Aonde que tá a virada de chave? O que que na estrutura midiática, o que que na estrutura de comunicação hoje em dia traz, aqui no Brasil, nas suas características específicas, esse momento? Qual que é a participação das manifestações que evidenciam essas características? Então aí acho que tem vários pontos pra gente pensar.

Rodrigo – Eu vou então continuar a partir da sua fala. Eu acho que essa chave já virou... E aí, entra a partir daí um processo que vai ser um processo longo. Hoje tá cada vez mais difícil pra qualquer mídia, qualquer empresa, [...] fechar a conta no fim do mês. É um processo difícil. Ao mesmo tempo, e aí quando eu falo que a chave virou, é porque... e aí eu volto à questão da democracia, e não há como discutir mídia sem discutir democracia, porque ela é um dos filtros fundamentais, ela é um dos indicadores fundamentais da existência de uma democracia em nível maior ou nível menor, e aí a gente entra na questão da liberdade de expressão e de acesso à informação e tudo... Então, a própria vitalidade... a própria chave virada a partir de agora e a vitalidade dessa profusão de meios de acesso à informação, eu acho que já é um grau extremamente revelador também da vitalidade da democracia.

- Reescreva esse trecho de acordo com as normas urbanas de prestígio.

Para guardar

Algumas adequações da modalidade oral informal para a modalidade escrita formal

- Alterar o sujeito para um modo mais formal e adequado para um texto escrito editado. Exemplos: de "você" ou "a gente" para "nós".
- Eliminar repetições desnecessárias para a língua escrita. Exemplos: "assim", "eu acho que".
- Alterar a forma reduzida da palavra para a forma completa. Exemplos: "pra" para "para", "tá" para "está".
- Eliminar interjeições mais usuais em situações orais ou marcadores conversacionais. Exemplos: "entendeu?", "é...", "né?", "olha".
- Eliminar ou alterar trechos com redundâncias. Exemplos: "ele é uma pessoa e um ser humano", "o cidadão da favela é um cidadão".
- Eliminar marcadores conversacionais e frases que garantiam, na fala, a interação entre os interlocutores.

PRODUÇÃO DE TEXTO — Debate

Você e seus colegas de classe vão debater sobre o papel social da imprensa ou outro assunto polêmico do momento. Releia o texto da seção **Leitura**, observando:

a) os pontos de vista expressos nas falas transcritas dos debatedores;

b) os argumentos e contra-argumentos apresentados pelos debatedores;

c) o papel do mediador no debate.

O que você vai produzir

Você e seu grupo vão organizar um debate em classe sobre uma questão polêmica. Pode ser uma questão envolvendo a imprensa ou outro assunto polêmico que esteja acontecendo neste momento.

Planejem e organizem o debate

1. Você e seus colegas vão organizar um debate com base em uma determinada questão polêmica e atual, definida por vocês e pelo professor.
2. Façam, individualmente, uma pesquisa em livros, jornais, revistas e *sites* e entrevistem pessoas que sejam ou não da comunidade escolar, a fim de levantar informações e opiniões sobre a questão a ser debatida. A questão deve ser definida por uma pergunta que possa ser respondida por "Sim" ou "Não", como: "Existe imparcialidade no jornalismo?".
3. Com base no que pesquisaram, reflitam e decidam quais pontos poderão entrar no debate.
4. Sob orientação do professor, decida com a turma quem serão os participantes: debatedores, moderador ou plateia.
   a) Os debatedores serão formados por um grupo que responde "sim" à questão polêmica formulada e outro que responde "não". Os dois grupos produzirão uma apresentação inicial com sua posição; ao longo do debate, defenderão argumentos com base em dados e informações que complementem e justifiquem seu ponto de vista a fim de fortalecer a argumentação do grupo. Também deverão pensar em possíveis argumentos de outros debatedores e preparar contra-argumentos e refutações.
   b) Para o moderador, serão escolhidos três ou quatro alunos, que vão se revezar no debate. Enquanto um estiver no papel de moderador, os demais anotarão o que o moderador disser e em que momento. Isso ajudará a avaliar o desempenho dessa figura no decorrer do debate.
   c) A plateia poderá ser um único grupo, que ficará atento à discussão, observando e anotando as reações e refutações dos debatedores, bem como os argumentos mais importantes do debate dos dois grupos.
5. Releiam o boxe "Para guardar" da unidade para se lembrarem do que cada um deve fazer no debate.
6. Sob orientação do professor, definam as regras do debate: o tempo de duração, o tempo de fala de cada pessoa, a ordem da fala dos debatedores e o momento em que a plateia fará perguntas.

Na hora de produzir

1. Siga as orientações apresentadas nesta seção.
2. Lembre-se de que você já leu e analisou textos do gênero que vai produzir. Se for o caso, retome o **Estudo do texto**.

Façam o debate

1. Você e os colegas vão organizar as cadeiras em semicírculo e iniciar o debate.
2. O moderador se apresenta e inicia o debate apresentando os debatedores. Em seguida, abre espaço para que uma pessoa do grupo 1 (um dos grupos dos debatedores) se posicione diante do tema.
3. O grupo 2 (o outro grupo debatedor) deve ficar atento à fala do grupo 1 e rascunhar anotações para refutar os argumentos apresentados pelo opositor.

4. O moderador passa a palavra para o grupo 2, e uma das pessoas apresenta o ponto de vista desse grupo.

5. Os alunos que fazem parte da plateia devem elaborar ao menos uma questão para cada debatedor. Essa questão deve ser passada ao moderador, que a introduzirá no debate quando achar adequado.

6. Esses representantes da plateia devem ficar atentos e fazer anotações dos pontos altos do debate, registrando os argumentos mais importantes de ambos os grupos.

Avaliem o debate

► Avaliem o debate de acordo com o quadro a seguir.

Aspectos importantes em relação à proposta e ao sentido do texto
Debate
1. Durante o debate, os debatedores: a) fizeram uso de linguagem clara, considerando os demais participantes do debate?
b) apresentaram contra-argumentos convincentes para refutar os argumentos de seu opositor?
c) apresentaram os argumentos com boa dicção (pronúncia de palavras), entonação (expressividade) e volume de voz adequados para garantir uma boa escuta?
d) respeitaram a fala dos demais debatedores, sem manifestações que atrapalhassem a conclusão da exposição de seus argumentos?
e) respeitaram o tempo destinado à sua fala, pelo moderador?
2. O moderador ou mediador: a) iniciou adequadamente o debate, apresentando o tema e os debatedores?
b) geriu bem o tempo de fala dos debatedores?
c) conduziu o debate de forma produtiva, colaborando para que a discussão ficasse clara para o público?
d) manteve sua neutralidade?
e) esclareceu as opiniões emitidas, articulando-as, resumindo-as ou retomando-as?
f) teve, em alguns momentos, possíveis inadequações em sua postura?
3. O público ou a plateia: a) respeitou o tempo de fala dos debatedores, sem manifestações que atrapalhassem o andamento do debate?
b) participou com perguntas pertinentes aos debatedores?

LEMBRE-SE

Quando usamos um argumento contrário a outro, estamos usando um contra-argumento.

Audiovisual

Como fazer um *podcast*

UNIDADE

5

PELO FIM DA VIOLÊNCIA

1

RAINER JENSEN/DPA/CORBIS/LATINSTOCK

3

EIDON PHOTOGRAPHERS/DEMOTIX/CORBIS/LATINSTOCK

Tema: violência doméstica.

ESTUDO DAS IMAGENS

► Nas imagens ao lado, pessoas em diversos países combatem a violência contra a mulher. Converse com seus colegas: o que vocês sabem sobre esse assunto? Lembre-se: é importante escutar com atenção e expressar-se com clareza.

a) Leia o boxe **Saiba mais** e responda: o que você acha de a dança ser usada como forma de manifestação contra a violência?

b) De que forma a violência contra a mulher pode estar relacionada à pobreza, à guerra e ao racismo?

Saiba +

Dança contra a violência

1 billion rising for justice é um movimento iniciado em 14 de fevereiro de 2013. Nessa data, um bilhão de pessoas em 207 países participou de uma ação pelo fim da violência contra mulheres e meninas. Os participantes dançam em locais públicos com o objetivo de chamar a atenção para o fato de que a violência contra a mulher é consequência também da guerra, da pobreza, do racismo, entre outros fatores.

Em foco nesta unidade

- Reportagem
- Editorial
- Estratégias argumentativas
- Emprego da vírgula
- Colocação pronominal
- Verbos com pronomes enclíticos
- Produção: texto dissertativo-argumentativo

TINE SABILLO/DEMOTIX/CORBIS/LATINSTOCK

SUE KRAMER/DEMOTIX/CORBIS/LATINSTOCK

Todas as imagens mostram pessoas participando do *1 billion rising for justice* em 2013. Foto1: Alemanha. Foto 2: Filipinas. Foto 3: Itália. Foto 4: África.

LEITURA

Contexto

No Brasil, a Lei nº 8.069, de 13 de julho de 1990, constitui-se no Estatuto da Criança e do Adolescente (ECA), que dispõe sobre a proteção integral à criança e ao adolescente, além de regulamentar seus direitos. Entretanto, apesar dos mais de 20 anos de existência da lei, a violência contra a criança ainda é um tema atual, conforme você verá no texto a seguir.

Antes de ler

1. No título da reportagem, afirma-se que, diariamente, crianças e adolescentes são vítimas de violência no país. Ao tomar conhecimento desse dado, que tipo de situação vem à sua mente?
2. Que informações você imagina que uma reportagem com esse título possa conter?

Todos os dias, cerca de 360 crianças e adolescentes são vítimas de violência no país

MARCELO CAMARGO/ABR

São Paulo – Adolescente agitado, Lucas* fica tímido ao mostrar suas mãos. Em uma delas, há uma marca de infância. Mas não é uma marca que nasceu com ele. Ela surgiu quando uma pessoa da família utilizou um garfo quente para repreendê-lo e o queimou. “Até hoje eu tenho [a marca]. Nas costas também, mas lá acho que não tenho mais as marcas”, contou ele à *Agência Brasil*.

Lucas tem 13 anos. É filho adotivo e começou a apanhar “de cinta e de fio” da mãe e do cunhado depois que o pai morreu. Em vários desses momentos, fugiu para a casa de um amigo para se livrar das agressões. “Tinha vezes em que eu dormia lá”, falou. “Se eu não lavasse a louça, eles [a mãe e um cunhado] me batiam. Se eu não acordasse na hora certa, eles me batiam. Aí eu fugi de casa e esse foi um dos motivos que me levaram ao abrigo”, disse o adolescente, um entre milhares de exemplos de vítimas de violência doméstica em todo o país.

Dados divulgados pela Secretaria de Direitos Humanos (SDH) da Presidência da República mostraram que 77% das denúncias registradas por meio do Disque 100, entre janeiro e novembro deste ano, são relativas à violência contra crianças e adolescentes, o que corresponde a 120.344 casos relatados. Isso significa que, por mês, ocorreram 10.940 agressões, o que dá uma média de 364 denúncias por dia.

* *O nome do adolescente foi alterado.*

Já o Disque Denúncia 181, serviço criado em 2000 pelo Instituto São Paulo contra a Violência e pelo governo paulista, por meio da Secretaria de Segurança Pública, registrou 6.603 denúncias de maus-tratos contra crianças entre janeiro e outubro deste ano em todo o estado, o que dá uma média diária de 22 denúncias. O número é superior ao do mesmo período do ano passado, quando foram registradas 6.028 denúncias.

Para Ariel de Castro Alves, presidente da Fundação Criança e vice-presidente da Comissão Especial da Criança e do Adolescente da Ordem dos Advogados do Brasil (OAB), é difícil **deduzir**, por esses números, se os casos de violência envolvendo crianças e adolescentes têm crescido ou se as pessoas estão denunciando mais. "É difícil medir se os casos estão aumentando. Na verdade, a sociedade está muito mais alerta e mais atuante diante de casos de abusos e de violência contra crianças e adolescentes. Isso é um fator muito positivo no país nos últimos anos. As pessoas estão denunciando mais, sendo menos **coniventes** e **omissas**".

Nenhum dos dois serviços de denúncia contabiliza quantos desses casos registrados referem-se especificamente à violência doméstica. Mas sabe-se que o número é grande. "Hoje, temos muitas vítimas de violência doméstica. De maus-tratos e de espancamento", disse Maria Aparecida Azevedo, que coordena as três casas de acolhimento da Fundação Criança, uma organização municipal focada na defesa e na garantia de direitos de crianças e adolescentes, que funciona em São Bernardo do Campo (SP).

"Os casos que chegam para nós são de abuso sexual, de criança **negligenciada** e abandonada e de criança queimada e espancada. Essa é a violência doméstica que está vindo para as casas de acolhimento", explicou Maria Aparecida.

A violência doméstica pode gerar traumas para as crianças e os adolescentes, disse Alves. "Muitas vezes, elas [crianças e adolescentes] são vítimas daquelas pessoas em quem confiam, que entendem ser as pessoas que cuidam delas. Por isso, há dificuldade para assimilarem uma situação desse tipo. Esse é o trauma maior. A pessoa que tinha que proteger é a que acaba violando o direito dessas crianças e adolescentes. Isso gera um trauma, uma desconfiança permanente com relação aos adultos e dificuldade depois de convivência com outras pessoas. Isso pode, muitas vezes, gerar também prejuízo no desenvolvimento educacional", disse, em entrevista à *Agência Brasil*.

Segundo Helen Vivili Santana Carmona, diretora técnica adjunta da Fundação Criança, grande parte dessa violência contra crianças e adolescentes tem como motivação principal o uso de álcool ou de drogas pelos pais. "Temos um índice grande de pais com problemas psiquiátricos e que fazem uso abusivo de álcool, que são geradores de violência", explicou.

Outro fator que contribui para a violência doméstica contra crianças e adolescentes, disse Helen, é a ineficiência do Estado. "A violência doméstica é gerada por uma ineficiência do Estado. A falta dessa rede de atendimento e de serviços, que contemple a necessidade da família, faz com que essa violência esteja aí, latente, nas famílias

GLOSSÁRIO

Deduzir: concluir; entender, inferir.

Coniventes: complacentes, condescendentes; que estão de acordo.

Omissas: que se omitem; que não se manifestam contra ou a favor.

Negligenciada: negada; rejeitada; que não recebe cuidados.

GLOSSÁRIO

Vulneráveis: suscetíveis; expostos a algum risco (físico ou emocional, no caso).

Impunidade: ausência de punição para atos ilícitos.

Reintegração familiar: expressão jurídica usada em relação a crianças que, após terem passado um período acolhidas por uma instituição, retornam ao convívio familiar.

mais **vulneráveis**", acrescentou. Pela ineficiência do Estado, esclareceu Helen, entende-se a falta de uma política habitacional adequada, falta de políticas envolvendo a empregabilidade e também questões nas áreas de saúde, educação e até atendimento psicológico precário ou inexistente. "Essas famílias têm essa dificuldade financeira e isso acaba gerando outros tipos de violência. A questão financeira é geradora das demais violências. Já tivemos relatos de mães que tiveram seus filhos acolhidos por conta da questão financeira e que acabaram agredindo o filho porque ele pediu comida", contou. "O Estado precisa olhar para essas questões".

Alves citou outro motivador da violência doméstica. "O que estimula a violência é também a **impunidade**", disse. Para ele, todos os órgãos que trabalham com a questão envolvendo a defesa dos direitos da criança e do adolescente, "desde a denúncia no Disque 100 [federal] ou no 181 [estadual], passando pelo Conselho Tutelar, pelas delegacias, pelas promotorias ou varas especializadas" precisam funcionar e atuar de forma integrada para combater a impunidade. Também é necessário, destacou, criar, ampliar ou melhorar as redes de proteção social de atendimento familiar para prevenir os casos de violência. A ideia seria, na sua opinião, educar os pais para que possam educar seus filhos de maneira adequada.

Lucas vive há cerca de um ano em um dos abrigos em São Bernardo do Campo. Lá, ele e a família passam por acompanhamento médico, psicológico, educacional e social. Alguns dos fins de semana Lucas passa com a família. "Agora eu não apanho mais", contou. A ideia do programa desenvolvido na Fundação Criança é que Lucas volte a viver com a família, agora mais preparada para educá-lo. "A nossa proposta é a de **reintegração familiar**. Acolhimento não é lugar de criança. Ela deve estar no seio familiar, senão biológico, da família extensiva ou até comunitária", acrescentou Helen.

Elaine Patricia Cruz. Colaboração de Camila Maciel.

Disponível em: <http://memoria.ebc.com.br/agenciabrasil/noticia/2012-12-28/todos-os-dias-cerca-de-360-criancas-e-adolescentes-sao-vitimas-de-violencia-no-pais>. Publicado em: 28 dez. 2012. Acesso em: 21 mar. 2014.

Antes do Estudo do texto

1. Se não tem certeza de ter compreendido bem o texto, leia-o novamente.
2. Procure identificar as ideias apresentadas no texto e reflita: você concorda com elas? Por quê?
3. Ao responder às questões a seguir, procure empregar o que já aprendeu ao ler outros textos e seja preciso em suas respostas.

Compreensão do texto

1. **Quais são as semelhanças entre o que é apresentado na imagem de abertura e na reportagem? E as diferenças?**

2. **Os dados apresentados na reportagem confirmam o que foi anunciado no título? Por quê?**

3. **A reportagem inicia-se com a história de um menino de treze anos a quem se atribui o nome Lucas. Por que o nome verdadeiro do menino não foi usado?**

4. **De acordo com o texto, a Secretaria de Direitos Humanos da Presidência da República apurou que 77% das denúncias registradas entre janeiro e novembro de 2012 são relativas à violência contra crianças e adolescentes.**

a) Esse percentual corresponde a quantos casos relatados?

b) E a quantas denúncias esse percentual corresponde por mês e por dia?

c) As denúncias foram feitas por meio de qual serviço?

5. **Leia o depoimento citado no texto.**

> "É difícil medir se os casos estão aumentando. Na verdade, a sociedade está muito mais alerta e mais atuante diante de casos de abusos e de violência contra crianças e adolescentes. [...]."

- De acordo com esse depoimento, a violência aumentou realmente? Por quê?

6. **Segundo o autor desse depoimento, por que a violência doméstica pode gerar traumas para as crianças e os adolescentes?**

7. **Conforme Helen Carmona, dois fatores poderiam contribuir para a violência doméstica. Que fatores seriam esses?**

8. **Alves citou a impunidade como outro motivador da violência doméstica. Que propostas ele apresenta para evitá-la?**

9. **Leia o depoimento citado abaixo.**

> "A nossa proposta é a de reintegração familiar. Acolhimento não é lugar de criança. Ela deve estar no seio familiar, senão biológico, da família extensiva ou até comunitária", acrescentou Helen.

a) No trecho acima, qual é o sentido das expressões destacadas?

b) Você concorda com a opinião expressa nesse trecho? Por quê?

A língua em uso: os sentidos do texto

1. **Nos trechos a seguir, observe as palavras destacadas e explique a que cada uma delas se refere.**

a) Trecho A:

> "São Paulo – Adolescente agitado, Lucas* fica tímido ao mostrar suas mãos. Em uma delas, há uma marca de infância. Mas não é uma marca que nasceu com ele. Ela surgiu quando uma pessoa da família utilizou um garfo quente para repreendê-lo e o queimou."

b) **Trecho B:** "Lucas tem 13 anos. É filho adotivo e começou a apanhar 'de cinta e de fio' da mãe e do cunhado depois que o pai morreu. Em vários desses momentos, fugiu para a casa de um amigo para se livrar das agressões."

c) **Trecho C:** "Na verdade, a sociedade está muito mais alerta e mais atuante diante de casos de abusos e de violência contra crianças e adolescentes. Isso é um fator muito positivo no país nos últimos anos."

2. **No trecho A, os pronomes destacados** lo **e** o **referem-se a um mesmo elemento. Por que o pronome** o **não é empregado nos dois casos?**

- Reescrevemos o trecho A e substituímos as palavras destacadas por outras. Em sua opinião, qual das duas versões, a original ou a nossa, tem um resultado melhor? Justifique.

> São Paulo – Adolescente agitado, Lucas* fica tímido ao mostrar suas mãos. Em uma **de suas mãos**, há uma marca de infância. Mas não é uma marca que nasceu com **Lucas**. Ela surgiu quando uma pessoa da família utilizou um garfo quente para repreender **Lucas** e queimou **Lucas**.

3. **Nos parágrafos indicados a seguir, identifique a palavra ou expressão que mostra a sequência entre as ideias apresentadas em cada parágrafo.**

a) 3º e 4º parágrafos.

b) 9º e 10º parágrafos.

4. **Leia com atenção alguns trechos selecionados do texto. Observe neles a presença de aspas e de colchetes [ ].**

Trecho A: "Até hoje eu tenho [a marca]. Nas costas também, mas lá acho que não tenho mais as marcas", contou ele à *Agência Brasil*.

Trecho B: "Se eu não lavasse a louça, eles [a mãe e um cunhado] me batiam. Se eu não acordasse na hora certa, eles me batiam. Aí eu fugi de casa e esse foi um dos motivos que me levaram ao abrigo", disse o adolescente, um entre milhares de exemplos de vítimas de violência doméstica em todo o país.

Trecho C: Alves citou outro motivador da violência doméstica. "O que estimula a violência é também a impunidade", disse. Para ele, todos os órgãos que trabalham com a questão envolvendo a defesa dos direitos da criança e do adolescente, "desde a denúncia no Disque 100 [federal] ou no 181 [estadual], passando pelo Conselho Tutelar, pelas delegacias, pelas promotorias ou varas especializadas" precisam funcionar e atuar de forma integrada para combater a impunidade.

a) O que indicam essas aspas nos trechos?

b) E o que esses colchetes indicam?

c) Por que as informações dentro de colchetes foram usadas nesses casos?

5. **Agora, releia o fragmento a seguir e observe o destaque.**

> O número é superior ao do mesmo período do ano passado, quando foram registradas 6.028 denúncias.

a) Na parte destacada, qual palavra foi omitida?

b) A omissão dessa palavra prejudicou o texto? Por quê?

6. **Releia o trecho a seguir, observe os destaques e copie as afirmações corretas.**

> Dados divulgados pela Secretaria de Direitos Humanos (SDH) da Presidência da República mostraram que 77% das denúncias registradas por meio do Disque 100, entre janeiro e novembro deste ano, são relativas à violência contra crianças e adolescentes, o que corresponde a 120.344 casos relatados. Isso significa que, por mês, ocorreram 10.940 agressões, o que dá uma média de 364 denúncias por dia.

a) A reportagem apresenta dados numéricos provenientes de um órgão governamental.

b) O texto dá origem a um tema ainda não discutido.

c) O percentual de 77% corresponde a mais de 10 mil agressões por mês, ou seja, uma média de aproximadamente 36 denúncias por dia.

d) Os dados divulgados referem-se a denúncias registradas entre janeiro e novembro do ano de 2012.

7. **Palavras e expressões também podem exprimir quantidades. Substituímos, no trecho da questão 5, os dados numéricos por palavras.**

> Dados divulgados pela Secretaria de Direitos Humanos (SDH) da Presidência da República mostraram que **mais da metade** das denúncias registradas por meio do Disque 100, entre janeiro e novembro deste ano, são relativas à violência contra crianças e adolescentes, o que corresponde a **milhares** de casos relatados.

a) Qual foi o efeito produzido pela retirada dos dados numéricos e pelo uso das palavras destacadas acima?

b) Qual foi então o efeito produzido pela utilização de dados numéricos?

A reportagem

1. **Com qual objetivo é produzida uma reportagem? Copie a afirmação correta.**

- Informar um acontecimento relevante para a população, ocorrido recentemente.
- Apresentar opiniões dos autores da reportagem sobre o tema em discussão.
- Apresentar um acontecimento atual, de relevância para o público leitor do jornal, e os pareceres de especialistas ou órgãos responsáveis pelo tema em discussão.

LEMBRE-SE

A reportagem tem alguns elementos importantes:

- título, que seja capaz de despertar o interesse do leitor pela reportagem;
- "olho", pequeno trecho de texto em destaque (no caso da reportagem em estudo, não tem).
- citações de falas de especialistas ou reprodução de dados e informações.

2. **Na reportagem lida, há diversos depoimentos de pessoas, ligadas ao tema violência doméstica: vítimas, especialistas, profissionais que trabalham em órgãos protetores da infância e da adolescência.**
   a) Qual é a função desses depoimentos no texto da reportagem?
   b) Por que esses depoimentos são reproduzidos entre aspas, exatamente como a pessoa falou?
3. **Próximo a cada depoimento, é comum encontrarmos nome completo e cargo (ou função) do autor do depoimento. Por que essa informação é colocada no texto?**
4. **A seguir, apresentamos de forma desordenada as etapas em que a reportagem foi estruturada. Copie essas etapas, colocando-as em ordem.**
   I. Apresentação de medidas para redução da violência doméstica.
   II. Apresentação de dados estatísticos sobre o problema central da reportagem e panorama da situação atual.
   III. Apresentação de consequências emocionais dos maus-tratos e violência para as vítimas.
   IV. Introdução do tema por meio de depoimento de vítima.
   V. Apresentação de fatores que geram a violência contra a criança.
5. **A linguagem empregada no texto é formal ou informal? Ela está adequada para esse texto? Por quê?**

Você leu uma reportagem a respeito da violência doméstica.

A **reportagem** é um gênero em que predomina a exposição, que visa a apresentar um tema e discuti-lo sob alguns aspectos, com o objetivo de informar ou de ampliar as informações do leitor sobre aquele tema. Em geral, nasce de entrevistas feitas com especialistas ou com pessoas envolvidas nos fatos apresentados. Os trechos de falas que aparecem na reportagem são fragmentos dos resultados dessas entrevistas. Tem como base também um longo trabalho de apuração e de pesquisa.

A reportagem pode estruturar-se em um texto único ou apresentar divisões. Em geral, parte de uma exposição geral do tema para depois abordar questões mais específicas, muitas vezes recorrendo a depoimentos de especialistas, dados, pesquisas que fundamentam o que se está apresentando.

Inicialmente, a reportagem circulou em jornal impresso, mas, com o tempo, migrou para outras mídias, como rádio, TV e internet.

A linguagem empregada nas reportagens em geral é impessoal: são usados verbos em 3ª pessoa para que o leitor do texto tenha a impressão de clareza e objetividade.

É importante lembrar que a reportagem nunca é completamente imparcial. Ela reflete, ainda que não de forma explícita, a opinião de quem a produziu ou do meio de comunicação por meio do qual foi veiculada.

Em reportagens, entrevistas, textos de divulgação científica, etc., predominam as sequências expositivas.

Em editoriais, artigos de opinião, anúncio publicitário, charges, etc. predominam as sequências argumentativas.

Os depoimentos, citações e outros textos dentro da reportagem – ou mesmo a escolha das palavras e da organização do texto – costumam revelar, ainda que não explicitamente, a opinião do autor do texto.

Na reportagem que você leu, por exemplo, o autor inicia o texto apresentando o caso de uma criança vítima de violência doméstica e termina a reportagem com um parágrafo em que comenta os progressos conquistados após a inclusão da criança em um programa de erradicação da violência doméstica. A escolha de começar e terminar dessa forma o texto permite concluir que o autor da reportagem deseja demonstrar que os programas de erradicação da violência doméstica são eficientes.

► **Em grupo com alguns colegas, você vai pesquisar uma reportagem. Cada grupo deve pesquisar uma reportagem de um tema diferente: política, economia, música, ciência, cinema, etc.**

- Quando encontrarem a reportagem, façam um levantamento das características do texto. Depois, copiem o **Para guardar** abaixo e acrescentem as características pesquisadas por todos os grupos e que não estiverem no esquema.

Para guardar

Reportagem

- Pertence à esfera jornalística e apresenta uma investigação, uma análise aprofundada sobre um fato a fim de que o leitor tenha um amplo entendimento sobre ele.
- Disserta sobre temas de relevância para o público leitor do jornal, não necessariamente vinculados a fatos recentes, como na notícia.
- Apresenta um ou mais pontos de vista, fundamentados sobretudo por depoimentos de especialistas ou de pessoas ligadas ao tema.
- Traz fatos apurados, pesquisas realizadas, depoimentos colhidos, e dados selecionados e interpretados pelo jornalista.
- Utiliza-se de linguagem formal e culta, adequada ao público leitor.
- Circula na mídia impressa (jornais e revistas) e também em outras mídias, como rádio, TV e internet.

E por falar nisso...

Existem muitas iniciativas para combater a violência doméstica. Observe as imagens a seguir.

REPRODUÇÃO

MAURIZIO DEGL'INNOCENTI/ANSA/CORBIS/LATINSTOCK

A imagem menor é um cartaz a respeito de uma marcha feita em vários países do mundo para buscar a conscientização contra a violência doméstica. Nessa marcha, homens calçam sapatos femininos vermelhos e devem caminhar uma milha (ou 1.609 m) com eles. "To walk on her shoes" é uma expressão que, ao pé da letra, significa "andar com os sapatos dela", mas que é usada com o sentido de "colocar-se no lugar dela".

A imagem maior também pertence a um movimento contra a violência doméstica. Cada um dos pares de sapatos nessa escadaria em Florença, na Itália, representa uma mulher morta na Itália em 2013, vítima de violência doméstica. Esse evento é repetido todos os anos.

► **A proposta deste** E por falar nisso **é que, junto com alguns colegas, você imagine uma forma de as pessoas se manifestarem no Brasil contra a violência doméstica. Pode ser um concurso de cartazes, uma instalação, uma caminhada, o que vocês acharem mais significativo e interessante e que possa ser realizado pela comunidade escolar. Vocês devem escrever um projeto com no máximo 20 linhas descrevendo a ação proposta por vocês.**

a) Lembrem-se: é importante escutar com atenção e expressar-se com clareza.

b) Ao elaborar a proposta, vocês devem ser o mais realistas possível, para que ela seja um projeto que possa ser executado de verdade. Avaliem seus recursos e os riscos envolvidos em cada proposta.

ESTUDO DA LÍNGUA I

Revisão: emprego da vírgula

O que você irá estudar

► **Ao final deste estudo, você terá revisto o emprego da vírgula:**

- no interior da oração;
- no período composto por subordinação.

E terá aprendido:

- a empregá-la no período composto por coordenação.

Como você pode estudar

1. O **Estudo da língua** não é uma seção para decorar, mas para questionar e levantar problemas, como fazemos em **Observe, analise, questione.**
2. O trabalho com os conhecimentos linguísticos requer persistência. Leia e releia os textos e exemplos, discuta, converse.

Adjunto adverbial curto

Quando o adjunto adverbial antecipado é curto (formado em geral por um único advérbio), ele não costuma vir sucedido por vírgula. Nos itens da lista "64 maneiras de construir a paz no dia a dia", por exemplo, não se empregou a vírgula depois de *hoje*:

*"**Hoje** refletirei sobre o que a paz significa para mim."*

Emprego da vírgula no interior da oração

Observe, analise, questione

► **Para recordar o emprego da vírgula no interior da oração, releia estes trechos do conto "Um dia", que você estudou no fim da unidade 2.**

I. "– Ei, Nickie, quero entrar. Tenho uma ideia e *metade*. Espere só até ouvir."

II. "Não que o próprio Niccolo estivesse a se sair mal na escola. Recebera notas adequadas em lógica, manipulações binárias, computação e circuitos elementares; todas as disciplinas costumeiras da escola primária."

III. "– [...] ele vai me dar um Bardo de *verdade*, um modelo novo."

IV. "Uma vez, em uma cidade grande, havia um pobre menino chamado Fair Johnnie [...]."

- Explique por que a vírgula foi usada em cada fragmento.

No **interior de uma oração**, a vírgula é empregada principalmente para:

- separar o vocativo do resto da frase;
- separar os itens de uma enumeração quando eles não vêm unidos pelas conjunções *e*, *ou* e *nem*;
- separar o aposto e outras expressões meramente explicativas (*por exemplo, isto é, ou melhor*);
- separar o adjunto adverbial antecipado, aquele que não aparece no fim da oração, como seria usual na ordem direta.

A vírgula não deve separar o sujeito do predicado nem o verbo de seus complementos. É por isso que, no caso de apostos, adjuntos adverbiais e outros elementos intercalados, como o vocativo, por exemplo, é preciso haver **duas vírgulas**, uma antes e outra depois da intercalação:

sujeito

*"[...] o **rei** dessa terra, tendo ouvido falar no pequeno computador, **resolveu** que devia ficar com ele."*

predicado

verbo

*"[...] **acertou**, na cobertura de plástico, um tanto arranhada e descolorida, um outro **golpe**."*

complemento

"– De qualquer modo, Nickie, ele me levou até a casa dele [...]"

vocativo

Emprego da vírgula no período composto por subordinação

Observe, analise, questione

1. Para começar a recordar o emprego da vírgula no período composto por subordinação, releia um fragmento da lista "64 maneiras...".

> "26. Hoje apreciarei o valor das pessoas que me oferecem desafios [...]."

a) Nem todas as pessoas do mundo oferecem desafios ao autor da lista. Então, como se classifica a oração subordinada adjetiva destacada?

b) Se fosse colocada uma vírgula após a palavra *pessoas*, qual passaria a ser o sentido da frase? E como a oração adjetiva passaria a ser classificada?

c) O que você conclui quanto ao emprego da vírgula nas orações subordinadas adjetivas?

2. A fim de revisar o emprego da vírgula nos outros dois tipos de orações subordinadas (substantivas e adverbiais), vamos voltar ao conto "Um dia". Releia os trechos a seguir, prestando atenção às orações subordinadas substantivas e adverbiais.

I. "– Muitas vezes, enquanto as meninas esperavam que o pai voltasse para casa, após trabalhar no mato, a filha mais velha sentava-se diante do espelho e cantava..."

II. "Era mais magro do que Niccolo e não tão alto, mesmo sendo seis meses mais velho."

III. "Quando Paul entrou, o Bardo estava dizendo: [...]."

IV. "– Você está ouvindo o Bardo? Eu não sabia que você tinha um."

V. "Nickie tinha um pouco de medo de Paul, já que este fizera cursos especiais na escola e todos diziam que ele ia crescer e ser um Engenheiro de Computador."

VI. "Niccolo nem mesmo procurava compreender quando Paul falava sobre o assunto, parecendo borbulhar."

VII. "Tenho isso guardado no porão desde que você mudou para cá."

VIII. "Meu pai disse que não podemos comprar um novo."

a) Transcreva e classifique no caderno as orações subordinadas substantivas.

b) Escolha duas delas e reescreva o período em que se encontram, substituindo a oração subordinada substantiva por um substantivo ou pronome.

c) Não há vírgula antes das orações que você substituiu. Você usaria vírgula antes do substantivo ou pronome? Por quê?

d) Agora transcreva e classifique as orações subordinadas adverbiais (desenvolvidas e reduzidas) que aparecem nesses fragmentos.

e) Em geral, as orações subordinadas adverbiais desenvolvidas que aparecem depois da oração principal não são separadas por vírgula. Quais exemplos comprovam isso? E qual delas representa uma exceção?

f) Nos casos em que a oração subordinada adverbial desenvolvida aparece antes da principal, o que você observa quanto ao emprego da vírgula? Dê exemplos para justificar sua resposta.

g) E as orações subordinadas adverbiais reduzidas? O que você conclui quanto à sua pontuação? Dê exemplos.

Assim como as expressões explicativas que aparecem no interior da oração, as **orações subordinadas adjetivas explicativas** devem ser separadas por vírgulas do restante do período. É isso que permite distingui-las das orações subordinadas adjetivas restritivas, que são introduzidas diretamente, sem a presença da vírgula.

As **orações subordinadas substantivas**, por sua vez, não podem ser isoladas da oração principal por vírgula, porque exercem, em relação a ela, as mesmas funções sintáticas que um substantivo exerceria (sujeito, objeto direto, objeto indireto, predicativo, complemento nominal); como, no interior da oração, não haveria vírgula entre esses termos e aqueles a que estão diretamente ligados, também não há entre a principal e a subordinada substantiva.

Finalmente, as **orações subordinadas adverbiais desenvolvidas** podem ou não ser separadas da principal por vírgula quando aparecem depois dela. Isso depende do ritmo da frase e da conjunção ou locução conjuntiva escolhida. Quando, porém, aparecem antes da principal, as subordinadas adverbiais desenvolvidas – a exemplo do que ocorre com os adjuntos adverbiais antecipados – são quase sempre separadas por vírgula. Já as **orações subordinadas adverbiais reduzidas** são sempre separadas por vírgulas, estejam elas antes ou depois da principal.

Observações

1. As orações subordinadas adjetivas explicativas também podem ser separadas do resto do período por travessões ou parênteses:
Niccolo – que observava em suspense penoso – não conseguia enxergar o que o outro fazia.
Niccolo (que só se interessava moderadamente pelo assunto) perguntou se era uma tabela de papel.
Geralmente, os travessões dão maior ênfase à explicação, enquanto os parênteses a colocam em segundo plano.

2. A única oração subordinada substantiva que deve ser separada por vírgula da principal é a **apositiva** – afinal, ela equivale ao aposto, que é isolado do restante da oração por esse sinal de pontuação. Veja:
Minha ideia é esta, que a gente aprenda a criar um código secreto.
Essa vírgula pode ser substituída por dois-pontos ou travessão.

3. Orações intercaladas que representam, em geral, uma pequena interrupção ou ressalva no fluxo de informações também são separadas por vírgulas do restante do período:
"Depois pode contar estórias interessantes, você sabe, em vez de falar sobre princesas e essas coisas."
"E eles não vão conhecer, pode crer, a menos que a gente ensine."

Emprego da vírgula no período composto por coordenação

Observe, analise, questione

► **Releia mais alguns trechos do conto "Um dia".**

I. "A filha mais velha tinha cabelos pretos e compridos como a pena de asa da graúna, mas a filha mais nova tinha cabelos tão brilhantes e dourados como a luz do sol em tarde de outono."

II. "O que ela cantava Niccolo não ouvia, porque alguém o chamou de fora do quarto: [...]."

III. "Faltava-lhe uma desculpa que parecesse adequada a si próprio, de modo que ele concluiu: [...]."

IV. "Paul tirou o livro do bolso e retirou a sua tampa de plástico. Desenrolou a fita um pouco, passou-a pelo vocalizador que abaixou até tornar-se um murmúrio e depois o colocou dentro das entranhas do Bardo. E fez outras ligações."

V. "Isso é verdade ou você está inventando?"

VI. "Contou também que os computadores podem ser projetados para decodificar livros e costumavam ser usados assim, mas agora não são mais, porque hoje temos livros de verdade [...]."

a) Transcreva as orações desses fragmentos que se unem por relações de coordenação. Destaque as conjunções ou locuções conjuntivas coordenativas que as relacionam, quando for o caso.

b) Conforme você recordou no início desta seção, os itens de uma enumeração costumam ser separados por vírgula, exceto quando antecedidos pelas conjunções *e*, *nem* ou *ou*. Qual é a semelhança entre essa regra e os empregos da vírgula entre orações coordenadas?

c) Você já sabe que as orações coordenadas podem ser separadas por ponto-final. Identifique o caso em que isso ocorre nos fragmentos acima e explique que efeito essa pausa maior entre as coordenadas provoca.

Por manterem uma relação de independência sintática, as **orações coordenadas** podem ser comparadas aos itens de uma enumeração. E, assim como eles, são geralmente separadas entre si por vírgula, exceto quando antecedidas pelas conjunções *e*, *ou* ou *nem*.

Observações

1. Em alguns casos, a oração coordenada sindética iniciada pelas conjunções *e*, *ou* ou *nem* costuma ser antecedida por vírgula.

   a) Quando o sujeito das orações é diferente:

   "– As respostas apareciam em rabiscos, ***e*** *você tinha de saber o que os rabiscos significavam."*

   "Estava aceitando silenciosamente o livro que se desenrolava devagar, ***e*** *o som das vocalizações do livro era um murmúrio que mal se ouvia."*

b) Quando se quer destacar a coordenada introduzida por essas conjunções:

"Diz que o truque é expandir as pesquisas e calcular modos de fazer as perguntas certas, ***e*** *que isso é difícil."*

c) Quando a conjunção *e* tem valor adversativo:

"Vamos dizer que eu quero convidar você para ir à minha casa e assistir ao meu novo Bardo Visual, ***e*** não quero que nenhum dos outros camaradas apareça."

d) Quando essas conjunções são repetidas:

Para "um" você fazia uma espécie de marca, ***e*** *para "dois" outra espécie de marca,* ***e*** *para "três", outra,* ***e*** *assim por diante.*

2. Todas as conjunções coordenadas adversativas podem iniciar a oração, sendo normalmente antecedidas por vírgula. Todas elas, exceto *mas*, também podem ser deslocadas para o meio da oração, sendo, nesse caso, isoladas por duas vírgulas.

Os livros costumavam ser usados assim, ***mas*** *agora não são mais.*

Os livros costumavam ser usados assim, ***porém*** *agora não são mais.*

Os livros costumavam ser usados assim, agora, ***porém,*** não são mais.

Nesse último arranjo, a pausa entre as orações coordenadas torna-se tão marcante que geralmente se usa ponto e vírgula, em vez da vírgula simples, para assinalá-la:

Os livros costumavam ser usados assim; agora, ***porém,*** *não são mais.*

3. A mesma regra das coordenadas sindéticas adversativas vale para as conclusivas, isto é, a conjunção pode iniciar a oração, sendo antecedida por vírgula, ou aparecer no meio dela, sendo neste caso isolada por duas vírgulas.

Meu pai disse que não podemos comprar um bardo novo, ***portanto*** *achei que devia experimentar outra vez essa coisa velha.*

Meu pai disse que não podemos comprar um bardo novo; achei, ***portanto,*** *que devia experimentar outra vez essa coisa velha.*

4. A conjunção conclusiva *pois*, no entanto, deve sempre aparecer no meio da oração e ser isolada por vírgulas.

Meu pai disse que não podemos comprar um bardo novo; achei, ***pois,*** *que devia experimentar outra vez essa coisa velha.*

Para guardar

Vírgula

- No interior da oração
  - separa itens de uma enumeração e o adjunto adverbial antecipado; isola o vocativo, o aposto e outras explicações.
- No período composto por subordinação
  - identifica orações adjetivas explicativas; separa as adverbiais reduzidas e as que aparecem antes da principal (não é usada entre a oração principal e a substantiva – exceto a apositiva).
- No período composto por coordenação
  - separa as coordenadas, exceto as iniciadas por *e*, *ou* ou *nem*.

APLIQUE SEUS CONHECIMENTOS

1. Leia uma tira em que a personagem Tantra conversa com Orelha, o garoto por quem ela é apaixonada. Note que eliminamos as vírgulas do texto.

LUKE & TANTRA — ANGELI

a) Copie o texto dos balões, usando a vírgula adequadamente, e explique o porquê de seu emprego em cada situação.

b) O humor dessa tira está no desfecho surpreendente. Explique por quê.

> Ao responder às questões, busque exatidão e precisão para garantir que você entendeu o que estudou.

2. O fragmento inicia uma crônica. Leia.

Começar um namoro pode estressar mais do que terminá-lo. Há um número infindável de códigos a serem aprendidos. Situações novas e inusitadas lembram um campo minado. É preciso buscar a rota certa, caso não se deseje colidir com o blindado das defesas humanas. Afinal, para entrar na vida de alguém, que provavelmente teve um sem-número de encontros e relações fracassadas, é necessário pular etapas, garantir a defesa na retaguarda, cavar trincheiras, esperar o momento certo do ataque, priorizando o bombardeio das defesas inimigas, digo, da pessoa amada, cortando os seus sistemas de comunicação, as linhas de suprimentos, estabelecer postos de observação e garantir uma ponte para o desembarque da tropa. Sim, começar um namoro é uma guerra. Por isso, o estresse.

[...]

Marcelo Rubens Paiva. O namoro. *Crônicas pra ler na escola*. São Paulo: Objetiva, 2011. p. 39.

a) Releia a frase a seguir: "Afinal, para entrar na vida de alguém, que provavelmente teve um sem-número de encontros e relações fracassadas, é necessário pular etapas [...]". Como ficaria o sentido da frase, caso eliminássemos as vírgulas em destaque? Esse novo sentido seria coerente com o resto do parágrafo? Explique.

b) Identifique no parágrafo outra oração intercalada isolada por vírgulas e explique de que forma essa frase contribui para dar um tom bem-humorado ao texto.

3. Reescreva os períodos a seguir, introduzindo uma oração adverbial de acordo com a circunstância indicada entre parênteses. Empregue a pontuação adequada. Veja o exemplo.

Viajaria pelo mundo todo. (condição)
Se eu ganhasse na loteria, viajaria pelo mundo todo.

a) Susana vivia adoecendo. (causa)
b) Expusemos as esculturas no pátio da escola. (finalidade)
c) O nível da represa baixava. (proporcionalidade)

4. Observe as manchetes a seguir.

FOTOS: SHUTTERSTOCK

Copa no Brasil deixará ônus, e não legado, diz relatora da ONU

Para a urbanista Raquel Rolnik, o legado urbanístico que a Copa do Mundo vai deixar para o País não será significativo

Disponível em: <http://noticias.terra.com.br/brasil/cidades/copa-no-brasil-deixara-onus-e-nao-legado-diz-relatora-da-onu,9a9cf86e46ae3410VgnVCM4000009bcceb0aRCRD.html>. Acesso em: 17 fev. 2014.

Barraqueiros de Piatã fazem boicote e não usam *kit* de praia

Os barraqueiros dizem que os equipamentos novos não serão montados até que todos os kits *cheguem*

Disponível em: <http://www.correio24horas.com.br/detalhe/noticia/barraqueiros-de-piata-fazem-boicote-e-nao-usam-kit-de-praia/?cHash=52804cbd2566e0a02c8be564698a14b9>. Acesso em: 17 fev. 2014.

a) Qual relação de sentido (adição, oposição, conclusão) a conjunção **e** estabelece entre as orações em cada caso?
b) Explique, então, o emprego ou não da vírgula antes dela.

5. Transforme os períodos simples em compostos por coordenação. Se precisar, acrescente elementos de ligação e veja se há necessidade de vírgulas. Observe o exemplo.

Procurei por ele. Não o encontrei.
Procurei por ele, mas não o encontrei.

a) Meu pai gosta de livros. Meu pai aprecia música popular brasileira. Meu pai desconhece artes plásticas.
b) O público rejeitou o filme. O filme não será mais exibido.
c) Nós falamos sobre você. Decidimos a programação. Fizemos as reservas. Temíamos a falta de lugares disponíveis.
d) Seu nome era Pedro. O nome da irmã era Maria.
e) Ela participa ativamente do grupo. Ela sai do grupo de uma vez.

Esta entrevista, feita por uma revista de grande circulação, traz um ativista norte-americano, internacionalmente conhecido, que luta pelo fim da violência contra as mulheres.

Tony Porter: "Os homens que agridem as mulheres foram educados para isso"

O ativista americano que luta pelo fim da violência contra as mulheres diz que na hora de formar os meninos as famílias deveriam se fazer uma pergunta simples: que tipo de homem você gostaria para a sua filha?

Tony Porter é um senhor negro e alto, com uma voz poderosa e sotaque carregado. Ele cresceu no subúrbio de Nova York, entre o Bronx e o Harlem, bairros conhecidos pelos altos índices de violência. O cargo de conselheiro da Casa Branca na Comissão sobre Violência contra as Mulheres e Meninas é apenas uma de suas atividades. Porter fundou a organização não governamental "A Call to Men" ("Um chamado para os homens", em tradução livre), que convoca os homens a uma mudança cultural para redefinir o conceito de masculinidade. O objetivo é que eles se engajem e não apenas assistam ao debate promovido pelas mulheres.

A primeira missão que o projeto propõe é quebrar os estereótipos impostos pela sociedade. Homens não precisam ser valentes nem esconder suas emoções, diz ele. Ativista internacionalmente reconhecido, ele palestrou sobre isso no TED (plataforma digital que reúne milhares de vídeos com personalidades e ativistas). No dia a dia, Porter leva seu discurso para colégios, universidades, comunidades, empresas e toda espécie de evento. Ele esteve no Rio de Janeiro, na terça-feira passada, a convite do fórum "Mulheres Reais que Transformam". Único homem a subir ao palco, foi aplaudido de pé pela plateia. [...] Gentil e espirituoso, Porter tem 60 anos, é casado, e tem um casal de filhos adolescentes. Porter conversou com ÉPOCA sobre seu projeto de vida em prol das mulheres: "Sempre fui o garoto da mamãe".

ÉPOCA – O senhor cresceu na periferia de Nova York. O que a sua família e sua comunidade lhe ensinaram sobre ser homem?

Tony Porter – Aprendi o que a maioria dos homens aprende: as mulheres devem nos obedecer, elas são frágeis e têm menos valor. Morei nos bairros do Harlem e do Bronx, onde existia muita violência doméstica. Todo mundo sabia que o vizinho agredia a mulher, mas isso "não era da conta de ninguém". Era comum a ideia de que cada um age como quer dentro de casa, com a própria família. Eu ouvia comentários do tipo "se ela está apanhando, deve ter feito por merecer". Cresci rodeado de homens bons, que amavam suas mulheres, mas que não se davam conta de que seu comportamento de inferiorizá-las perpetuava a violência. Eles só estavam fazendo o que os homens sempre fizeram.

ÉPOCA – Aquilo que o senhor chama de "papel", "caixa do homem"?

Porter – Exatamente. Desde meninos, os homens são ensinados a ser agressivos, dominadores, protetores, poderosos, fortes, valentes. A não demonstrar sentimentos e emoções. Você nunca vê um homem dizendo que está com medo de algo. No máximo, ele está "preocupado". Isso é uma bobagem! É claro que também nos sentimos acuados, mas é como se

SHUTTERSTOCK

o mundo não pudesse desconfiar. Não podemos mostrar tristeza ou frustração. Essa ideia de que não devemos temer nada é devastadora para a saúde mental dos homens. Somos ensinados a não extravasar e ficamos mais estressados por isso. Não é à toa que vivemos menos anos que as mulheres.

ÉPOCA – Como seu pai reagia quando o senhor chorava?

Porter – Não lembro! (*risos*) Porque eu não podia chorar muito. Mas sempre fui o garoto da mamãe, pude alimentar o lado gentil e amoroso. A única vez em que vi meu pai chorar foi na morte do meu irmão, que ainda era adolescente. Estávamos sozinhos quando aconteceu, ele não se permitiu fazer isso na frente da minha mãe e das minhas irmãs. Então ficou tão envergonhado que se desculpou comigo. Ele me aplaudia por não estar aos prantos, dizia que eu era muito forte. Mas eu chorei depois, sim, escondido.

ÉPOCA – Quando o senhor virou um ativista contra a violência sofrida pelas mulheres?

Porter – Há uns vinte anos, quando eu era diretor de um programa de tratamento em álcool e drogas de um hospital. As mulheres da comunidade sofriam violência doméstica, falavam de seus problemas e procuravam abrigo. Resolvi me voluntariar para trabalhar também com infratores, homens que agrediam suas mulheres em casa. Entendi que precisávamos educar os infratores, mas que eles estavam funcionando de acordo com a definição de masculinidade aprendida em sociedade. Comecei a refletir: por que estamos tratando apenas os caras maus? Ao perceber que todos os homens precisam ter outra mentalidade e propagar uma ideia de mundo mais justo, fundei com um amigo o projeto "A Call to Men" ("Um chamado para os homens").

ÉPOCA – As mulheres também educam seus filhos com base nesse conceito de masculinidade. Nesse sentido, elas são responsáveis pela violência de que são vítimas?

Porter – Responsáveis, não. Mas elas contribuem para isso. O que acontece é que as mães tentam criar os filhos baseadas naquilo que os homens respeitam. Para que essa criança possa se encaixar no futuro. Homens não respeitam choro, você tem que ser forte. Elas não fazem por mal, mas estão educando de forma errada.

ÉPOCA – Como podemos mudar esse cenário?

Porter – Eu proponho que os homens sejam proativos e comecem a dar atenção às próximas gerações de homens. Eles precisam pensar no que é importante não através dos olhos dos nossos meninos, mas das meninas. Que tipo de homem você quer para a sua filha? É esse tipo de homem que você tem a missão de desenvolver em casa. Não é um passe de mágica, não basta dizer "esse é o homem que espero do futuro" ou "é assim que imagino que os homens se comportem daqui a uns anos". É um grande desafio.

ÉPOCA – Que tipo de homem o senhor desejaria para a sua filha?

Porter – Um homem gentil, carinhoso, amoroso. Alguém que a respeite, que considere suas opiniões. Como é isso que eu quero para ela, faço o papel de ensinar

CORTESIA TONY PORTER/A CALL TO MEN

Tony Porter, um dos fundadores da ONG *A Call to Men*.

SHUTTERSTOCK

sobre como é possível ser um homem assim. Esse tipo de discussão não vem espontaneamente à cabeça dos jovens e meninos, nós precisamos conversar com eles sobre isso. Fomos ensinados, de muitas formas, a nos interessar pouco pelas experiências e sentimentos das mulheres. Você não pode ser um garoto com várias amigas sem que isso envolva sexo ou seu pai pergunte: "Então, você está a fim de qual delas?". Meu trabalho é fazer com que as pessoas reflitam, voltem para casa e modifiquem a forma como estão educando seus filhos.

ÉPOCA – Além da violência física, as mulheres são vítimas de agressão verbal, abuso psicológico... Nesses casos, elas parecem não procurar ajuda. Por quê?

Porter – Violência verbal, emocional ou psicológica não é ilegal. Se o seu marido humilha você com palavras, em casa ou publicamente, ele não será preso. A polícia não fará muita coisa a respeito. Então as mulheres nem procuram ajuda porque sabem que não vai adiantar. Isso contribui ainda mais para que a violência piore e alcance o *status* físico.

ÉPOCA – Colocar esses homens agressores na cadeia é a solução?

Porter – Prisão não vai acabar com o problema. A solução passa por algo bem mais complexo: significa educar os homens para serem melhores, desafiá-los a pensar de forma diferente. A violência é fruto de uma equação que ensinamos a esses meninos: desvalorizar a mulher, tratá-la como propriedade e objeto. Eles não são doentes, não precisam de tratamento psiquiátrico. Estão apenas fazendo aquilo que ensinaram a eles desde meninos. A sociedade sempre permitiu que eles se comportassem desse jeito.

ÉPOCA – Como educá-los, então?

Porter – A primeira coisa é fazer com que eles entendam que essa ideia doentia de masculinidade é a base da violência doméstica e sexual. Os homens precisam analisar suas crenças individuais, reconhecer posturas que reforçam a desvalorização da mulher e desafiar esses hábitos. Por exemplo: ficar em silêncio diante de uma agressão, seja ela qual for, é concordar com esse comportamento. A violência não tem relação com doença mental, falta de habilidade para lidar com raiva, dependência química ou estresse. Ela está relacionada ao tradicional domínio masculino. Enquanto os homens não aceitarem isso, tomando para si a responsabilidade de promover uma mudança cultural e social, meninas e mulheres continuarão sendo vítimas.

ÉPOCA – No Brasil, é comum que as mulheres façam o boletim de ocorrência apenas como instrumento de ameaça. Muitas se arrependem, retiram a queixa na delegacia e voltam a ser agredidas. Por que é tão difícil largar um parceiro violento?

Porter – Vou responder com outras perguntas. Porque, muitas vezes, essa mulher pede ajuda e fazemos com que ela se sinta envergonhada, em vez de realmente acolhê-la e apoiá-la. Por que ela tem que se explicar como se fosse culpada pela violência sofrida? Chamo isso de "revitimizar" a mulher. Além da violência vivida em casa, ela procura por ajuda em uma instituição e se torna vítima pela segunda vez.

Nathalia Ziemkiewicz.
Época. 6 nov. 2012. Disponível em: <http://revistaepoca.globo.com/Sociedade/noticia/2012/11/tony-porter-os-homens-que-agridem-mulheres-foram-educados-para-isso.html>. Acesso em: fev. 2014.

SHUTTERSTOCK

ESTUDO DA LÍNGUA II

Colocação pronominal

O que você irá estudar

Ao final deste estudo, você deverá saber:

- as posições dos pronomes pessoais oblíquos átonos em relação ao verbo;
- quando empregar cada uma dessas posições;
- como posicionar os pronomes:
  - em locuções verbais;
  - em tempos compostos, formados por verbo auxiliar e particípio.

Audiovisual

Colocação pronominal

Colocação pronominal

Observe, analise, questione

Releia este item da lista "64 maneiras de construir a paz".

> "16. Hoje me lembrarei de todas as coisas boas que sou e faço."

a) Qual é a classe gramatical da palavra destacada? A que elemento do texto ela se refere?

b) Compare a redação original com esta versão:
16. Hoje lembrarei-me de todas as coisas boas que sou e faço.
- O que mudou? Qual das redações soa mais natural?

Os pronomes pessoais oblíquos átonos – *me*, *te*, *se*, *o(s)*, *lhe(s)*, *nos*, *vos* – podem aparecer antes, depois e até no meio das formas verbais que acompanham.

São três as posições dos pronomes pessoais oblíquos átonos em relação aos verbos:

- **Antes** do verbo - **próclise**:
  *Hoje **me lembrarei** das coisas boas que faço.*
- **Depois** do verbo - **ênclise**:
  *Quero **lembrá-lo** das coisas boas que você fez.*
- **No meio** do verbo - **mesóclise**:
  ***Lembrar-me-ei** das coisas boas que faço.*

A parte da gramática que estuda esses modos de posicionar os pronomes é a **colocação pronominal**. Optar por uma ou outra colocação é uma questão de eufonia (do grego *eu*, "bom", + *fonia*, "som"), ou seja, daquilo que soa melhor. Há colocações que soam "estranhas" e são naturalmente evitadas pelos falantes do português.

Na produção de textos escritos formais é necessário seguir algumas regras específicas de colocação pronominal e o resultado nem sempre coincide com as formas que nos parecem mais naturais e que estamos acostumados a usar no dia a dia. A razão disso é que algumas dessas regras se baseiam no uso dos pronomes átonos em Portugal – que é bem diferente do nosso.

Observe, por exemplo, esta tira de um cartunista português.

PENSAR ANTES DE PUBLICAR — NELSON MARTINS

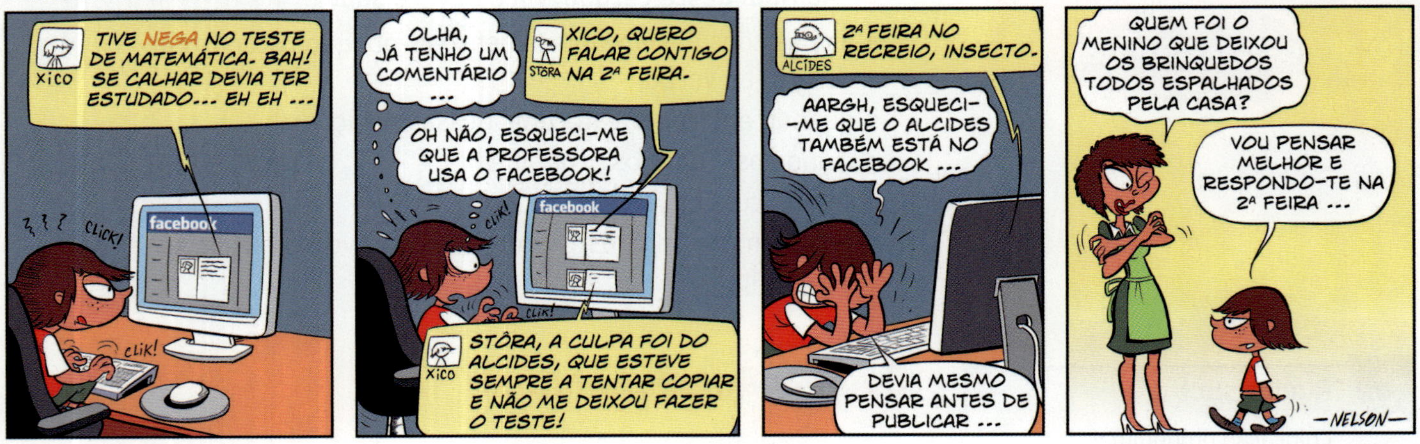

GLOSSÁRIO

Nega: fracasso; no caso, uma nota baixa.

A tira busca reproduzir não só as mensagens que o menino Xico publica no Facebook, como também seus pensamentos. Trata-se, obviamente, de situações comunicativas bem informais. Nas mesmas situações, no Brasil, os pronomes seriam colocados de outra maneira.

Colocação dos pronomes na tira	Provável colocação no Brasil
Esqueci-me que a professora usa o Facebook!	Me esqueci que a professora usa o Facebook!
Vou pensar melhor e respondo-te na 2ª feira.	Vou pensar melhor e te respondo na 2ª feira.

Diferentemente dos portugueses, os brasileiros usam muito mais a próclise do que a ênclise. Entretanto, conforme dissemos, algumas das regras de colocação pronominal baseiam-se no português lusitano, por isso precisamos estar atentos a elas em contextos formais, pois algumas não são intuitivas para nós.

Conheça a seguir as principais regras ditadas pelas normas urbanas de prestígio para a colocação pronominal.

Próclise

É usada quando **antes** do verbo há palavras que atraem o pronome.

- Palavras de sentido negativo – *não, nunca, jamais, nem, nenhum*: ***Nunca me** fiz **nem me** farei de vítima.*
- Advérbios ou locuções adverbiais – *ontem, hoje, amanhã, agora, à noite*: *"**Hoje me** oporei às injustiças [...]".*
- Pronomes relativos – *que, cujo, qual, quem*: *"Hoje apreciarei o valor das pessoas **que me** oferecem desafios [...]".*
- Pronomes indefinidos – *alguém, ninguém, tudo, pouco, muito*: ***Quem se** respeita tende a respeitar os outros.*
- Pronomes demonstrativos – *este, essa, isto, isso, aquilo*: ***Isso nos** ensina a construir a paz.*
- Conjunções subordinativas: *quando, que, segundo, se, embora*: ***Se nos** comportamos como pacificadores, os outros à nossa volta seguem o exemplo.*

Observações

1. Embora não façam parte da lista oficial, os pronomes pessoais costumam, no Brasil, atrair o pronome oblíquo: ***Ele se*** *disfarçou.* ***Nós nos*** *desculparemos.*
2. Também se usa a próclise em frases exclamativas, interrogativas diretas e optativas (que expressam desejo): *Quanto* ***me*** *perturbou aquele quadro ali na entrada! Quem* ***lhe*** *disse tamanha besteira? Deus* ***lhe*** *pague!*
3. A próclise é empregada, ainda, quando o verbo está no gerúndio ou no infinitivo precedido de preposição (desde que o pronome não seja *o* nem *a*): *Em* ***se tratando*** *de política exterior, é bom ter cuidado. Para* ***se promoverem****, recorreram a um publicitário.*

Ênclise

Veja quando se deve usá-la, de acordo com as normas urbanas de prestígio.

- Quando o verbo está no início da frase: ***Pediram-nos*** *que ajudássemos a apartar a briga entre os alunos.*
- Quando o verbo não está no início de frase, mas é precedido de pausa: *Assim que entraram na sala,* ***cumprimentaram-se*** *cordialmente.*
- Quando o verbo está no imperativo afirmativo: *Meninos e meninas,* ***aprontem-se*** *rapidamente!*
- Quando o verbo está no gerúndio: *Saiu,* ***esquecendo-se*** *da mochila.*
- Quando o verbo está no infinitivo e o pronome é *o* ou *a*, mesmo havendo uma palavra atrativa: *Guardo meu computador com cuidado para não* ***estragá-lo****.*

Pronome átono no início de frase

Como vimos, a ênclise não é usual em nossa comunicação coloquial. Quando precisar escrever um texto formal e deparar com um caso de ênclise em início de frase, você pode optar pela própria ênclise ou então antepor uma palavra ao pronome. Veja um exemplo:

Nos acostumamos com a violência diária. → linguagem informal (próclise)

Acostumamo-nos com a violência diária. → linguagem formal (ênclise)

Já nos acostumamos com a violência diária.
Acabamos nos acostumando com a violência diária.
} opções à ênclise aceitáveis na linguagem formal

Mesóclise

A mesóclise está praticamente extinta no português brasileiro, tanto na oralidade como na escrita, sobrevivendo apenas em contextos muito específicos, tais como a área jurídica (em leis, petições, sentenças). No entanto, é importante saber como ela se forma porque isso nos permite compreender textos mais antigos, como este trecho de um romance publicado pela primeira vez em 1891:

> [...]
>
> Adeus, ignaro. Não contes a ninguém o que te acabo de confiar, se não queres perder as orelhas. [...] Logo que tornar a Barbacena, dar-te-ei em termos explicados, simples, adequados ao entendimento de um asno, a verdadeira noção do grande homem. [...]
>
> MACHADO DE ASSIS. *Quincas Borba*. 2. ed. São Paulo: Moderna, 2004. p. 28. (Fragmento).

Observe como a forma verbal *dar-te-ei* é formada:

pronome oblíquo

dar + te + ei

verbo *dar*, 1ª pessoa do singular, futuro do presente do indicativo (*darei*)

Como você vê, na mesóclise o pronome oblíquo é colocado literalmente no meio da forma verbal, entre o radical e a desinência do futuro. Veja outros exemplos.

Solicitar-nos-á *uma visita de cortesia.*

Se pudesse, ***amá-la-ia*** *por toda a eternidade.*

Tradicionalmente, a mesóclise é usada quando o verbo está no futuro do presente ou no futuro do pretérito e não vem precedido de palavra atrativa. Contudo, como essa forma soa formal demais no português contemporâneo, ela é em geral substituída pela próclise, ou seja, o pronome é colocado antes do verbo.

O vendedor ***nos solicitará*** *uma visita.*

Se pudesse, (eu) ***a amaria*** *por toda a eternidade.*

Como você pode notar por esses exemplos, para não iniciar a oração com o pronome oblíquo, coloca-se um pronome ou um substantivo como sujeito explícito antes do verbo. Outra opção é formar locuções verbais com os auxiliares *ir*, *poder*, *querer*, etc.

O vendedor ***vai nos solicitar*** *uma visita.*

Poderia amá-la *por toda a eternidade.*

Colocação dos pronomes em locuções verbais

Se, na locução verbal, o verbo principal estiver no infinitivo ou no gerúndio, coloca-se o pronome imediatamente antes ou depois dele.

Vou ***lhe contar*** *tudo isso nesta carta.*

Vou ***contar-lhe*** *tudo isso nesta carta.*

Se houver palavra atrativa, o pronome pode ser colocado antes do verbo auxiliar ou depois do verbo principal.

Não lhe estou *contando isso por diversão.*

Não *estou* ***contando-lhe*** *isso por diversão.*

Também nesses casos, a colocação natural no português brasileiro é outra.

Não *estou* ***lhe pedindo*** *nada.*

Colocação dos pronomes em tempos compostos

Nos tempos formados por verbo auxiliar e particípio, o pronome junta-se ao verbo auxiliar, nunca ao particípio.

Havia-nos *dito coisas duras.*

O diretor ***nos havia*** *dito coisas duras.*

Se houver palavra atrativa, o pronome será colocado antes do verbo auxiliar.

Ninguém te havia *falado assim antes?*

Para guardar

Colocação pronominal

- **próclise** — Antes de palavra negativa, advérbio, pronome relativo, indefinido, demonstrativo, pessoal ou conjunção subordinativa.
- **ênclise** — Em início de oração (normas urbanas de prestígio), com imperativo afirmativo, gerúndio e infinitivo (pronomes *o* e *a*).
- **mesóclise** — Forma praticamente extinta, hoje substituída geralmente por próclise ou locuções verbais.

APLIQUE SEUS CONHECIMENTOS

1. Reescreva as frases, colocando os pronomes de acordo com as normas urbanas de prestígio.

a) Me causam incômodo programas de TV que glamorizam a violência.

b) À medida que progredirmos nos estudos, nos sentiremos mais seguros.

c) Nada alegra-a mais que nossas conversas.

d) Alguém telefonou-me, mas não deixou recado.

e) Soube que Fernando e Paulo desentenderam-se.

f) Vocês fariam-lhe um favor?

g) O monitor já havia alertado-nos do perigo.

2. Leia esta tira de Hagar.

HAGAR — **Chris Browne**

© 2014 KING FEATURES SYNDICATE/IPRESS

a) Na última fala de Hagar, o adjetivo *anônima* foi usado de maneira incomum. Explique o porquê e como isso contribui para o humor da tira.

b) Nessa mesma fala, há uma colocação pronominal em desacordo com as normas urbanas de prestígio. Identifique-a e justifique sua resposta.

c) Essa colocação pronominal é adequada ao contexto em que aparece? Explique.

3. **O jornalista José Roberto Torero, que mantém uma coluna sobre futebol no jornal *Folha de S.Paulo*, resolveu reescrever, à sua maneira, alguns contos clássicos de Machado de Assis. Conheça o início de um desses trabalhos.**

O espelho redondo

O luar e a suave luz da sala fundiam-se misteriosamente. Quatro ou cinco homens debatiam questões físicas e metafísicas. E digo quatro ou cinco porque eram quatro os que falavam, mas havia um quinto personagem, que permanecia calado. Ele tinha a mesma idade dos companheiros, por volta dos 50 anos.

A conversa foi pulando de assunto em assunto e acabou por pousar na "natureza da alma". Então, para surpresa de todos, o calado disse:

– Meus amigos, digo-lhes que não há uma só alma, mas duas: uma interior e outra exterior. A primeira é a que todos conhecemos das aulas de catecismo. Já a segunda pode ser qualquer coisa: um emprego, um vestido, uma casa, uma mulher, os aplausos, ou mesmo uma conta no banco. Estas duas almas completam o homem. Quem perde uma das metades perde metade da existência.

– Então finalmente você nos deu uma opinião?

– Não lhes dei uma opinião, mas posso dar-lhes um fato.

Pigarreou e continuou:

– Tinha eu 25 anos, era ainda jogador e acabava de ser convocado para a seleção brasileira. Foi minha primeira e última convocação. Nem mesmo fiquei no banco de reservas. Mas, como recordação e consolo, fiquei com o uniforme da equipe. Então, uma de minhas tias, dona Carolina, que morava sozinha num sítio no interior, desejou ver-me e pediu que eu levasse minha farda da seleção. Aproveitei minhas férias e fui. Ela, apenas me viu, disse que não me soltava antes de uma semana. Abraçava-me todo o tempo e só me chamava de seu campeão. Chegou ao ponto de colocar em meu quarto o espelho da sala.

– Espelho grande?

– Grande e redondo. A única peça decente da casa. E dizia que um craque como eu merecia muito mais. O certo é que todas essas atenções fizeram em mim uma transformação: o campeão eliminou o homem. Aconteceu que minha alma exterior passou a ser a cortesia e os rapapés da casa. Logo eu era outro, totalmente outro. Era exclusivamente o campeão.

[...]

José Roberto Torero. *Zé Cabala e outros filósofos do futebol*. Rio de Janeiro: Objetiva, 2005. p. 63-64. (Fragmento).

"O espelho"

O conto de Machado de Assis que inspirou essa releitura chama-se "O espelho" e foi publicado pela primeira vez em 1882. Nele, o episódio que o personagem conta não tem qualquer relação com o futebol: aos 25 anos, ele fora nomeado alferes da Guarda Nacional, um cargo militar de bastante prestígio na época.

GLOSSÁRIO

Metafísicas: que vão além da natureza física das coisas; elevadas, espirituais.

Rapapés: cumprimentos ou elogios exagerados.

a) Leia o boxe sobre o conto original e explique os prováveis motivos pelos quais, na versão contemporânea, o protagonista, em vez de ser nomeado alferes, passou a ser convocado para a seleção nacional de futebol.

b) Por que o protagonista escolheu esse episódio da convocação para a seleção para demonstrar que todos temos "uma alma exterior"?

c) Observe as colocações pronominais destacadas nestas falas do protagonista.

> "– Meus amigos, digo-lhes que não há uma só alma, mas duas: uma interior e outra exterior."

> "– Não lhes dei uma opinião, mas posso dar-lhes um fato."

> "– [...] Então, uma de minhas tias, dona Carolina, que morava sozinha num sítio no interior, desejou ver-me e pediu que eu levasse minha farda da seleção. [...] Abraçava-me todo o tempo e só me chamava de seu campeão."

I. Essas colocações estão de acordo com as normas urbanas de prestígio? Explique cada caso.

II. Todas elas soariam naturais em uma conversa entre amigos no Brasil de hoje? Explique sua resposta.

III. Caso você tenha concluído que essas colocações pronominais não soariam naturais hoje, levante hipóteses para explicar por que elas foram usadas nesse texto contemporâneo.

4. Leia alguns trechos de um regulamento.

> **ASSOCIAÇÃO MUSEU AFRO BRASIL**
>
> **REGULAMENTO PARA AQUISIÇÃO E ALIENAÇÃO DE BENS E PARA A CONTRATAÇÃO DE OBRAS E SERVIÇOS**
>
> **Capítulo I**
>
> DISPOSIÇÕES PRELIMINARES
>
> Art. 1º – Este regulamento estabelece normas, rotinas e critérios para a aquisição e alienação de bens e para a contratação de serviços terceirizados e especializados e obras para a Associação Museu Afro Brasil, qualificada como Organização Social de Cultura, no âmbito do Estado de São Paulo.
>
> [...]
>
> **Capítulo II**
>
> DA SELEÇÃO DE FORNECEDORES
>
> Art. 4º – A aquisição e alienação de bens e a contratação de serviços e obras efetuar-se-ão mediante Seleção de Fornecedores.
>
> [...]
>
> Disponível em:<http://www.museuafrobrasil.org.br/Files/novo_regulamento_de_compras.pdf>. Acesso em: 18 fev. 2014. (Fragmento).

GLOSSÁRIO

Alienação: venda.

a) A Associação Museu Afro Brasil é uma entidade mantida com dinheiro público. Levando isso em conta, explique a importância desse regulamento.

b) Transcreva no caderno a frase em que foi empregada uma mesóclise. Essa colocação pronominal é adequada ao contexto? Por quê?

c) Reescreva a frase no caderno sem empregar a mesóclise, porém mantendo o sentido básico.

5. Leia o poema.

SÉRGIO CAPPARELLI; A. C. GRUSZYNSKI. *Poesia visual*. São Paulo: Global, 2002. p. 10.

a) Relacione o título do livro do qual o poema foi extraído à maneira como ele foi composto.

b) Qual é a relação entre a disposição dos versos no papel e o tema do poema?

c) Em certa passagem do poema ocorre uma personificação, isto é, uma atribuição de comportamentos ou traços humanos a um ser inanimado. Identifique essa ocorrência e transcreva os versos no caderno.

d) Reescreva esses versos colocando os pronomes oblíquos de acordo com as normas urbanas de prestígio. O que você observa quanto ao ritmo dos versos?

e) Por empregar uma linguagem coloquial, esse poema apresenta outro desvio em relação às normas urbanas de prestígio no que diz respeito ao uso dos pronomes. Qual é esse desvio?

GLOSSÁRIO

À míngua: na miséria, sem nada.

QUESTÕES DA LÍNGUA

Acentuação: verbos com pronomes enclíticos

Acentuação: verbos com pronomes enclíticos

Observe, analise, questione

Na seção anterior, você provavelmente observou que algumas das formas verbais com pronomes enclíticos são acentuadas graficamente.

Se pudesse, *amá-la-ia* por toda a eternidade.
Poderia amá-la por toda a eternidade.

Você deduzirá a seguir as regras para essa acentuação.

1. Analise os grupos de combinações de verbos e pronomes oblíquos e descreva a regra para combinar cada um deles.

a) Grupo I – verbos da 1ª conjugação
Comprar + o = comprá-lo
Cheirar + a = cheirá-la
Enviar + as = enviá-las

b) Grupo II – verbos da 2ª conjugação
Vender + o = vendê-lo
Comer + os = comê-los
Compor + a = compô-la

c) Grupo III – verbos da 3ª conjugação
Partir + o = parti-lo
Munir + a = muni-la
Ferir + os = feri-los

d) Grupo IV – verbos da 3ª conjugação
Concluir + o = concluí-lo
Possuir + a = possuí-la
Destruir + os = destruí-los

2. Agora responda às questões a seguir.

a) Qual a diferença entre os verbos do grupo III e os do grupo IV?
b) Escreva apenas uma regra para os verbos dos grupos I e II.

Acentuação de verbos com pronomes mesoclíticos

O verbo com pronome mesoclítico também recebe acento quando termina em **a**, **e** e **o** tônicos. Além disso, mantém-se o acento gráfico próprio da conjugação verbal:

Venderás + o = vendê-lo-ás

Compraríamos + a = comprá-la-íamos

Compartilharemos + a = compartilhá-la-emos

Proibiria + o = proibi-lo-ia

APLIQUE SEUS CONHECIMENTOS

1. Reescreva as orações seguintes no caderno, substituindo os termos destacados por pronomes pessoais oblíquos átonos. Veja o modelo.

> A empresa fez uma série de exigências, e nem todos os candidatos foram capazes de atender **as exigências**.
>
> *A empresa fez uma série de exigências, e nem todos os candidatos foram capazes de atendê-***las***.*

a) Recebemos muitas doações, mas agora precisamos de ajuda para distribuir **as doações**.

b) Pular de paraquedas é uma experiência inesquecível, e há quem esteja disposto a pagar muito para viver **essa experiência**.

c) Sabendo do segredo de Cristina, o indiscreto vizinho logo pensou em chantagear **Cristina**.

d) Recebemos sua proposta e estamos dispostos a discutir **sua proposta**.

e) As chuvas destruíram três pontes na cidade. A prefeitura prometeu reerguer as pontes ainda este mês.

f) Quem ainda não terminou o trabalho de química deve concluir **o trabalho** e entregar **o trabalho** até no máximo sexta-feira.

g) Fiz todos os exercícios. Terminei os exercícios logo no início da prova.

h) Faz tempo que não vejo meus ex-colegas. Gostaria de encontrar meus ex-colegas na próxima reunião da turma.

i) A vida é um milagre. Todos deveriam viver a vida em paz.

j) Vamos refazer os versos. Refaremos os versos sem perder as rimas, porém.

k) Considero a leitura dos clássicos uma parte importante do sarau. Por mim, faríamos a leitura dos clássicos durante toda a noite.

2. Volte à questão anterior e compare as versões originais com as que você reescreveu no caderno.

- Qual grupo representa um estilo de escrita mais conciso e elegante? Por quê?

3. Identifique as frases em que as formas verbais estejam grafadas incorretamente e reescreva-as, fazendo as correções necessárias.

a) Esse formulário é tão complexo que levei quase uma hora para preenchê-lo.

b) O senhor Gomes nos fez uma grande gentileza e gostaríamos de retribuí-la.

c) Havia poucos doces e por isso decidiram repartí-los.

d) A velha senhora coloca as ervas no caldeirão e mexe-as com uma longa vara.

e) André encontrou os livros, mas não pôde traze-los por serem muito pesados.

f) Antes eles se falavam: agora ele nem pode cumprimenta-la.

g) Se ele tivesse enviado seu texto, eles premia-lo-iam com certeza.

4. **Leia este pequeno conto do jovem escritor gaúcho Cassio Grinberg.**

Dono de quem?

O cão, que pensava ser dono de seu dono, que o via correr ao menor ganido (e afagá-lo a qualquer momento), teve, naquela tarde, uma surpresa: constatou, da maneira mais patética que um cão poderia fazê-lo, sofrendo como o cão mais desgraçado da **quadra** sofreria ante àquilo, que era **preterido** em função de uma garota. E não adiantaram apelos chantagistas, olhares tristes ou abanar de rabos, pois o olhar que o rapaz propôs à garota que entrava em seu quarto dizia tudo. O olhar tinha cheiro de paixão, e o cão bem sabia distinguir os cheiros. E havia o aroma que brotava daquele pescoço, um pescoço liso como a pele de uma relva, interrompido por uma fina corrente que mal separava a relva do início do rosto, da **tez** que era bronzeada mesmo no inverno mais rude, mesmo no vento mais cortante que arrancava folhas das árvores de nossa cidade. Naquela tarde, o cão soube quem era dono de quem, e então não teve escolha: aceitou a porta fechada em sua cara, desceu as escadas pata por pata, saiu ao pátio e ao vento nos pelos, e se pôs a roer, velho e gasto, o osso.

Disponível em: <http://www.releituras.com/ne_cgrinberg_donoimp.asp>. Acesso em: 22 abr. 2014.

GLOSSÁRIO

Quadra: quarteirão.

Preterido: desprezado, rejeitado.

Tez: pele, especialmente do rosto.

a) Segundo o narrador, "Naquela tarde, o cão soube quem era dono de quem".
- Quem, de fato, era dono de quem?
- O que fez o cão tomar consciência disso?

b) Para descrever o pescoço da garota, o narrador faz uma comparação.
- Transcreva essa comparação.
- O que essa comparação tem de incomum? Que sensações ela sugere?

c) Leia o boxe a seguir, releia outro trecho do conto e faça o que se pede.

O pronome "o"

Como você sabe, o pronome "o" é o pronome oblíquo da 3ª pessoa do singular no masculino:

*Trouxe o livro e guardei-**o** no armário.*

Mas ele também pode ser um pronome demonstrativo neutro, equivalente a *isso*. Veja um exemplo.

*Queria ser sua namorada, mas, já que não posso sê-**lo**, contento-me com sua amizade.* (= ser isso)

"O cão, que pensava ser dono de seu dono, que **o** via correr ao menor ganido (e afagá-**lo** a qualquer momento), teve, naquela tarde, uma surpresa: constatou, da maneira mais patética que um cão poderia fazê-**lo**, [...] que era preterido em função de uma garota."

- Use as informações do boxe e responda a que se refere o pronome "o" em cada uma das ocorrências destacadas. Como ele se classifica em cada caso?

LEITURA E PRODUÇÃO DE TEXTO

Contexto

Em 1983, a biofarmacêutica cearense Maria da Penha levou um tiro nas costas enquanto dormia e, em decorrência desse tiro, ficou paraplégica. Dias depois, o autor do crime, seu hoje ex-marido, tentou novamente matá-la.

Depois de 15 anos de luta, Maria da Penha, com o apoio de algumas ONGs, conseguiu enviar o caso para a Comissão Interamericana de Direitos Humanos (OEA) que condenou o Brasil por negligência e omissão em relação à violência doméstica. Uma das punições foi a recomendação de que o país criasse uma legislação adequada para esse problema. E em 2006, após o trabalho conjunto de diversas entidades, a Lei Maria da Penha entrou em vigor e é reconhecida hoje como uma das mais avançadas desse tipo no mundo. Apesar disso, o ex-marido de Maria da Penha ficou preso somente por dois anos.

Leia a seguir o editorial de um jornal a respeito dos 7 anos da implementação dessa lei.

Vídeo

Artista de rua – Panmela Castro

A produção em foco

► **Nesta unidade, você vai produzir um texto dissertativo-argumentativo a respeito do tema violência doméstica. Durante a leitura do texto a seguir, fique atento:**

- à sequência expositiva dos fatos no texto;
- ao posicionamento do texto quanto ao tema central;
- aos argumentos que fundamentam esse posicionamento;
- à linguagem utilizada no texto.

Só a lei não basta

É inquestionável que a Lei Maria da Penha, em vigor há sete anos, representou um avanço no enfrentamento da violência doméstica contra a mulher. Mas é também frustrante saber que as medidas previstas para a prevenção e para a punição dos agressores não contribuíram para a redução de assassinatos. Um estudo do Instituto de Pesquisa Econômica Aplicada (Ipea) mostra que no período entre os anos de 2001 e 2006 a taxa de mortalidade por 100 mil mulheres foi de 5,28. E não mudou nada com a **implementação** da lei, ficando em 5,22 entre 2007 e 2011. Não estão disponíveis dados mais recentes, mas é provável que a tendência de manutenção dos indicadores tenha sido constante.

Não há como ser indiferente à informação de que uma mulher é morta no país a cada uma hora e meia. As constatações do estudo não podem servir, no entanto, para que se lancem dúvidas sobre a importância da lei. A legislação segue padrões de países democráticos e civilizados, e o Brasil aderiu tardiamente às normas de conduta que tentam reduzir as agressões. O que se conclui é que, a partir das estatísticas, todas as instituições das quais depende o cumprimento efetivo da legislação terão que reconsiderar condutas. Como outras estatísticas mostram que a lei provocou um aumento no número de notificação de agressões, a falha está, também nesse caso, na impunidade. As mulheres acreditaram na força da lei e passaram a procurar proteção, mas o Estado falha, nas estruturas de Polícia, do Ministério Público e da Justiça.

A situação é grave, porque, além da violência doméstica, também outras formas de agressão continuam **prosperando**, como os estupros, atestados pelas ocorrências registradas pelo SUS. A violência contra a mulher apresenta outro componente que amplia o desafio posto ao setor público: a grande maioria das espancadas, estupradas ou mortas pertencem às camadas de baixa renda. São vítimas dos agressores e da precariedade do Estado que deveria protegê-las.

Zero Hora. Opinião ZH. 27 set. 2013. Disponível em: <http://wp.clicrbs.com.br/opiniaozh/2013/09/27/editorial-so-a-lei-nao-basta/?topo=13,1,1,,,13>. Acesso em: 22 abr. 2014.

GLOSSÁRIO

Implementação: efetivação; ato de colocar algo em prática.

Prosperando: aumentando, crescendo; desenvolvendo-se.

ESTUDO DO TEXTO

Antes do Estudo do texto

1. Se não tem certeza de ter compreendido bem o texto, leia-o novamente.
2. Procure identificar as ideias apresentadas no texto e reflita: você concorda com elas? Por quê?
3. Ao responder às questões a seguir, procure empregar o que já aprendeu ao ler outros textos e seja preciso em suas respostas.

Depois de ler

1. **Qual é o assunto abordado no texto? O título do editorial antecipa a ideia sobre esse assunto?**
2. **Em geral, os textos são assinados pelo autor.**
   a) No caso do editorial lido, quem assina o texto publicado? Por quê?
   b) Nesse caso, é uma opinião pessoal? Quem se responsabiliza pela opinião expressa no texto?
3. **Logo na primeira frase, fica evidente a opinião do editorial a respeito da Lei Maria da Penha. Explique essa opinião.**
   - Em seguida, o texto faz uma afirmação importante, que revela as expectativas do jornal em relação à lei. Que afirmação é essa?
4. **Qual a função dos dados estatísticos apresentados após essa afirmação?**
5. **No parágrafo seguinte, o editorial volta a destacar a importância da lei. Copie a afirmação que explica adequadamente o efeito dessa retomada.**
   - A retomada mostra que, se existe algum problema em relação ao combate à violência doméstica, esse problema não é a Lei Maria da Penha.
   - A retomada mostra que, se existe algum problema em relação à Lei Maria da Penha, isso não é importante para o combate à violência doméstica.
   - A retomada mostra que, se existe algum problema em relação ao combate à violência doméstica, é importante que a Lei Maria da Penha exista para combatê-lo.
6. **De que forma a afirmação "A legislação segue padrões de países democráticos e civilizados" se relaciona com esse destaque da importância da lei?**
7. **É apresentado então o ponto de vista do editorial a respeito do assunto. Copie a frase que representa esse ponto de vista.**
   - A Lei Maria da Penha é muito importante, mas o combate à violência ainda é prejudicado pelo fato de ela continuar a permitir a impunidade.
   - A Lei Maria da Penha é muito importante, mas o combate à violência ainda é prejudicado pelo fato de a conduta dos órgãos públicos responsáveis permitir a impunidade.
   - A Lei Maria da Penha é muito importante, mas os órgãos públicos não se consideram responsáveis pela impunidade.
8. **Procure identificar no texto a introdução, o desenvolvimento e a conclusão.**

Editorial e artigo de opinião

Semelhanças: o editorial e o artigo de opinião estão dentro da esfera jornalística, são textos argumentativos, tratam de um tema de interesse coletivo, apresentam uma estrutura básica similar, objetivam convencer o leitor.

Diferenças: o editorial não é assinado, pois não apresenta a opinião do autor, e sim a do jornal; o texto é mais curto e geralmente na 3ª pessoa do singular. Já o artigo de opinião é assinado, pois apresenta a opinião pessoal do autor; o texto é mais longo e pode estar na 1ª ou na 3ª pessoa do singular.

O editorial

O **editorial** é um gênero textual que apresenta um tema de interesse coletivo ou um acontecimento geralmente polêmico. Não apresenta a opinião pessoal do autor (quem escreveu), mas a opinião do próprio jornal ou do órgão de imprensa que se responsabiliza pelo texto.

O editorial é um texto argumentativo, pois apresenta argumentos para defender uma determinada posição assumida pelo jornal. Não é um texto assinado e discute temas de interesse do público-alvo da publicação.

A linguagem, em geral, é formal, mas podem ser usados termos menos formais ou próximos da informalidade dependendo do veículo em que circula o texto (jornal, revista, *site* na internet, etc.) e do público ao qual se destina (jovens, adultos, mulheres, homens, com interesse em ecologia, política ou outro interesse, etc.).

A estrutura básica de um editorial deve ter:

- **introdução**, para apresentar o tema que será tratado e contextualizá-lo;
- **desenvolvimento**, para apresentar dados que informem e expliquem o fato ao leitor e sobretudo para fornecer argumentos que defendam o ponto de vista do jornal;
- **conclusão**, para finalizar a questão apresentada no início do texto e, quando necessário, reafirmar a posição defendida.

Os editoriais circulam em jornais diários e em alguns órgãos de imprensa. Em geral, são publicados nas primeiras páginas, no caso de jornais impressos.

Os leitores desse gênero, em sua maioria, são os que procuram ler textos mais analíticos, a fim de obter uma análise sobre os principais acontecimentos, considerados em um contexto mais amplo.

As estratégias argumentativas

A **argumentação** tem enorme importância em nossa vida cotidiana. Utilizamos a argumentação para justificar pensamentos ou comportamentos, para convencer pessoas ou para influenciar a opinião delas, por exemplo.

Como o próprio nome diz, os **textos argumentativos** utilizam argumentos para defender ou comprovar uma tese. Eles se estruturam sempre a partir de um posicionamento. Chamamos de **tese** essa posição que se estabelece diante do assunto, a opinião defendida e justificada.

Podemos apresentar somente argumentos que defendam nosso posicionamento, ou também incluir argumentos contrários a esses (e até concordar com esses argumentos). No entanto, os argumentos que defendem nossa posição devem ser mais fortes do que os contra-argumentos.

Tese é a ideia principal do texto, sustentada por uma série de argumentos. Ela ocupa um lugar de destaque, e geralmente fica ou no início do texto (como ponto de partida) ou no final (como conclusão).

Argumentos são as razões que servem para defender a tese. E, quando usamos um argumento contrário a outro, estamos usando um **contra-argumento**.

Na construção de textos argumentativos – que implica necessariamente uma polêmica – podemos utilizar diferentes recursos e estratégias. Quando expressamos opiniões ou pontos de vista, é importante que os argumentos sejam fundamentados com **recursos**, como exemplos, fatos, dados estatísticos, testemunhos de autoridades no assunto, raciocínios lógicos, etc., assim como foi feito no editorial que você leu.

Nesses textos, escolher uma boa **estratégia** para organizar os argumentos pode garantir credibilidade ao texto, ou seja, podemos fazer uma argumentação baseada em estratégias escolhidas. As estratégias devem estar associadas à intenção primordial do texto, ser definidas pelo modo como é feita a argumentação. Veja algumas delas e exemplos extraídos do editorial lido:

- Fazer analogias, isto é, comparações ou semelhanças entre coisas ou fatos.
  Exemplo: "São vítimas dos agressores e da precariedade do Estado que deveria protegê-las." → Analogia entre agressores e Estado, considerados como semelhantes.
- Estabelecer relações entre fatos.
  Exemplo: "Como outras estatísticas mostram que a lei provocou um aumento no número de notificação de agressões, a falha está, também nesse caso, na impunidade." → Relação entre um fato (aumento do registro de agressões) com outro fato (impunidade).
- Citar causas e consequências.
  Exemplo: "As mulheres acreditaram na força da lei e passaram a procurar proteção [...]." → Citar causa (mulheres acreditaram na lei) e consequência (elas procuraram proteção).
- Apresentar vantagens e desvantagens.
  Exemplo: "É inquestionável que a Lei da Maria da Penha, em vigor há sete anos, representou um avanço no enfrentamento [...]. Mas é também frustrante saber que as medidas [...] não contribuíram para a redução de assassinatos." → Apresenta uma vantagem da lei (avanço no enfrentamento) e uma desvantagem (não redução do índice de assassinatos).
- Confrontar passado e presente de uma situação, entre coisas ou fatos.
  Exemplo: "As mulheres acreditaram na força da lei e passaram a procurar proteção, mas o Estado falha, nas estruturas de Polícia, do Ministério Público e da Justiça." → Confronto do passado (mulheres procuraram proteção) e do presente (Estado falha em não proteger).

Dicas de *sites*

Observatório Lei Maria da Penha

<http://www.observe.ufba.br/>

Surgido em 2007, o Observatório pretende dar visibilidade à Lei Maria da Penha, analisar dados e identificar avanços e retrocessos em sua aplicação.

Rede Social Maria da Penha

<http://www.leimariadapenha.com.br/>

Surgida em 2009, a rede social pretende reunir pessoas interessadas em compartilhar informações sobre a Lei Maria da Penha e sua aplicação.

Agência Patrícia Galvão

<http://www.agenciapatriciagalvao.org.br>

Iniciativa do Instituto Patrícia Galvão, a agência surgiu em 2009 com o objetivo de produzir conteúdos e divulgar notícias sobre os direitos das mulheres brasileiras.

Para guardar

Editorial

- Texto argumentativo assinado pelo jornal (ou equipe de redação) que o publica.
- Aborda temas de interesse coletivo, que geralmente dividem opiniões.
- Manifesta uma opinião do jornal sobre determinado tema e apresenta argumentos para defender essa posição, para convencer o leitor.
- Linguagem formal, mas usa expressões informais dependendo do público.
- Circula na esfera jornalística, apresentando o posicionamento do jornal.

PRODUÇÃO DE TEXTO — Texto dissertativo-argumentativo

O que você vai produzir

Você vai escrever um texto dissertativo-argumentativo a respeito do problema da violência doméstica e/ou de outras formas de violência. Seu texto será mostrado para seus colegas.

Planeje seu texto

1. **Nesta unidade, você leu diferentes textos sobre violência doméstica tanto na linguagem verbal quanto na linguagem não verbal, conheceu informações e argumentos diferentes usados contra esse tipo de violência. Retome tudo o que você viu, tanto na seção Leitura quanto na Leitura e produção de texto.**

2. **Pesquise mais sobre o tema. Essa pesquisa pode contribuir para você entender melhor o tema da violência doméstica, para apresentar informações sobre esse tema e relacioná-las (parte expositiva de seu texto).**

3. **Com a orientação do professor, participe da discussão sobre o tema, antes da produção textual. Você e os colegas vão exercitar a busca de argumentos e a construção de novos argumentos (parte argumentativa). Isso ajudará você no exercício da argumentação e na escolha de seu posicionamento, já que ouvirá outras opiniões.**

4. **Defina seu posicionamento sobre o tema: a violência doméstica e/ou outros tipos de violência.**

5. **Selecione os argumentos que ajudarão você a defender seu posicionamento. Depois, organize-os do mais superficial ao que você considera o mais forte.**

6. **Apoie-se no boxe a seguir para construir seu texto dissertativo-argumentativo.**

No texto dissertativo-argumentativo:

- o objetivo principal é explicar, interpretar e analisar os vários elementos de um tema, sob um determinado ponto de vista;
- dependendo do tema, o enfoque pode ser mais expositivo ou mais argumentativo;
- há sequências expositivas, pois o texto apresenta um tema e as informações relacionadas a ele;
- há, também, sequências argumentativas, uma vez que o texto traz argumentos para comprovar uma tese, defender um ponto de vista;
- a exposição é empregada para dar expressão às informações usadas na argumentação.

Escreva seu texto

1. Defina a linguagem que você utilizará, de acordo com o leitor para o qual seu texto será escrito.
2. Você pode escolher uma ou várias das estratégias argumentativas que você viu anteriormente.
3. Faça um esboço de como vai apresentar seu texto.
4. Escreva a primeira versão do texto. Lembre-se de colocar os dados e também apresentar outros argumentos que não apareceram nos textos lidos, dar sua opinião e até mesmo propor soluções.

Na hora de produzir

1. Siga as orientações apresentadas nesta seção.
2. Lembre-se de que você já leu e analisou textos do gênero que vai produzir. Se for o caso, retome o **Estudo do texto**.
3. Diante da folha em branco, persista. Nenhum texto fica pronto na primeira versão.

Revise e avalie seu texto

1. Para uma avaliação de seu texto, troque experiências entre os colegas da classe. O professor promoverá uma roda de leitura na qual cada um lerá seu texto dissertativo-argumentativo.
2. Os textos deverão receber apreciações e contribuições dos colegas e do professor.
3. Avalie seu texto e os textos dos colegas tomando por base os dados da tabela a seguir.

Aspectos importantes em relação à proposta e ao sentido do texto
Texto dissertativo-argumentativo
1. Há um título significativo que chama a atenção do leitor?
2. Tem uma parte expositiva em que fornece informações sobre o tema?
3. Tem uma parte argumentativa em que apresenta argumentos?
4. É possível perceber a estrutura: introdução, desenvolvimento e conclusão?
5. A introdução apresenta o tema de forma clara e sucinta?
6. O desenvolvimento traz argumentos convincentes?
7. A tese apresentada é defendida adequadamente nos argumentos apresentados?
8. As ideias estão claras ou há passagens confusas, truncadas?
9. A conclusão foi apresentada de forma adequada?
Aspectos importantes em relação à ortografia, à pontuação e às demais normas gramaticais
1. Está livre de problemas de ortografia e pontuação relacionados a regras já estudadas?
2. Está livre de problemas na colocação da vírgula?
3. Está adequada a colocação pronominal?

4. Você vai retomar os comentários dos colegas e do professor e fazer as melhorias sugeridas, caso concorde com elas. Também considere a avaliação da tabela. Para melhorar seu texto, revise-o reescrevendo o que for preciso.
5. Depois, passe seu texto a limpo, escrevendo a versão final.

UNIDADE

6 LIVROS: EU RECOMENDO!

Tema: livros.

ESTUDO DA IMAGEM

1. **O local retratado na foto é uma livraria.**
   a) Que impressão essa imagem causou em você?
   b) Você costuma frequentar livrarias? Por quê?
2. **A livraria El Ateneo é muito admirada por manter a estrutura do teatro que antes ocupava o prédio.**
   a) Quais elementos da foto permitem constatar que a sede da livraria anteriormente abrigava um teatro?
   b) Discuta com seus colegas: você diria que há relação entre o teatro e a literatura? Justifique sua resposta. Lembre-se: é importante escutar com atenção e expressar-se com clareza.

Interior da livraria El Ateneo, antigo teatro Grand Splendid, em Buenos Aires, Argentina (foto de 2011).

HEEB CHRISTIAN/PRISMA/GLOWIMAGES

Saiba +

Um teatro para os livros

Construído em 1919, o antigo teatro Grand Splendid passou a funcionar como cinema em 1926; em 2000, suas poltronas foram substituídas por estantes, e os livros tornaram-se a principal atração. Nascia a livraria El Ateneo, uma das maiores da América Latina. Na restauração, muitos dos objetos e detalhes da arquitetura original foram mantidos, como o teto com a obra *Alegoria da paz*, do pintor italiano Nazareno Orlandi. O prédio de cinco andares (térreo, três galerias e um subsolo) impressiona turistas e clientes dessa livraria, que é considerada uma das mais bonitas do mundo.

Em foco nesta unidade

- A resenha crítica
- A crase
- Emprego de Há ou A
- Produção: resenha crítica

LEITURA

Contexto

Os livros são produtos culturais que passam por um longo processo até chegar aos leitores. Geralmente, cabe à editora transformar o texto bruto do autor em livro: fazer a capa, determinar o projeto gráfico (tipo e tamanho das letras, cores, etc.), revisar o texto, imprimir em uma gráfica, distribuir e divulgar a obra. Essa divulgação é muito importante, pois é através de textos publicados em diferentes meios de circulação que os leitores conhecem o produto final. A resenha crítica, gênero que será estudado nesta unidade, cumpre essa função: avaliar produtos culturais e fornecer informações aos que estão ávidos por novidades.

Antes de ler

1. O texto que você vai ler a seguir é uma resenha crítica, gênero textual que descreve e avalia um produto cultural, o livro. Que informações você imagina que ele possa apresentar?
2. O título da resenha é “Antes da liberdade”. Esse título faz você pensar em quê? Quais podem ser as relações entre esse título e a obra comentada na resenha?

Antes da liberdade

Menina de doze anos dá testemunho da ditadura

Antes da liberdade é um testemunho literário sensível, escrito sob o ponto de vista da menina Anita. A história se passa na **República Dominicana** e abrange os anos de 1960 e 1961. Anita, a narradora, nasceu e vive sob o **jugo** do ditador **Rafael Trujillo**. Estuda na escola americana e convive com filhos de diplomatas e de altos funcionários do corpo diplomático. É uma menina cheia de alegria e curiosidade. Seu pai sempre diz que a “curiosidade é sinal de inteligência”. No entanto, em tempos sombrios, fazer perguntas pode se tornar uma grande armadilha.

A opressão se **acirra** e sabe-se que há um grupo lutando pelo fim da ditadura. A família de Anita está envolvida de corpo e alma nesta questão. Seus tios acabam partindo para os Estados Unidos. Será esta a única solução? Seus pais acreditam que é preciso resistir e assistir às mudanças políticas em seu próprio país; consideram os que partem covardes e **alienados**.

Em meio a tanto tumulto de ordem social e política, como ficam os sonhos de uma menina de doze anos? Como reage Anita, que de um momento para o outro se vê às voltas com a violência e o clima de **conspiração**? São questões que a autora desse romance desenvolve com habilidade e talento.

Antes da liberdade é uma narrativa **marcante** e uma leitura envolvente. Seu estilo literário muito bem **delineado** revela a maturidade da autora ao lidar com um tema tão complexo e delicado. Julia Alvarez nasceu na República Dominicana e realmente viveu sob o regime do ditador Rafael Trujillo. Atualmente vive como escritora nos Estados Unidos.

Fonte: Ana Lúcia Brandão é doutora em Comunicação e Semiótica pela PUC/SP, analista e consultora na área de literatura infantojuvenil, e autora do livro infantil *A lenda do Amaru* (Paulinas).

ANA LÚCIA BRANDÃO. Disponível em: <http://educacao.uol.com.br/resenhas/antes-da-liberdade.htm>. Acesso em: 12 abr. 2014.

GLOSSÁRIO

República Dominicana: país que ocupa dois terços da ilha de São Domingos, no Caribe.

Jugo: opressão, dominação.

Rafael Trujillo (1891-1961): militar e ditador que controlou a República Dominicana de 1930 a 1961, com o apoio dos Estados Unidos, por meio do poder sobre o exército, do assassinato de seus inimigos e da presença de seus familiares em cargos importantes. Foi morto em 1961.

Acirra: intensifica.

Alienados: indiferentes, que não se envolvem.

Conspiração: trama, plano contra os poderes públicos.

Marcante: notável, que se destaca.

Delineado: traçado.

ESTUDO DO TEXTO

Antes do Estudo do texto

1. Se não tem certeza de ter compreendido bem o texto, leia-o novamente.
2. Procure identificar as ideias apresentadas no texto e reflita: você concorda com elas? Por quê?
3. Ao responder às questões a seguir, procure empregar o que já aprendeu ao ler outros textos e seja preciso em suas respostas.

Compreensão do texto

1. A resenha que você leu comenta o livro *Antes da liberdade*, de Julia Alvarez. Qual é a história narrada nesse livro?

2. De acordo com o texto, qual é a postura da família de Anita em relação à ditadura e à opressão?

a) Considerando o contexto apresentado, por que os tios de Anita teriam viajado para os Estados Unidos?

b) Os pais de Anita seguem um caminho diferente. De que maneira essa decisão pode influenciar o destino de Anita?

c) Anita é uma menina de doze anos. Se estivesse no lugar dela, o que você preferiria: seguir os pais ou os tios? Por quê?

3. A autora da resenha comenta que, em tempos sombrios, fazer perguntas pode ser uma grande armadilha.

a) Recorra ao texto e explique por que aqueles eram tempos sombrios.

b) Por que, nesse contexto, fazer perguntas podia ser uma grande armadilha?

c) A autora faz esse comentário logo após afirmar que Anita era curiosa e inteligente. Que relação é assim estabelecida pela autora entre as características da personagem e as características do contexto em que ela vivia?

4. Julia Alvarez, a autora do livro resenhado, viveu sob o regime do ditador Rafael Trujillo. Isso significa que a história narrada é verídica? Por quê?

5. O que o título *Antes da liberdade* sugere a respeito do final da história? Justifique sua resposta.

A língua em uso: os sentidos do texto

1. Copie do texto os termos empregados pela autora para se referir à obra *Antes da liberdade*.

a) Qual desses termos pode ser relacionado ao fato de a narradora do texto ser a própria Anita? Por quê?

b) Os termos que você identificou sugerem que a autora do texto gostou ou não da obra? Justifique sua resposta.

2. Com quais significados a palavra corpo **é empregada no texto?**

3. Copie as palavras e expressões empregadas para se referir ao momento político e social que compõe o contexto em que vive Anita.

- Anita é descrita como cheia de alegria e curiosidade. Essas características parecem combinar com as características do contexto? Por quê?

A resenha crítica

1. O texto foi publicado em um *site* que apresenta sugestões de livros para adolescentes e de aulas que podem ser desenvolvidas a partir deles.

a) No texto, foi empregada a linguagem formal ou informal?

b) Considerando que o público do *site* é composto por pais e professores, a linguagem empregada no texto está adequada? Por quê?

c) O texto é muito rico em adjetivos e em substantivos empregados para indicar características do contexto, da personagem e da autora da obra. É possível relacionar essas características do texto à intenção de fazer uma análise crítica de uma obra? Justifique.

2. Ao longo do texto, a autora faz algumas perguntas.

a) Identifique-as e explique o que representam no texto.

b) Como você viu, é possível perceber que a autora da resenha gostou do livro analisado. A apresentação dessas questões ajuda a convencer os leitores de que é relevante para adolescentes ler esse livro? Por quê?

c) Afirmar, no início do texto, que a obra é escrita sob o ponto de vista de Anita, uma adolescente, é casual ou pode estar relacionado aos objetivos de produção do texto?

3. Segundo a resenha, Julia Alvarez, a autora do livro, tem um estilo bem delineado e revela maturidade na maneira como aborda o tema da obra. Qual pode ser a relação entre essa afirmação e a intenção com que foi escrito o texto?

4. No final da resenha são apresentadas informações a respeito de sua autora, Ana Lúcia Brandão. De que forma essas informações contribuem para estimular a indicação do livro?

A **resenha crítica** é um texto argumentativo que apresenta informações e comentários sobre produtos culturais, como livros, CDs, peças teatrais, filmes, exposições, entre outros. Assim como os demais textos argumentativos, a resenha crítica contém uma opinião, uma avaliação do objeto resenhado, que é sustentada por meio de argumentos, seguidos de uma conclusão. As resenhas costumam circular em jornais, revistas, *sites*, folhetos comerciais e guias culturais.

Observe que, na resenha que você analisou, a autora emprega várias estratégias argumentativas: informa que a protagonista da obra é uma adolescente e que é ela quem narra os acontecimentos; aponta que questões relacionadas ao universo adolescente fazem parte da história, destaca qualidades do texto e da autora.

Geralmente, as resenhas críticas apresentam informações adicionais, relacionando a obra avaliada com outras produções do mesmo autor. Além disso, podem apresentar citações de especialistas, dados estatísticos, exemplos, fatos, referências históricas, entre outros. Nesse caso, a resenha foi escrita por uma especialista e essa característica confere maior credibilidade ao texto.

Algumas resenhas podem ser produzidas de forma independente. Outras têm o claro objetivo de estimular a venda do produto cultural. É importante, por isso, ler mais de uma resenha a respeito do mesmo produto para que seja possível formar uma ideia melhor sobre ele.

Atualmente, é comum leitores de várias idades divulgarem opiniões sobre diversos produtos culturais por meio de resenhas críticas apresentadas oralmente em vídeos disponibilizados em *blogs* e *sites* da internet.

► Reúna-se com alguns colegas. Cada grupo deverá procurar a resenha de um livro, de um CD, de uma peça de teatro, de um filme ou de outro produto cultural e identificar as características principais e os argumentos empregados para recomendar ou não o produto cultural. Depois, os grupos podem trocar as resenhas e a relação das características.

Para guardar

Resenha crítica

- Texto argumentativo que apresenta informações e comentários sobre produtos culturais com a finalidade de convencer o leitor a consumi-los.
- Como todo texto argumentativo, oferece uma opinião sobre o objeto avaliado, sustentada por argumentos, seguidos de uma conclusão.
- Pode estar em 1ª pessoa, de maneira mais pessoal, ou em 3ª pessoa, de maneira impessoal.
- Pode apresentar citações de especialistas, dados estatísticos, exemplos, referências históricas, etc.
- Circula em jornais, revistas, *sites*, folhetos comerciais e guias culturais.

E por falar nisso...

O ato de ler foi retratado na pintura, em diferentes épocas e lugares. Observe a seguir a reprodução de duas obras que tematizam a experiência da leitura.

GALERIA NACIONAL DE ARTE, WASHINGTON DC

JEAN-HONORÉ FRAGONARD. *A leitora*. c. 1770. Óleo sobre tela, 81,1 × 64,8 cm.

PINACOTECA DO ESTADO SÃO PAULO, SÃO PAULO

ALMEIDA JÚNIOR. *Leitura*. 1892. Óleo sobre tela, 95 × 141 cm.

1. Embora pertençam a contextos diferentes, as duas pinturas apresentam aspectos em comum. Junte-se com um colega e observem quem e como são retratadas as pessoas, em que lugares estão e como estão lendo. Depois disso, apresentem as semelhanças e as diferenças entre as obras.

2. Nas duas obras, as mulheres aparecem em locais tranquilos e estão dedicadas à leitura. Você acha que a prática da leitura hoje em dia ocorre da mesma forma? Discuta com seus colegas: como vocês representariam hoje o ato da leitura? Lembre-se: é importante escutar com atenção e expressar-se com clareza.

ESTUDO DA LÍNGUA I

Crase (I)

O que você irá estudar

► **Ao final deste estudo, você deverá saber:**

- o que é crase;
- quais são os casos em que ocorre crase;
- quais são os casos que não admitem crase.

Como você pode estudar

1. O **Estudo da língua** não é uma seção para decorar, mas para questionar e levantar problemas, como fazemos em **Observe, analise, questione**.
2. O trabalho com os conhecimentos linguísticos requer persistência. Leia e releia os textos e exemplos, discuta, converse.

Crase (I)

Audiovisual
Crase I

Observe, analise, questione

► **Releia os fragmentos abaixo, retirados de uma resenha de livro e do editorial "Só a lei não basta", apresentado na unidade anterior.**

> Os capítulos dedicados à vida adulta [...] trazem uma sequência de acontecimentos cronológicos relacionados à crise vivenciada pelo personagem aos quarenta anos [...].
>
> Disponível em: <http://www.musarara.com.br/aos-7-e-aos-40>. Acesso em: 14 abr. 2014.

> "[...] o Brasil aderiu tardiamente às normas de conduta que tentam reduzir as agressões."

a) Na Unidade 3, você estudou as regências verbal e nominal. Quais são os complementos das palavras destacadas nos fragmentos acima? São casos de regência nominal ou de regência verbal?

b) Que preposição liga as palavras destacadas e seus complementos?

c) Esses complementos têm como núcleo palavras femininas ou masculinas?

d) Que artigos definidos podem acompanhar palavras desse gênero gramatical?

e) Considerando as respostas aos itens anteriores, explique o que o acento grave (`) indica em **à** e **às**.

Nos fragmentos analisados, você viu casos em que há a fusão de dois **as**: a preposição **a**, exigida pelas palavras regentes, e os artigos definidos femininos **a** e **as**, que acompanham as palavras femininas regidas. Observe:

à
Dedicados (a) + (a) *vida adulta.*
preposição artigo

à
Relacionados (a) + (a) *crise vivenciada.*
preposição artigo

às
Aderiu (a) + (as) *normas de conduta.*
preposição artigo

A fusão ou contração de **a** (preposição) + **a** (artigo) recebe o nome de **crase**, que é representada na escrita pelo acento grave sobre a letra **a** (**à**).

Conforme você analisou, a crase ocorre quando há a preposição **a** e palavras femininas acompanhadas de artigo (**a** ou **as**). Há outros casos em que ocorre a crase, como o dos pronomes demonstrativos *aquele(s)*, *aquela(s)* e *aquilo*, que serão vistos mais adiante.

LEMBRE-SE

Existem três acentos gráficos: o **agudo**, o **grave** e o **circunflexo**. Já o **til** é um sinal gráfico que indica a nasalização da vogal sobre a qual está colocado.

Casos em que ocorre a crase

- A regra geral para a ocorrência da crase é aquela que você acabou de ver: preposição **a** + artigo **a** ou **as**. Veja mais um exemplo, retirado do editorial "Só a lei não basta":

> "Não há como ser indiferente **à** informação de que uma mulher é morta no país a cada uma hora e meia."

Nesse caso, a preposição **a** é exigida pela regência do adjetivo *indiferente* (ser indiferente **a**). O complemento dele é uma palavra feminina acompanhada de artigo definido: ***a** informação*.

- Preposição **a** + **a** inicial dos pronomes demonstrativos *aquele(s)*, *aquela(s)*, *aquilo*:

*A resenha refere-se **àquele** livro de Carrascoza que o professor indicou.*

*Você assistiu **àquelas** reportagens sobre violência doméstica?*

*Após ler o editorial, tenho a impressão de que a lei Maria da Penha talvez não seja adequada **àquilo** que desejamos para a sociedade.*

Nesses exemplos, a preposição **a** é exigida, respectivamente, pela regência do verbo *referir-se* (refere-se **a**), do verbo *assistir* (assistiu **a**) e do adjetivo *adequado* (adequada **a**). Essa preposição forma crase com o **a** que inicia os pronomes demonstrativos ***a**quele*, ***a**quelas* e ***a**quilo*.

- Preposição **a** + pronome **a** ou **as**:

Bom dia camaradas *é uma obra de Ondjaki anterior* ***à*** Uma escuridão bonita.

Nesse exemplo, a preposição **a**, exigida pela regência do adjetivo *anterior* (anterior **a**), funde-se com o pronome demonstrativo **a**, que substitui a expressão *a obra*: *Bom dia camaradas* é uma obra de Ondjaki anterior **a** + **a** (= a obra) *Uma escuridão bonita.*

- Preposição **a** + **a** que compõe os pronomes relativos *a qual*, *as quais*:

*Não conheço as normas de conduta para redução de agressões **às** quais o Brasil aderiu.*

Nesse caso, a crase ocorre porque o verbo *aderir*, da oração introduzida pelo pronome relativo, exige a preposição **a** (aderiu **a**), e esta se junta ao **a** do pronome relativo (**a**s quais).

Casos em que não ocorre a crase

- Antes de palavra masculina, com exceção dos pronomes *aquele(s)* e *aquilo*:

> [...] Carrascoza conta duas histórias simultaneamente, que correspondem **a** dois momentos distintos na vida do personagem principal [...].

Nesse caso, há apenas a preposição **a** exigida pelo verbo *corresponder* (correspondem **a**).

- Antes de verbo no infinitivo (também aqui há apenas a preposição **a**):

> "[...] O problema de seguir a trilha mais ponderada é que os resultados demoram **a** aparecer e dificilmente podem ser capitalizados numa eleição."

Regra prática

Para saber se há crase ou não, substitua a palavra feminina por uma masculina. Se ocorrer o emprego de **ao** ou **aos**, haverá crase. Observe:

> [...] acontecimentos cronológicos relacionados **à crise** vivenciada pelo personagem aos quarenta anos [...].

Ao substituir *crise* (palavra feminina) por *drama* (palavra masculina), vemos por que, no exemplo anterior, ocorre a crase:

[...] acontecimentos cronológicos relacionados ***ao drama*** *vivenciado pelo personagem aos quarenta anos [...].*

- Entre palavras repetidas (só a preposição **a**):

  Mesmo com a lei Maria da Penha, os casos de agressão contra a mulher no Brasil mantiveram-se praticamente estáveis ano ***a*** *ano.*

- No **a** diante de palavra no plural com sentido genérico; nesse caso também não aparece artigo, só preposição:

  Há pessoas favoráveis ***a*** *leis mais duras para punir agressões contra a mulher.* A preposição *a* é exigida pela regência do adjetivo *favorável* (favoráveis **a**).

- Antes de pronomes pessoais e de tratamento:

  Pedi ***a*** *ele que reservasse um exemplar do livro* A garota das laranjas.

  Sugiro ***a*** *você que verifique os resultados da lei Maria da Penha.*

Na seção **Estudo da língua II** desta unidade, você verá outros casos em que há ocorrência da crase.

Para guardar

Crase — É a fusão de dois **as**, representada pelo acento grave sobre a letra **a** (**à**).

Usos da crase

preposição **a** + artigo **a**, **as**	*Informei as normas* ***às*** *pessoas.*
preposição **a** + **aquele(s)**, **aquela(s)**, **aquilo**	*O boné pertence* ***àquele*** *rapaz.*
preposição **a** + pronome **a**, **as**	*Vá à sala de baixo; irei* ***à*** *de cima.*
preposição **a** + **a qual**, **as quais**	*Esta é a peça teatral* ***à*** *qual assisti ontem!*

Não se usa crase

diante de palavras masculinas.	*Desceu a ladeira* ***a*** *pé.*
diante de verbos no infinitivo.	*Continuou* ***a*** *criticar o aluno que chegou tarde.*
entre palavras repetidas.	*Estive cara* ***a*** *cara com o ladrão.*
no **a** que antecede palavras plurais com sentido genérico.	*Ninguém deve reagir* ***a*** *ameaças infundadas.*
diante de pronomes pessoais e de tratamento.	***A*** *nós ninguém engana!*

APLIQUE SEUS CONHECIMENTOS

1. Copie as frases substituindo o símbolo ✦ por *a*, *à*, *aquela* ou *àquela*.

a) Os jogadores estavam dispostos ✦ falar com o patrocinador.

b) A reunião seria referente ✦ viagem do próximo verão.

c) Queremos ir ✦ cidade mais próxima.

d) Ontem assisti ✦ explanação feita pelo doutor Paulo sobre a dengue.

e) O diretor dirigiu-se ✦ ele com perguntas breves.

f) Poucos convidados acompanharam ✦ cerimônia de casamento.

g) ✦ hora já se sabia que o mais importante tinha sido resolvido.

Ao responder às questões, busque exatidão e precisão para garantir que você entendeu o que estudou.

2. Reescreva as frases trocando a palavra destacada por aquela entre colchetes e fazendo as alterações necessárias.

a) As meninas só querem ir aos **restaurantes** [lojas] da moda.

b) A presidente vai falar aos **jornalistas** [imprensa] ainda hoje.

c) Todos deram ao **episódio** [ocorrência] uma dimensão maior do que tinha.

d) Será que algum dia ele dirá a **alguém** [namorada] o que fez?

e) O texto que escrevi remete a **fatos** [brincadeiras] de minha infância.

f) A empresa preferiu os **estagiários** [estagiárias] de marketing aos da área financeira.

3. Leia o fragmento de reportagem abaixo, que fala sobre a facilidade de acesso às mídias (música, filmes, vídeos) na atualidade.

> O diretor de arte [...] Jo Machado, por exemplo, está conectado aos seus filmes e músicas favoritos quase o tempo todo. No trabalho, tenta se impor a rotina de ouvir ao menos um álbum novo por dia [...]. Saindo de lá, continua ouvindo suas músicas da vez [...], tanto no trajeto para casa quanto na academia. [...]
>
> A redatora de conteúdo digital e DJ Débora Cassolatto [...] se impôs uma missão semelhante à de Jo Machado. Enquanto o diretor de arte procura ouvir um disco por dia, a DJ se propôs a escutar todas as canções citadas no livro 1001 *músicas para ouvir antes de morrer* [...].
>
> CARLOS MESSIAS. *Nas Nuvens – Revista GOL Linhas Aéreas Inteligentes*, n. 143, fev. 2014. (Fragmento).

GLOSSÁRIO

Diretor de arte: profissional responsável pela estética de uma produção cultural, como um anúncio publicitário, uma revista, um *site*, um filme.

Redatora de conteúdo digital: profissional que redige textos a serem publicados na internet.

DJ: abreviatura do inglês *disc-jockey*, profissional que seleciona e reproduz músicas em festas, bailes, etc.

a) Que "missão" as pessoas citadas no texto tentam cumprir?

b) Deduza: qual é a relação entre essa "missão" e a profissão de tais pessoas?

c) Explique a ocorrência da crase destacada no texto.

d) Formule uma hipótese para explicar por que o autor não escreveu o trecho da seguinte forma: *se impôs uma missão semelhante à missão de Jo Machado.*

4. **Explique a ocorrência ou não da crase nos termos destacados nos fragmentos a seguir, extraídos do texto "Todos os dias, cerca de 360 crianças e adolescentes são vítimas de violência no país", que você leu na unidade anterior.**

a) "[...] 77% das denúncias registradas por meio do Disque 100 [...] são relativas **à** violência contra crianças e adolescentes [...]."

b) "Nenhum dos dois serviços de denúncia contabiliza quantos desses casos registrados referem-se especificamente **à** violência doméstica."

c) "A ideia do programa [...] é que Lucas volte **a** viver com a família, agora mais preparada para educá-lo."

5. **Copie as manchetes e complete os pronomes relativos destacados com *a* ou *à*. Justifique sua resposta.**

> ***"Reino Unido é uma pequena ilha ▬ qual ninguém presta atenção", diz porta-voz russo***
>
> Disponível em: <http://oglobo.globo.com/mundo/reino-unido-uma-pequena-ilha-qual-ninguem-presta-atencao-diz-porta-voz-russo-9867971>. Acesso em: 26 fev. 2014.

> ***Planta chinesa cura dor para ▬ qual não há tratamento atualmente***
>
> Disponível em: <http://www.brasilsus.com.br/noticias/8-destaques/122534-planta-chinesa-cura-dor-para-a-qual-nao-ha-tratamento-atualmente.html>. Acesso em: 26 fev. 2014.

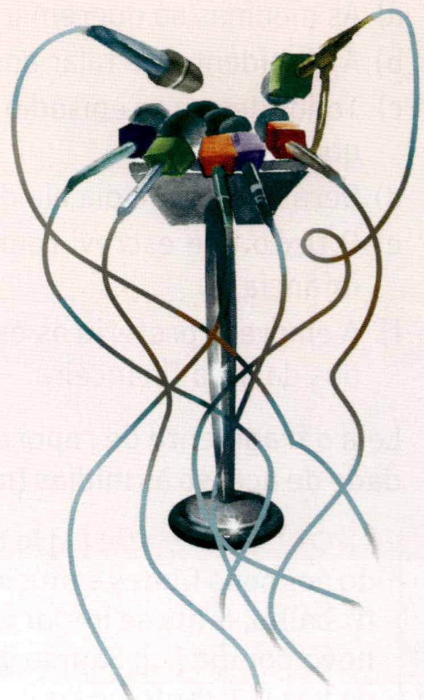

6. **Leia o início de uma notícia.**

> ***China responde a críticas americanas sobre liberdade de imprensa***
>
> A China reagiu energicamente nesta sexta-feira às críticas da Casa Branca, que questiona as "restrições" que Pequim impõe à liberdade de imprensa e sobretudo aos jornalistas estrangeiros.
>
> [...]
>
> Disponível em: <http://www.em.com.br/app/noticia/internacional/2014/01/31/interna_internacional,493640/china-responde-a-criticas-americanas-sobre-liberdade-de-imprensa.shtml>. Acesso em: 12 mar. 2014. (Fragmento).

GLOSSÁRIO

Casa Branca: sede do governo dos Estados Unidos; muitas vezes, o termo é usado com referência à própria Presidência daquele país.

a) Por que as restrições à liberdade de imprensa em determinado país podem ser alvo de crítica por parte de outro país?

b) Você sabe que uma das funções do artigo definido é indicar que certo elemento do texto já é conhecido dos interlocutores. Levando isso em conta, explique por que não ocorre crase antes da palavra *críticas* no título da notícia, mas sim antes da mesma palavra na primeira frase do texto.

Se morasse em uma casa muito grande, em qual cômodo você iria querer passar mais tempo? Leia o texto a seguir, e descubra o que Florence, uma menina muito esperta, escolheu.

A menina que não sabia ler

É uma história curiosa a que tenho de contar, uma história de difícil absorção e entendimento, por isso é uma sorte que eu tenha as palavras para cumprir a tarefa. Se eu mesma digo isso, quando talvez não devesse, é que, para uma menina da minha idade, tenho um ótimo vocabulário. Extremamente bom, para falar com franqueza. Porém, devido às opiniões rígidas de meu tio em relação à educação das mulheres, tenho escondido minha eloquência, soterrado meu talento e mantido apenas as formas mais simples de expressão aprisionadas no cérebro. Tal dissimulação transformou-se em hábito e foi motivada pelo medo, pelo grande medo de que, se falasse como penso, ficaria evidente meu contato com os livros e eu seria banida da biblioteca. E, como expliquei para a pobre sra. Whitaker (pouco antes de sua trágica morte no lago) isso é algo que não acredito que possa suportar.

Blithe House é um grande celeiro, uma mansão de pedra rústica com muitos cômodos, tão imensa que meu irmão caçula, Giles, tão rápido nas pernas quanto lento na cabeça, leva três minutos ou mais para percorrê-la; uma casa desconfortável e deteriorada pela prudência negligenciada, com os gastos controlados rigidamente (meu tio ausente tendo perdido todo o interesse por ela) com vazamentos e buracos, traças e ferrugem, fria, mal iluminada, repleta de cantos escuros, de modo que, apesar de ter vivido aqui toda a vida até onde consigo me lembrar, às vezes, especialmente às vésperas do inverno, quando vem caindo o crepúsculo, sinto tremores.

Blithe tem dois corações, um quente, um frio; um iluminado, outro sombrio mesmo no dia mais ensolarado. A cozinha, onde o forno está constantemente ardendo, é alegrada pela gorda Meg, sempre sorridente e com os braços enfiados na farinha, normalmente flertando com John, o empregado, que tenta conseguir um beijo, mas contenta-se com uma bitoca enfarinhada. Na porta ao lado, com o fogo estalando durante nove meses do ano, fica a sala da governanta, onde se pode encontrar a sra. Gouse sentada na poltrona costurando ou diante da escrivaninha às voltas com inúmeros papéis, tentando, como ela diz, dar sentido às coisas "sem pé nem cabeça" – o que me parece contraditório – para que se encaixem. Esses dois aposentos formam um dos corações, o quente.

O coração frio (mas não para mim! Ah, não para mim!) bate no outro lado da casa. Mal-amada e esquecida, exceto por mim, a biblioteca não poderia ser mais diferente da cozinha: sem lareira, fria até no auge do verão, gelada no inverno, as janelas escurecidas por cortinas pesadas jamais abertas, de maneira que preciso roubar velas para ler e depois limpar os pingos incriminadores do chão.

De uma ponta à outra, mede 104 passos meus com sapatos, e 37 na largura. Três homens poderiam ficar em pé, um em cima do outro, e mal conseguiriam tocar o teto. Cada centímetro das paredes, tirando a porta, as janelas e os assentos abaixo delas, está coberto por prateleiras de madeira, do chão até o teto, todas ocupadas inteiramente por livros.

Nenhuma criada jamais entra aqui; o piso não é varrido, pois, se intocado por passos, por que deveria sê-lo? As prateleiras não têm marcas de impressões digitais, as escadas móveis para chegar às prateleiras mais altas são mantidas sempre no mesmo lugar, os livros suplicando para serem abertos, todo o lugar relegado à poeira e ao abandono.

Sempre foi assim (exceto quando havia governanta, mais adiante), ao menos até onde me lembro, pois aqui cheguei há primeira vez há um terço da minha vida, quando tinha 8 anos. Ainda não tínhamos governanta, porque Giles, que é 3 anos mais novo que eu, e a quem se destinava a educação, era considerado jovem demais para a escola ou para qualquer tipo de aprendizado, e um dia estávamos brincando de esconde-esconde quando abri uma porta estranha, uma que até então sempre estivera trancada – ou assim pensava eu, provavelmente devido à sua rigidez, que meu eu mais jovem não conseguiu vencer –, para me esconder dele ali, e descobri esse imenso tesouro de palavras. A brincadeira foi logo esquecida; fui de prateleira em prateleira, pegando um livro atrás do outro, espirrando com a poeira ao abrir cada um deles. É claro que eu não sabia ler, mas por algum motivo isso me deixava ainda mais maravilhada, todos os milhares – acho que milhões – de linhas codificadas com impressão indecifrável. Muitos livros eram ilustrados, com xilogravuras e gravuras coloridas, citações frustrantes logo abaixo, cada uma delas mostrando a miserável impotência do tracejar dos dedos.

Depois, após receber uma reprimenda por ter desaparecido por tanto tempo que a sra. Grouse colocara todo mundo à minha procura, não apenas a enfarinhada Meg e John, pedi à sra. Grouse que me ensinasse a ler.

[...]

Ela riu e depois voltou a ficar séria. Alisou a testa.

– Sinto muito, srta. Florence, gostaria de poder fazer isso, realmente gostaria, mas poderia perder meu emprego. – Esboçou um sorriso, algo que fazia sempre com facilidade. – Mas vou lhe dizer uma coisa: sobrou um pouco dos recursos para as despesas deste mês, talvez o suficiente para uma nova boneca. E então, mocinha, o que diria de uma nova boneca?

Eu disse sim para a boneca; era melhor parecer comprada, mas sua recusa em me ajudar, longe de me desencorajar, foi o oposto e apenas estimulou minha determinação. Lentamente, e com alguma dificuldade, aprendi a ler sozinha. Ficava na cozinha e roubava letras de John enquanto ele estava lendo jornal. Apontava para um "s" ou um "b" e perguntava a ele qual era o som. Um dia, na biblioteca, tive a sorte de encontrar uma cartilha de criança e, a partir daí e daqui e dali, acabei decifrando o código.

[...]

Mantendo-se à parte, meu irmão Giles não possui muitos talentos, mas é muito bom para guardar segredos. Quando o levei até a biblioteca, pouca importância deu aos livros, embora pudesse manter-se entretido pelos desenhos coloridos de pássaros ou borboletas por uma ou duas horas. Ele se satisfazia em ficar correndo para cima e para baixo pelas escadas e subindo nas prateleiras ou escondendo-se atrás das cortinas, ou então brincava lá fora; você podia confiar nele, mesmo naquela tenra idade, para evitar o lago ou os olhos indiscretos da sra. Grouse.

Eu, entretanto, passava horas e horas lendo, e como minhas ausências, embora despercebidas durante o dia, seriam notadas à noite, meu quarto tornou-se um depósito de livros. Depois que Giles chegou aos 8 anos e foi enviado para a escola, minha existência, é claro, passou despercebida por todos. Podia ir e vir como bem entendesse; essa parte da casa era tão pouco frequentada que fiquei atrevida e pouco me preocupava com o fato de alguém me ver entrar na biblioteca ou em perturbar o pó que ali vivia. Dessa maneira, absorvia o *Declínio e queda*, de Gibbon, os romances de *Sir* Walter Scott, Jane Austen, Dickens, Trollope, George Eliot, a poesia de Longfellow, Whitman, Keats, Wordsworth e Coleridge, as histórias de Edgar Alan Poe, estavam todos lá. Mas um autor destacou-se entre todos. Shakespeare, é claro. [...]

O que eu mais gostava em Shakespeare era a felicidade com que lidava com as palavras. Parecia que, se não houvesse palavra para o que queria dizer, ele simplesmente a inventava. Ele poetava o idioma. Por inventar palavras, ele bate qualquer outro autor. Quando crescer e tornar-me escritora, e sei que me tornarei, pretendo Shakespearear algumas palavras. E já estou praticando.

John Harding. *A menina que não sabia ler*. Trad.: Elvira Serapicos. São Paulo: Leya, 2010. p. 13 a 18. (Fragmento).

ESTUDO DA LÍNGUA II

Crase (II)

O que você irá estudar

► Ao final deste estudo, você deverá saber:

- quais são os casos especiais de ocorrência da crase;
- quando a crase é facultativa.

Crase (II)

Audiovisual
Crase II

Observe, analise, questione

► **Leia o fragmento a seguir e responda às perguntas abaixo.**

> ***Depressa***
>
> [...]
>
> Meu irmão me chamava, *Vamos ver desenho!*, e ligava a tevê, nós dois sentadinhos no tapete, como índios, eu já esquecido do que não via, tomando cuidado pra continuar lá, um olho n'*A Pantera Cor-de-Rosa*, outro pela sala à caça de novidades. Um caminhão de carga passava lá fora – a gente sabia pelo barulho do motor –, saíamos correndo, num empurra-empurra, e, debruçados na janela, víamos o caminhão se arrastando, ruidoso. [...] O óleo quente chiava na cozinha, no ar o cheiro de bife que a mãe fritava. Eu voava pra cozinha, entregue inteiramente à minha fome, *Cuidado, fique longe da frigideira!*.
>
> [...]
>
> João Anzanello Carrascoza. *Aos 7 e aos 40*. São Paulo: Cosac Naify, 2013. (Fragmento).

- No início do fragmento, o autor poderia ter escrito ***O** meu irmão me chamava*, porque usar ou não o artigo na frente de pronomes possessivos geralmente é opcional, uma questão de estilo. Levando em conta essa informação, explique por que estão de acordo com as normas urbanas de prestígio as duas opções abaixo.

  "Eu voava pra cozinha, entregue inteiramente à minha fome [...]."

  Eu voava pra cozinha, entregue inteiramente a minha fome [...].

Veja a seguir outros casos especiais de uso da crase.

Casos especiais de uso da crase

- Diante de pronomes possessivos, como você já viu, o uso do artigo é facultativo; a crase, portanto, será opcional. Veja outro exemplo, também extraído do livro de João Carrascoza.

> "Fascinava-me tudo o que, de súbito, surgia à minha frente!"

- Os nomes femininos que designam lugares nem sempre admitem artigo. É necessário verificar sua presença para definir se ocorre crase.

  *Vou **à** França.* (Dizemos: ***A** França é um belo país.*)
  *Vou **a** Cuba.* (Dizemos: *Cuba* é um belo país.)
  *Dirigimo-nos **à** Bahia.* (Dizemos: ***A** Bahia tem sorvetes deliciosos.*)
  *Vou **a** Cravinhos.* (Dizemos: *Cravinhos é a cidade natal daquele autor.*)

  Ocorrerá crase sempre que o nome do lugar vier determinado, pois nesse caso há artigo e preposição.

  *Ainda viajarei **à*** (a + a) *Cravinhos de Carrascoza.*
  *Fomos **à*** (a + a) *cidade de Ouro Preto.*

Regra prática

Para confirmar a presença do artigo diante de nomes femininos que designam lugares, use o verbo *vir*.

*Venho **da** França* (preposição **de** + artigo **a**).

*Venho **de** Cravinhos* (preposição **de**, ausência do artigo).

- A crase ocorre em muitas locuções femininas (adverbiais, prepositivas, conjuntivas), por elas serem introduzidas pela preposição **a** e admitirem artigo, ou por necessidade de clareza.

  *Às **vezes** tenho saudades de minha infância.*

  *A sessão de autógrafos terá início às **vinte horas**.*

  *Todos ficaram desapontados à **medida** que os números eram divulgados.*

  *Ficamos à **espera** de mais notícias sobre o caso.*

  Observações: Há crase em frases como *Espero você **às duas***, em que a palavra *horas* está subentendida.

  Algumas locuções que levam crase: à base (de), à esquerda, à beira (de), à parte, à deriva, à toa, à direita, à venda.

- Sempre haverá crase nas expressões ***à** moda de* e ***à** maneira de*, mesmo quando subentendidas.

  *Ele escreve **à*** (maneira de) *Cortázar.*

  *Vestia-se **à*** (moda dos) *anos 1970.*

Para guardar

Usos especiais da crase

- Diante de pronomes possessivos (facultativo).
  - *Sugeriram **à (a) nossa equipe** que desistíssemos da competição.*
- Diante de nomes femininos que designam lugares e admitem artigo (ou estão determinados).
  - *Este ano voltei **à Bahia** para mais um carnaval!*
- Diante de algumas locuções femininas.
  - *Já que você está **à toa**, venha me ajudar!*
- Diante das expressões *à moda de* e *à maneira de*, mesmo quando subentendidas.
  - *Quero arroz **à grega** e bife **à cavalo**, por favor.*

APLIQUE SEUS CONHECIMENTOS

1. **Observe, nesta tira, como o Recruta Zero é acordado pelo Sargento Tainha.**

RECRUTA ZERO MORT WALKER

a) Por que o Sargento Tainha acoplou uma mola gigante à cama do Recruta Zero? Ele atingiu seu objetivo?

b) O que se pode deduzir a respeito do comportamento do Recruta Zero com base na ação do sargento?

c) A crase na expressão **à minha cama** está de acordo com as normas urbanas de prestígio? Justifique.

2. Leia esta outra tira, de Hagar.

HAGAR CHRIS BROWNE

a) Justifique por que não ocorre crase em "Soltar as velas!" e "Todos a bordo alinhados!".

b) As falas de Hagar nos cinco primeiros quadrinhos sugerem o quê?

c) O que torna a tira divertida? Para responder, leve em conta a expressão de Hagar, nos dois últimos quadrinhos, e também a mudança no balão de fala, no quadrinho final.

3. Transcreva as frases em que o acento indicativo da crase está em desacordo com as normas urbanas de prestígio, corrija-as (se necessário) e justifique.

a) Rimos à beça ontem à noite na festa.

b) Tomar vitamina C é essencial à nossa saúde.

c) Viajamos à Campinas neste final de semana.

d) No que se refere às reprovações, precisamos avaliar caso à caso.

4. Substitua os termos em destaque por aqueles que estão entre parênteses, fazendo as adaptações necessárias.

a) Ela retornou de Santa Catarina. (ir)

b) Desistimos de viajar a Paris. (Fortaleza das belas praias)

c) A partir daquele momento, nós iniciamos a leitura do livro. (certa hora)

d) Ele saiu ao meio-dia. (meia-noite)

e) Entrei em casa aos berros. (gargalhadas)

5. **Leia esta frase:**

Mariana tem horror a esta música.

- Se o substantivo *horror* rege a preposição *a*, e o substantivo *música* pode ser precedido de artigo *a*, por que não houve ocorrência de crase?

6. **Veja a capa do livro abaixo, um guia turístico sobre a capital da França:**

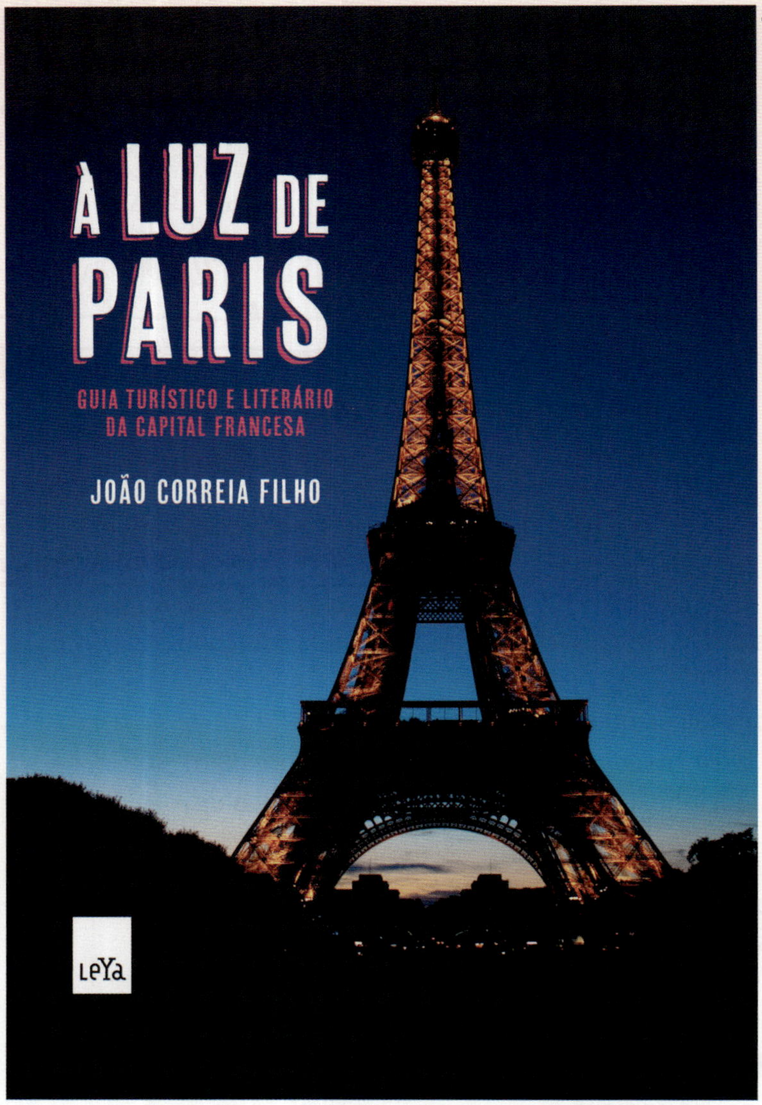

REPRODUÇÃO

a) Qual é a função de um guia turístico?

b) Explique de que forma o título do livro se relaciona ao fato de ele ser um guia turístico da cidade de Paris.

c) Se o título do livro fosse *A luz de Paris*, sem crase, o sentido ainda seria o mesmo? Justifique.

d) Paris é também conhecida como a *cidade-luz*, por conta de seu valor intelectual, artístico e cultural perante o mundo. Se o tema do livro fosse justamente esse valor da capital francesa, que título seria mais adequado: *À luz de Paris* ou *A luz de Paris*?

QUESTÕES DA LÍNGUA

Emprego de *há* ou *a*

Emprego de *há* ou *a*

Observe, analise, questione

► **Releia o início do editorial "Só a lei não basta", apresentado na unidade anterior.**

> "É inquestionável que a Lei da Maria da Penha [*sic*], em vigor há sete anos, representou um avanço no enfrentamento da violência doméstica contra a mulher."

Agora suponha que alguém, ao ler o editorial, comente:

Espero que daqui a sete anos a lei Maria da Penha traga mais resultados positivos.

- Explique a diferença de sentido entre as expressões destacadas.

Ter e haver

Na linguagem informal, geralmente se usa o verbo *ter* para indicar existência.

Em uma das mãos de Lucas ***tem*** *uma marca de infância.*

Se você for produzir um texto em um contexto que exige formalidade, troque essa forma por *há*.

Como você percebeu, as expressões *há sete anos* e *[daqui] a sete anos* possuem o mesmo som, mas graficamente são diferentes e comunicam informações distintas.

O verbo *fazer* também pode ser empregado com o sentido de tempo e, nesse caso, segundo as normas urbanas de prestígio, deve permanecer invariável (sempre na 3ª pessoa do singular). Veja:

Faz *sete anos que a lei Maria da Penha está em vigor.*

Conheça outras ocorrências que trazem dúvida sobre o emprego do verbo *haver* e da preposição **a**.

- Forma verbal ***há*** empregada com o sentido de "existe(m)":

> "Adolescente agitado, Lucas fica tímido ao mostrar suas mãos. Em uma delas, ***há*** uma marca de infância."

- Preposição ***a*** empregada antes de verbos no infinitivo:

> "Lucas tem 13 anos. É filho adotivo e começou ***a*** apanhar 'de cinta e de fio' da mãe e do cunhado depois que o pai morreu."

- Preposição ***a*** indicando distância ou lugar ao qual alguém se dirige:

Vou ***a*** *uma padaria fazer o pedido do bolo para a festa. Aquela de que gostamos deve ficar* ***a*** *uns cinco quarteirões de casa.*

O artigo *a* e o pronome oblíquo *a*

Leia os primeiros parágrafos de uma crônica de Rubem Braga, prestando atenção às palavras destacadas.

> ***Valente menina!***
>
> Debruçado cá em cima, no 13º andar, fiquei olhando a porta do edifício à espera de que surgisse o seu vulto lá embaixo.
>
> Eu a levara até o elevador, ao mesmo tempo aflito para que ela partisse e triste com a sua partida. Nossa conversa fora amarga.

> Quando lhe abri a porta do elevador esbocei um gesto de carinho na despedida, mas, como eu previra, ela resistiu. Pela abertura da porta vi sua cabeça de perfil, séria, descer, sumir.
>
> [...]

RUBEM BRAGA. *A traição das elegantes*. Rio de Janeiro: Sabiá, 1967. p. 209. (Fragmento).

LEMBRE-SE

Além de pronomes oblíquos, as palavras **o(s)** e **a(s)** também podem ser pronomes demonstrativos, substituindo um termo ou mesmo uma oração que ficam subentendidos.

"A nossa proposta é **a** de reintegração familiar. Acolhimento não é lugar de criança."

Nesse caso, o **a** destacado é um pronome demonstrativo que substitui *proposta*: a nossa proposta é a [proposta] de reintegração familiar.

Nessa crônica, o narrador-protagonista, um homem maduro, conta o fim de seu relacionamento amoroso com uma moça bem mais jovem – a "valente menina" de que fala o título. Assim, em "Eu **a** levara até o elevador [...]", a palavra destacada é o pronome oblíquo **a**, que substitui *ela*, a personagem feminina a que o narrador se refere. Já em "[...] fiquei olhando **a** porta do edifício", a palavra destacada é, como você sabe, o artigo definido **a**.

Não devemos confundir a forma verbal ***há*** (do verbo *haver*) com a preposição **a**, nem com o artigo definido **a** ou com o pronome oblíquo **a**. Embora essas palavras possuam o mesmo som, elas têm sentido distinto.

APLIQUE SEUS CONHECIMENTOS

1. Reescreva as frases substituindo o símbolo ✦ por *há* ou *a*.

a) Ele estuda nesta escola ✦ doze anos.
b) Eu volto daqui ✦ cinco minutos.
c) Os médicos chegaram ✦ pouco tempo.
d) Volto ✦ Montevidéu com muita alegria.
e) Ainda estamos ✦ muitas semanas do meu aniversário.
f) Carlos trabalha aqui ✦ cerca de um ano.
g) Terminou o café e logo começou ✦ estudar.
h) Já paguei essa conta ✦ uma semana!
i) Naquele bairro ✦ muitas casas com placas de energia solar.
j) ✦ muitos motivos para que ela comece ✦ se rebelar contra ✦ situação.

2. Releia mais um trecho de uma resenha.

> "Da mesma maneira, o projeto gráfico dialoga com esta dualidade: impresso em uma cor, sobre papel verde, o livro traz **as** narrativas da infância na parte superior da página enquanto **as** da vida adulta se encontram na inferior, acentuando os dois momentos distintos do personagem."

a) A que classes gramaticais pertencem as palavras destacadas no trecho?
b) Que substantivo a segunda palavra destacada substitui?

3. **Reescreva as frases substituindo, quando possível, os termos destacados pelos verbos *existir* ou *fazer*.**

a) Há praias maravilhosas no Ceará.

b) Aquela sorveteria fica a três quadras daqui.

c) Quando houver problemas, converse comigo.

d) Há dias que não vejo meu cachorro.

e) Ficamos tão aliviados com a notícia que começamos a chorar.

f) Sempre haverá aqueles que discordam de tudo.

g) Não quero ouvir uma palavra a esse respeito.

h) Estamos a anos-luz de encontrar a solução para este problema.

4. **Leia esta tira.**

WILLTIRANDO **WILL LEITE**

a) Como é construído o humor da tira?

b) Justifique o uso de *há* na expressão *há quanto tempo*.

c) Que outros elementos da tira indicam a passagem do tempo?

5. **Leia esta outra tira.**

LUKE & TANTRA **ANGELI**

a) Que fato inesperado acontece na tira?

b) Utilizando o verbo *haver*, reescreva a pergunta do primeiro quadrinho e a frase do último.

c) O que aconteceria com a linguagem da tira se o verbo *haver* tivesse sido empregado?

LEITURA E PRODUÇÃO DE TEXTO

Contexto

Segundo dados do Programa Internacional de Avaliação de Estudantes, comparados a outros países do mundo, os jovens brasileiros estão entre os mais interessados pela leitura.

No Brasil, o número de leitores também cresceu: aproximadamente 49% das pessoas leem mais atualmente do que em 2007, quando esse número era de 40% (de acordo com os Retratos da Leitura no Brasil, divulgado em 2012).

Por isso, torna-se importante obter acesso a informações para adquirir, buscar, avaliar e direcionar a leitura. A resenha crítica, gênero abordado nesta unidade, é uma dessas ferramentas que auxiliam o leitor a desfrutar um pouco mais e melhor desse hábito.

A produção em foco

► **Ao final da unidade, você vai escrever uma resenha crítica de um livro. Durante a próxima leitura, fique atento:**

a) os aspectos principais do produto cultural avaliado (obra, autor, assunto abordado);

b) a opinião expressa pelo autor da resenha;

c) os argumentos usados para justificar essa opinião;

d) a presença de outras informações que podem ajudar o leitor a compreender melhor a obra analisada.

Pinóquio retorna no ritmo frenético do texto original

Thales de Menezes, de São Paulo

Quem acha que as obras infantis antigas não têm ritmo para atrair a garotada de hoje, ligada em *vídeo games*, pode mudar de ideia com a leitura de *As Aventuras de Pinóquio*, que chega às livrarias na próxima quarta-feira.

Traduzida do texto original de Carlo Collodi (1826-1890) pelo celebrado Ivo Barroso, a narrativa é delirante. "É um livro delicioso", diz o tradutor. Ele exalta a descrição do interior do peixe-cão, a "baleia" que engole Gepeto, o criador de Pinóquio.

"Eu faço uma comparação com o Júlio Verne de *Viagem ao Centro da Terra* e *20 Mil Léguas Submarinas*. Collodi tem uma imaginação incontrolável", afirma Barroso.

Para ele, a famosa adaptação animada dos estúdios Disney não explora nem 10% do livro. "Essa e outras versões que eu conhecia procuram facilitar a leitura, mas desfiguram o estilo e deixam de aproveitar as aventuras que o original apresenta."

Já nas primeiras páginas, a mágica se espalha, sem freios. Mal Gepeto cria o boneco, Pinóquio já foge para as ruas e encontra pessoas que conversam com um brinquedo de madeira sem nenhuma estranheza.

Thales de Menezes

Jornalista especializado em música e cultura *pop*, trabalhou na *Folha de S.Paulo* entre 1987 e 2000 e voltou a trabalhar nesse jornal em 2011.

CORTESIA THALES DE MENEZES

O jornalista em Londres (foto de 2012).

SHUTTERSTOCK

Muita coisa acontece, com diferenças gritantes em comparação à história popularizada no cinema.

Logo no começo, Gepeto vai para a cadeia por culpa de Pinóquio, personagem nada fofinho. Nas mais de 300 páginas, o boneco vai exibir muita ganância e egoísmo até virar um bom menino.

A enorme quantidade de ação em cada página ditou o estilo do artista Alex Cerveny para o trabalho. "Deixei a intuição dominar. As ilustrações têm muito de rabiscos, surgiram do que eu ficava rabiscando enquanto lia", diz.

Se os desenhos nasceram do ritmo vertiginoso da narrativa, as versões finais que aparecem no volume da Cosac Naify seguem a sofisticação gráfica típica da editora.

Usam a técnica *cliché verre*, do final do século 19. Uma placa de vidro é chamuscada com uma vela, e o desenho do papel é copiado nela com um objeto pontiagudo. Daí, as imagens podem ser digitalizadas direto do vidro.

Com tanto apuro visual e a tradução que acompanha a força narrativa do original, o livro não é só para crianças. "É um clássico para qualquer idade", defende Barroso.

Pinóquio é a mensagem de que todos os meninos podem ser bons. Mas é muito mais literatura do que isso.

As aventuras de Pinóquio
Autor Carlo Collodi
Ilustrações Alex Cerveny
Tradução Ivo Barroso
Editora Cosac Naify

Folha de S.Paulo. Ilustrada. 4 dez. 2011, p. E8.

GLOSSÁRIO

Júlio Verne: autor francês (1828-1905), conhecido por seus livros de ficção científica e aventura. As duas obras mencionadas na resenha (*Viagem ao centro da Terra* e *20 mil léguas submarinas*) são repletas de imprevistos e sobressaltos: a todo momento, os heróis experimentam novas e inesperadas dificuldades e encontram soluções originais para elas, porém não sem antes passarem por apuros.

Antes do Estudo do texto

1. Se não tem certeza de ter compreendido bem o texto, leia-o novamente.
2. Procure identificar as ideias apresentadas no texto e reflita: você concorda com elas? Por quê?
3. Ao responder às questões a seguir, procure empregar o que já aprendeu ao ler outros textos e seja preciso em suas respostas.

ESTUDO DO TEXTO

Depois de ler

1. Sobre a resenha que você leu, responda:

a) O que está sendo resenhado?

b) Quem é o autor da obra resenhada?

c) Qual o nome do autor da resenha?

d) Há informações suficientes para o leitor buscar a obra se quiser? Quais são elas? Onde elas aparecem?

e) Foram apresentados na resenha mais aspectos negativos ou positivos da obra?

REPRODUÇÃO

Capa de *As aventuras de Pinóquio*, de Carlo Collodi, ilustrações de Alex Cerveny.

2. Após a leitura da resenha, você se sentiu interessado em ler o livro *As aventuras de Pinóquio*? Por quê?

- Provavelmente você já deve ter lido ou ouvido sobre a personagem Pinóquio. Em sua opinião, isso influenciou o seu interesse pelo livro resenhado? Justifique sua resposta.

3. Releia o trecho a seguir.

> "Quem acha que as obras infantis antigas não têm ritmo para atrair a garotada de hoje, ligada em *video games*, pode mudar de ideia [...]"

a) Como você imagina que sejam as "obras infantis antigas" mencionadas pelo autor da resenha?

b) E como seria essa garotada de hoje, ligada em *video games*?

c) Qual seria a obra infantil antiga à qual ele se refere?

d) Por que a garotada ligada em *video games* se interessaria por essa obra, segundo o autor?

e) A resenha em análise foi publicada em um jornal de grande circulação destinado a leitores adultos. A quem, portanto, interessaria a informação de que a obra *As aventuras de Pinóquio* pode ser apreciada por crianças que gostam de *video games*?

4. Leia novamente a frase a seguir.

> "'É um clássico para qualquer idade', defende Barroso."

a) Procure no dicionário o significado da palavra *clássico* adequado para esse contexto.

b) Com que finalidade o autor da resenha pode ter destacado essa característica da obra?

5. Releia este trecho.

> "Traduzida do texto original de Carlo Collodi (1826-1890) pelo celebrado Ivo Barroso, a narrativa é delirante. [...] 'Eu faço uma comparação com o Júlio Verne de *Viagem ao Centro da Terra* e *20 Mil Léguas Submarinas*. Collodi tem uma imaginação incontrolável', afirma Barroso.
>
> Para ele, a famosa adaptação animada dos estúdios Disney não explora nem 10% do livro."

a) Qual seria a vantagem de a obra haver sido traduzida do texto original?

b) O autor da resenha refere-se ao tradutor chamando-o de "o celebrado". O que o emprego desse adjetivo revela a respeito da opinião do jornalista sobre o tradutor da obra?

c) O que a comparação com as obras de Júlio Verne permite deduzir a respeito de *As aventuras de Pinóquio*?

d) O autor da resenha também estabelece uma comparação entre a história apresentada no livro e a versão dessa obra feita para o cinema. Qual seria a diferença entre essas duas versões?

6. Agora, você vai analisar os componentes argumentativos da resenha. Primeiro, copie no caderno a frase que melhor representa a tese defendida no texto.

- A versão original de Pinóquio é melhor do que a adaptação feita para o filme.
- O ritmo da narrativa da versão original da história de Pinóquio conquista crianças que normalmente apreciam *video games*.
- A importância das ilustrações e produção gráfica de *As aventuras de Pinóquio* no resultado da obra.

a) Indique no caderno três **argumentos** utilizados pelo autor da resenha para defender sua tese.

- Em sua opinião, os argumentos apresentados pelo autor da resenha foram convincentes?

b) A **conclusão** da resenha, reproduzida a seguir, é coerente com a tese defendida no desenvolvimento do texto? Explique.

> "*Pinóquio* é a mensagem de que todos os meninos podem ser bons. Mas é muito mais literatura do que isso."

- O que esse trecho quer dizer, considerando as demais versões dessa mesma história?

c) Das alternativas a seguir, copie aquela que revela a **estratégia argumentativa** fundamental utilizada pelo autor da resenha para organizar e manifestar suas ideias.

- Avaliar a obra a partir da sofisticação do projeto gráfico e das ilustrações em técnica *clichê verre*.
- Estabelecer comparações entre o objeto resenhado e outra obra e autor ou outras versões da mesma obra.
- Tecer críticas com base em uma análise do comportamento das crianças de hoje e seu interesse por *video games* e tecnologia.

d) Qual o principal **recurso** utilizado na argumentação desenvolvida na resenha crítica: citações de especialistas; dados estatísticos; exemplos e fatos; ou referências a fatos históricos?

LEMBRE-SE

A estratégia argumentativa é definida pelo modo como a argumentação é construída em um texto.

7. Observe a seguir uma sinopse de *Pinóquio*, filme de 1940 mencionado na resenha que você leu na unidade.

> Obra-prima da Disney sobre a eterna história do boneco de madeira e seu gentil criador, o marceneiro Gepetto. Durante uma mágica noite estrelada, uma fada azul dá vida a Pinóquio, começando uma fantástica aventura que vai testar a coragem, a lealdade e a honestidade do boneco, virtudes que ele tem que aprender para se tornar um menino de verdade.
>
> Disponível em: <http://cinema.uol.com.br/filmes/1940/pinoquio.jhtm>. Acesso em: 20 mar. 2014.

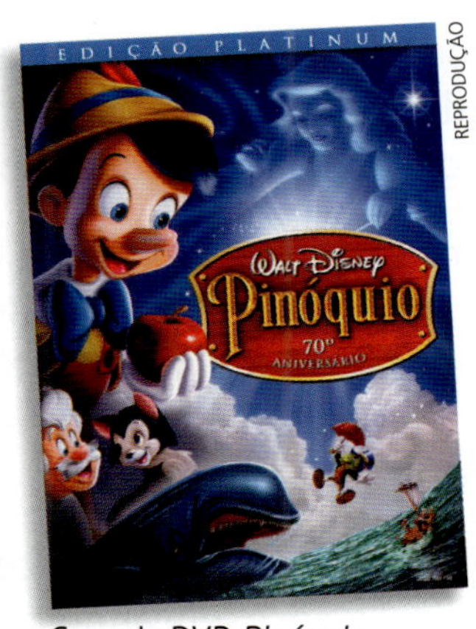

REPRODUÇÃO

Capa do DVD *Pinóquio*, de Walt Disney.

Sinopse é um breve resumo que visa apresentar uma ideia geral de um livro, filme ou peça teatral. Geralmente, não apresenta o desfecho da história para que os leitores sejam incentivados a buscar os produtos culturais e ser surpreendidos ao apreciá-los. As sinopses podem aparecer em jornais, revistas, *sites*, folhetos de editoras e também nas contracapas dos livros.

a) O que os espectadores podem esperar do filme *Pinóquio* a partir da leitura da sinopse?

b) A sinopse apresenta informações ou avaliações sobre a obra?

c) Em sua opinião, é importante que uma sinopse da obra faça parte da resenha a respeito dessa obra? Por quê?

d) Copie no caderno os trechos de "Pinóquio retorna no ritmo frenético do texto original" que poderiam ajudar a compor uma sinopse do livro resenhado.

- O autor da resenha, porém, não teve a preocupação de fazer uma sinopse da obra, como aconteceu na resenha de *Antes da liberdade*. Quem não conhecesse a história do boneco de madeira, não iria ter uma ideia clara dela a partir da leitura da resenha. Que motivo o autor da resenha poderia ter para fazer essa escolha?

PRODUÇÃO DE TEXTO — Resenha crítica

O que você vai produzir

Você vai produzir uma resenha crítica sobre um livro escolhido por você. As resenhas serão expostas em um mural de dicas culturais, organizado por você e seus colegas, com a orientação do seu professor.

Na hora de produzir

1. Siga as orientações apresentadas nesta seção.
2. Lembre-se de que você já leu e analisou textos do gênero que vai produzir. Se for o caso, retome o **Estudo do texto**.
3. Diante da folha em branco, persista. Nenhum texto fica pronto na primeira versão.

Planeje e desenvolva seu texto

1. **Lembre-se de algum livro que você tenha lido. Ele pode ter sido marcante por você ter gostado muito ou não ter gostado nem um pouco da história ou das informações contidas nele. Fica a seu critério resenhar sobre o livro escolhido de forma positiva ou negativa.**

2. **Em uma folha, redija uma sinopse do livro, que contenha os elementos principais da obra, como enredo e personagens, além de outros aspectos que você achar interessantes. Coloque os dados da obra, como nome do autor, editora, número de páginas, número e ano da edição. Esses dados também figurarão ao longo do texto da resenha ou em um espaço ao final do texto.**

3. **Organize seu texto. Ele deve apresentar uma tese (a sua opinião sobre o livro), as informações da obra (já rascunhadas), e os argumentos que defendem sua opinião. Não se esqueça de que seu ponto de vista deve vir acompanhado de argumentos que o sustentem por meio de uma estratégia determinada por você.**

4. **As críticas devem ser consistentes e comprovadas. Assim, justifique sua opinião apresentando características do objeto de sua resenha. Você pode citar trechos do livro ou de outras obras que sejam relevantes.**

5. Fique atento ao encerrar seu texto. A conclusão deve ser coerente com sua crítica.

6. Utilize uma linguagem adequada aos leitores da sua escola. Use a 3ª pessoa do discurso a fim de imprimir impessoalidade às suas impressões.

7. Dê um título interessante à sua resenha crítica; ele pode ser um artifício para atrair a atenção dos leitores, já que seu texto ficará exposto com vários outros.

Avalie sua produção

► Antes de passar sua resenha crítica a limpo, avalie seu texto de acordo com os critérios apresentados no quadro a seguir.

Resenha crítica
1. O ponto de vista apresentado está claro e coerente durante todo o texto?
2. Há argumentos que sustentam a tese? Os argumentos utilizados são convincentes?
3. A conclusão é coerente com as críticas apresentadas?
4. Há uma sinopse que resume o conteúdo da obra?
5. Se o leitor se interessar pelo livro, terá em mãos as informações necessárias para adquiri-lo?
6. O título da resenha instiga o leitor a conhecer o texto?
7. O texto está escrito na 3ª pessoa do discurso?
8. A linguagem foi empregada de maneira adequada?
Aspectos importantes em relação à ortografia, à pontuação e demais normas gramaticais
1. Está livre de problemas de ortografia relacionados a regras já estudadas?
2. Está com a pontuação correta?
3. Está livre de problemas relacionados ao emprego da crase?

Audiovisual
OmeleTV - *O Hobbit: a desolação de Smaug*

Audiovisual
Como fazer um vídeo

Organize o mural de dicas culturais e divulgue sua produção

1. Sob a orientação do professor, a sala será dividida em grupos. Cada grupo ficará responsável por pesquisar um tipo de evento cultural que esteja acontecendo na cidade, como peças de teatro, apresentações de dança, exposições, exibições de filmes, lançamentos de livros, entre outros.

2. As informações e as imagens relacionadas aos eventos podem ser pesquisadas em jornais, revistas, guias culturais e na internet. Os grupos devem organizar o material em cartazes, identificando cada um dos eventos.

3. No dia estipulado, os grupos montarão o mural de dicas culturais com os cartazes. Um dos espaços do mural deverá ser reservado para as resenhas críticas produzidas na unidade.

UNIDADE

7 AS FORMAS DA POESIA

Tema: percepções.

ESTUDO DA IMAGEM

1. Descreva a imagem, apontando seus elementos principais.
2. De que maneira você relacionaria a palavra que aparece na imagem com o espaço em que foi inserida?
3. Discuta com seus colegas: essa pode ser considerada uma obra poética? Lembre-se: é importante escutar com atenção e expressar-se com clareza.
   - Leia o boxe **Saiba mais** e responda: você acha que essa obra apresenta um caráter crítico e leva a um questionamento da realidade? Por quê?

NELSON ANTOINE/FOTOARENA/GAZETA PRESS

Saiba +

BijaRi

O grupo artístico BijaRi é composto de dez integrantes, entre arquitetos, VJs, *webdesigners* e artistas plásticos. Sua proposta é desenvolver projetos, como instalações e intervenções em diversos suportes, que apresentam caráter crítico e levam ao questionamento da realidade. O projeto *São Paulo poesia concreta* trouxe três obras em madeira – "Descanse", "Relaxe" e "Calma" –, todas colocadas em locais onde a circulação de pessoas é grande.

Em foco nesta unidade

- A prosa poética e o poema visual
- A linguagem poética
- Figuras de linguagem
- O emprego do apóstrofo
- Produção: poema visual

BijaRi. *Descanse.* Projeto *São Paulo poesia concreta*, 2009.

LEITURA

Contexto

Os textos em prosa também podem utilizar recursos da linguagem poética como forma de produzir efeitos e criar expressividade. É possível encontrar esses recursos em romances, contos, novelas, crônicas, reportagens, etc. Quando isso ocorre, temos o que se chama de **prosa poética**, estilo criado no século XIX, na França, por poetas como Charles Baudelaire e Arthur Rimbaud.

Você vai ler a seguir o fragmento de um romance de Bartolomeu Campos de Queirós, escritor brasileiro, que apresenta características da prosa poética.

Antes de ler

► **Observe o título do texto.**

a) Como você imagina que seja esse texto? O que você acha que o narrador irá contar?

b) Como você leu no boxe **Contexto**, esse é um texto em prosa poética. Que elementos você acredita que ele apresente para ser classificado dessa forma?

O olho de vidro do meu avô

Era de vidro o seu olho esquerdo. De vidro azul-claro e parecia envernizado por uma eterna noite. Meu avô via a vida pela metade, eu cismava, sem fazer meias perguntas. Tudo para ele se resumia em um meio-mundo. Mas via a vida por inteiro, eu sabia. Seu olhar, muitas vezes, era parado como se tudo estivesse num mesmo ponto. E estava. Ele nos doava um sorriso leve com meio canto da boca, como se zombando de nós. O pensamento vê o mundo melhor que os olhos, eu tentava justificar. O pensamento atravessa as cascas e alcança o miolo das coisas. Os olhos só acariciam as superfícies. Quem toca o bem dentro de nós é a imaginação.

***

Meu avô imaginava sempre, eu acreditava. Vencia as horas lerdas deixando o mundo invadi-lo por inteiro. Ele hospedava essa visita sem espanto. Saboreava o mundo com antiga fome. O que seu olho de vidro não via, ele fantasiava. E inventava bonito, pois eram da cor do mar os seus olhos. E todo mar é belo por ser grande demais. Tudo cabe dentro de sua imensidão: viagens, sonhos, partidas, chegadas, mergulhos e afogamentos. Há que se contar o desassossego que as águas nos provocam. Nunca soube se meu avô conhecia o mar. Sua cidade ficava bem no meio das minas. Sei que morava entre um mar de montanhas, um mar de filhos, um mar de paixão e um mar de dúvidas. E devia ser sem tamanho o seu olhar de vidro. Ele parecia conhecer até o depois dos oceanos.

***

Ao ficar diante de meu avô eu me sentia apenas um menino em seus olhos. Se alguém nos olha nos multiplica. Passamos a ser dois. Somos duas meninas dos olhos. Mas no olhar de meu avô eu só podia ser um. E ser dois é ter um companheiro para aventurar, outro irmão para as errâncias. Assim, é sempre possível jogar nossa culpa no outro. Ele desculpa sempre. Toda pessoa é gêmea de si mesma. Há sempre um outro escondido dentro de nós que nos vigia em silêncio. Só aqueles que possuem um olhar de vidro não refletem isso. Meu avô me reduzia, me fazia solitário. Eu me sentia único, órfão, sem portas para saídas.

***

Dizem que ele viajou para São Paulo. Naquele tempo, São Paulo ficava quase em outro país. Foi comprar esse olho que não via. Ele jamais acreditou que, em terra de cego, quem tem um olho é rei. Venceu longos dias na estrada, poeira, lama, fantasiado de pirata, como se fosse carnaval. Tudo para conquistar um olho. Meu avô era vaidoso, mesmo sem desejar ter reinado.

Voltou com dois olhos, mas apreciando a paisagem apenas com o lado direito. Pelo olho esquerdo ele só adivinhava. Um olho era de mentira e o outro de verdade. Mas isso não lhe trazia problemas. Cego é aquele que não quer ver. Ele via muito. Tudo no mundo é, em parte, uma verdade e, por outra parte, uma mentira.

Com o olho direito meu avô via o sol, a luz, o futuro, o meio-dia. Com o olho esquerdo ele via a lua, o escuro, o passado, a meia-noite. Um dia me falaram que a alma tem dois olhos. Com um, ela olha para o tempo, com o outro, ela namora a eternidade. Um olho é do amor e o outro é do desamor. Mas eu não conhecia a alma. Sei que se fosse boa ia morar no céu. Se fosse má estaria, para sempre, no caldeirão do inferno. Aprendi isso no catecismo.

***

Ninguém esgota o mundo com o olhar, mesmo possuindo dois olhos sem vidro. Mas a gente, com dois olhos, sempre olha e não acredita no que vê. Mas meu avô desejava que toda a cidade o visse com dois olhos, o que de fato era uma meia-verdade. Mas, com o passar dos anos, o povo esqueceria qual olho era o de ver e qual olho era o de enfeitar. Qual era o passado e qual o futuro. As pessoas confundem os lados com muita facilidade. Nunca esqueceriam que um olho era de mentira, feito em São Paulo. Jamais decifrei por que São Paulo tinha uma fábrica de olhos cegos.

***

Tenho medo da palavra verdade. É tão crua. Parece feita de faca. A palavra verdade não permite o erro, daí não conhecer o perdão. A verdade, se existe, deve ser exagerada demais. É maior que o mar. O mar tem margens e a verdade não. A verdade não possui fronteiras. A verdade não permite perguntas. A verdade é uma resposta quase falsa. A verdade invade. Eu sempre acreditei mais no olho da mentira do que no olho da verdade. Com o olho da mentira meu avô só me via com encantos.

Bartolomeu Campos de Queirós

RENATO COBUCCI/HOJE EM DIA/FOLHAPRESS

O escritor, em 2003.

Bartolomeu Campos de Queirós (1944-2012) nasceu na cidade de Pará de Minas (MG). Formado em educação e artes, publicou mais de 40 livros e foi atuante em importantes projetos de leitura no Brasil.

Antes do Estudo do texto

1. Se não tem certeza de ter compreendido bem o texto, leia-o novamente.
2. Procure identificar as ideias apresentadas no texto e reflita: você concorda com elas? Por quê?
3. Ao responder às questões a seguir, procure empregar o que já aprendeu ao ler outros textos e seja preciso em suas respostas.

Fui criado por via das dúvidas. Quando adoecia, minha mãe chamava o farmacêutico, por via das dúvidas. Mas, por via das dúvidas, acendia uma vela. Por via das dúvidas escaldava um chá. Por via das dúvidas mandava benzer. E eu, por via das dúvidas, voltava a ter saúde. A dúvida sempre me salvou. As pessoas que cismam ter encontrado a verdade me assustam. Daí gostar de meu avô. Ele sempre duvidava do que via. E se via, fazia de conta que não via. Ele escolhia o que ver. Quando nos negamos a ver é porque já vimos. E fica impossível desver.

***

Eu gosto da palavra crença. Ter crença é ser mais brando, é poder mudar, trocar de lado, ser um dia sim e outro não. É não ser certo nem dar certeza. E a crença do outro pode encantar você, lhe deixando apaixonado. Na paixão mudamos de lugar. Na paixão você é Feliz por cumprir a crença do outro. A crença escuta. Quem possui a verdade, apenas fala. Meu avô devia viver em dúvida. Não sabia, ao certo, o que seu olhar alcançava.

***

Ele se recostava na cadeira de balanço e se embalava de mansinho como se o mundo morasse em seu colo. Balançava leve para não acordar o silêncio. Guardava uma secreta ternura pelo silêncio. Com ele aprendi que no silêncio cabe tudo. O silêncio decifra todos os labirintos. Não existe um só ruído que o silêncio não escute.

Muitas vezes esse silêncio se misturava com o cheiro do alho que minha avó refogava para o arroz; possuía o aroma do café coado na hora; tinha o gosto dos sonhos que minha avó fritava e cobria com açúcar e canela. E se era por demais imenso o silêncio, exalava entre ele um perfume de dálias que enfeitavam o canto da sala. O silêncio é essência. Se o olho do meu avô via, era uma visão em silêncio.

Envolvido pelo silêncio, meu avô dispensava os olhos. Abaixava as pálpebras e buscava outras lonjuras. O silêncio era seu bilhete para viagens. Esse sossego se prolongava por grandes horas. Eu buscava adivinhar as terras que meu avô desvendava, as mãos que ele apertava, os oceanos que atravessava, o coração em que se deitava. Mas todo o meu esforço se tornava pequeno diante de tanto segredo e suspiro. Então meu carinho abraçava meu avô sem necessitar mãos. Estávamos envolvidos de emudecimento.

***

Um dia eu virei meu avô. Minha mãe me vestiu de pirata. Eu nem sabia o que era carnaval. Meu desejo era afastar a venda que cobria meu olho e me impedia de ver melhor. Faltava luz para o meu olhar. Mas sem a venda eu deixaria de ser pirata e ainda mataria a alegria da minha mãe de me ver como seu pai. Com um olho eu via o baile, as máscaras, os disfarces. Com o outro eu invadia caravelas, assaltava navios, vencia mares, me assustava com os tesouros. Como meu avô, eu via o visível e me encantava com o invisível. Não ter um olho é ver duas vezes. Com um olho você vê o raso e com o outro mergulha o fundo.

BARTOLOMEU CAMPOS DE QUEIRÓS. *O olho de vidro do meu avô*. São Paulo: Moderna, 2004. p. 5-12.

ESTUDO DO TEXTO

A língua em uso: a construção dos sentidos do texto

1. Observe na tabela abaixo de que forma os olhos do avô são definidos ao longo do texto.

Olho direito	Olho esquerdo (de vidro)
Olho de ver	Olho de inventar
Olho da verdade	Olho da mentira
Olho que vê o raso	Olho que mergulha o fundo
Olho que vê o sol, a luz, o futuro, o meio-dia	Olho que vê a lua, o escuro, o passado, a meia-noite
Olho do amor	Olho do desamor

a) Qual dos olhos tem uma visão mais objetiva dos fatos e qual vê o mundo de forma mais sentimental?

b) Qual dos dois olhos parece ser mais corajoso, aventureiro, e qual parece ser mais contido, mais prático? Por quê?

2. Na passagem a seguir, são estabelecidas comparações para descrever o olhar do avô e o que ele representa.

> "E inventava bonito, pois eram da cor do mar os seus olhos. E todo mar é belo por ser grande demais. Tudo cabe dentro de sua imensidão: viagens, sonhos, partidas, chegadas, mergulhos e afogamentos. Há que se contar o desassossego que as águas nos provocam. [...] E devia ser sem tamanho o seu olhar de vidro. Ele parecia conhecer até o depois dos oceanos."

a) Por que o narrador afirma que tudo cabe dentro da imensidão do mar?

b) O que podem representar as "viagens, sonhos, partidas, chegadas, mergulhos e afogamentos" a que o narrador se refere?

c) Por que, segundo o narrador, as águas provocam o desassossego?

3. Leia com atenção a frase a seguir e explique qual dos dois significados abaixo se relaciona a ela.

> "Quem toca o bem dentro de nós é a imaginação."

I. A imaginação toca o bem que está dentro de nós.

II. A imaginação toca o que é profundo em nós.

■ Relacione esse significado à tabela da questão 1. O olho de vidro parece ser o da imaginação? Por quê?

4. Observe a expressão em destaque no trecho a seguir.

> "Ao ficar diante de meu avô eu me sentia apenas um menino em seus olhos. Se alguém nos olha nos multiplica. Passamos a ser dois. Somos duas meninas dos olhos. Mas no olhar de meu avô eu só podia ser um."

a) Qual o significado dessa expressão?

b) Copie do texto uma frase que explique a maneira como o avô via o neto.

c) Você acha que o narrador gostava de ser visto dessa forma? Por quê?

5. **Em um certo momento, o narrador passa a explorar dois diferentes sentidos: a visão e a audição.**

a) De acordo com o texto, o que o silêncio representa?

b) Explique a comparação contida em "O silêncio era seu bilhete para viagens".

c) Por que, segundo o narrador, a visão do olho de vidro de seu avô era uma **visão em silêncio**?

6. **No trecho a seguir, há dois ditos populares. Identifique-os e explique seu significado.**

> "Dizem que ele viajou para São Paulo. [...] Foi comprar esse olho que não via. Ele jamais acreditou que, em terra de cego, quem tem um olho é rei. Venceu longos dias na estrada [...] Tudo para conquistar um olho. Meu avô era vaidoso, mesmo sem desejar ter reinado.
>
> Voltou com dois olhos, mas apreciando a paisagem apenas com o lado direito. Pelo olho esquerdo ele só adivinhava. [...] Mas isso não lhe trazia problemas. Cego é aquele que não quer ver. Ele via muito."

a) Os ditos populares reforçam um jogo de ideias contido no texto. Afinal, o trecho trata de que tipo de cegueira?

b) De acordo com esse trecho, por que era importante para o avô ter um olho de vidro?

7. **Releia o trecho a seguir.**

> "Fui criado por via das dúvidas. Quando adoecia, minha mãe chamava o farmacêutico, por via das dúvidas. Mas, por via das dúvidas, acendia uma vela. Por via das dúvidas escaldava um chá. Por via das dúvidas mandava benzer. E eu, por via das dúvidas, voltava a ter saúde. A dúvida sempre me salvou. As pessoas que cismam ter encontrado a verdade me assustam. Daí gostar de meu avô. Ele sempre duvidava do que via. E se via, fazia de conta que não via. Ele escolhia o que ver. Quando nos negamos a ver é porque já vimos. E fica impossível desver."

a) O narrador afirma que foi criado **por via das dúvidas**. O que significa essa expressão?

b) Por que a dúvida sempre teria salvado o narrador?

c) De que forma essa característica do narrador o aproximava ainda mais do avô?

d) Na linguagem poética, é comum o uso da repetição. Que termos se repetem no trecho lido? Que efeito essa repetição produz no texto?

e) Outro recurso da linguagem poética é o neologismo, como ocorre em **desver**. Explique qual o sentido dessa palavra utilizada pelo menino.

Criação de novas palavras ou expressões ou atribuição de novo sentido às que já existem.

f) Além da repetição, que outro elemento confere ritmo ao texto de Bartolomeu Campos de Queirós? Copie a resposta no caderno.

- As frases curtas.
- Os parágrafos longos.

8. **Releia o trecho a seguir e explique a diferença entre crença e verdade. Se necessário, consulte o dicionário.**

> "Eu gosto da palavra crença. Ter crença é ser mais brando, é poder mudar, trocar de lado, ser um dia sim e outro não. [...] A crença escuta. Quem possui a verdade, apenas fala."

a) Qual das duas é mais objetiva e qual é mais subjetiva?

b) Por que a crença escuta e quem tem a verdade apenas fala?

c) A crença combina mais com o avô do que a verdade? Por quê?

9. **No final do texto, o narrador identifica-se com o avô de duas formas diferentes. Como ocorre essa identificação?**

A prosa poética

1. **Em sua opinião, esse texto foi construído apenas com a intenção de contar uma história ou com a intenção também de emocionar o leitor? Justifique sua resposta.**

2. **Que leitores você imagina que se interessariam por prosas poéticas como a que você acabou de ler?**

A **prosa poética** rompe com as definições tradicionais de poema e prosa. Embora utilize linhas e parágrafos em vez de versos e estrofes, a prosa poética, a fim de conferir expressividade ao texto, trabalha imagens sugestivas e subjetivas por meio de diferentes recursos da linguagem poética: comparações, metáforas, sinestesias, hipérboles, inversões, repetições e exploração da sonoridade e do ritmo das palavras e frases.

Esses recursos são as figuras de linguagem e você vai estudá-las em **Estudo da língua.**

3. **A linguagem poética expressa uma visão pessoal e subjetiva a respeito do assunto narrado.**

a) Quais dos trechos a seguir confirmam essa afirmação?

I. "Era de vidro o seu olho esquerdo."

II. "E devia ser sem tamanho o seu olhar de vidro."

III. "Nunca soube se meu avô conhecia o mar. Sua cidade ficava bem no meio das minas."

IV. "Ele se recostava na cadeira de balanço e se embalava de mansinho como se o mundo morasse em seu colo."

V. "Eu buscava adivinhar as terras que meu avô desvendava, as mãos que ele apertava, os oceanos que atravessava, o coração em que se deitava."

VI. "Meu desejo era afastar a venda que cobria meu olho e me impedia de ver melhor."

b) Como foi possível perceber nos trechos escolhidos essa visão pessoal e subjetiva?

4. **Procure em romances, contos ou crônicas trechos de prosa poética. Copie-os em uma folha à parte e indique por que você os considera exemplos de poesia. Sob orientação do professor, compartilhe-os com os colegas.**

LEMBRE-SE

O texto "O olho de vidro do meu avô", embora empregue recursos característicos da linguagem poética, é um **romance**, gênero narrativo da esfera literária ficcional.

Comparando o romance a um conto ou a uma novela, é possível distingui-lo pela maior extensão e pela complexidade de personagens e enredo. Geralmente, ele apresenta mais personagens, tempo mais prolongado nas ações, maior variedade de cenários e conflitos, que podem coexistir em diferentes células dramáticas que se organizam ao longo do enredo.

ESTUDO DA LÍNGUA I

Figuras de linguagem (I)

O que você irá estudar

Ao final deste estudo, você deverá saber:

- o que são e como se classificam as figuras de linguagem;
- quais são as principais figuras de som, de sintaxe ou construção e de palavras.

Como você pode estudar

1. O **Estudo da língua** não é uma seção para decorar, mas para questionar e levantar problemas, como fazemos em **Observe, analise, questione.**
2. O trabalho com os conhecimentos linguísticos requer persistência. Leia e releia os textos e exemplos, discuta, converse.

Figuras de linguagem

Audiovisual
Figuras de linguagem I

Observe, analise, questione

Releia este trecho de "O olho de vidro do meu avô".

> "Jamais decifrei por que São Paulo tinha uma fábrica de olhos cegos."

a) A locução adjetiva que acompanha o substantivo **fábrica** tem algo incomum. O que é?

b) Considere o que você aprendeu em **Estudo do texto** e responda: o que seria perdido se a expressão empregada fosse **fábrica de próteses**?

Nesta unidade, vamos estudar os recursos linguísticos que empregam palavras, sons, estruturas e ideias de forma diferente da usual. São as **figuras de linguagem**.

Essas figuras estão presentes não apenas na poesia, mas também na linguagem cotidiana, em expressões como *menina dos olhos*, por exemplo. Ao longo do estudo, veremos que elas são exploradas nos mais diversos gêneros textuais, como anúncios publicitários, histórias em quadrinhos, provérbios, piadas, textos jornalísticos, etc.

As **figuras de linguagem** utilizam sons, palavras, estruturas e ideias de modo incomum, com o objetivo de criar um efeito inesperado e, assim, obter maior expressividade e criatividade na linguagem. Elas se classificam em:

- **figuras de som** – exploram o som;
- **figuras de sintaxe ou construção** – exploram a estrutura da frase;
- **figuras de palavras** – exploram os sentidos das palavras;
- **figuras de pensamento** – exploram ideias, conceitos.

A seguir, vamos estudar as principais figuras de cada um dos tipos.

Figuras de som

Aliteração

Em alguns textos, é possível identificar um recurso poético em que um mesmo som é repetido diversas vezes ao longo do texto criando um efeito sonoro inesperado que pode ser relacionado à temática do poema.

Na linguagem poética, o exemplo mais conhecido está nesta estrofe do poema "Violões que choram", de Cruz e Sousa, em que a repetição do som **v** remete ao som produzido pelo vento e pelos violões.

> "Vozes veladas, veludosas vozes,
> Volúpias dos violões, vozes veladas,
> Vagam nos velhos vórtices velozes
> Dos ventos, vivas, vãs, vulcanizadas"
>
> Disponível em: <http://www.dominiopublico.gov.br/download/texto/ua00079a.pdf>. Acesso em: 29 maio 2014.

A repetição de fonemas iguais ou semelhantes em palavras próximas, provocando um efeito sonoro sugestivo, chama-se **aliteração**.

Onomatopeia

Usando os sons da língua, podemos tentar reproduzir sons do mundo natural, como vozes de animais (*o galo faz* ***cocoricó***) e os mais diversos ruídos (*a porta rangendo fazia* ***nhéééin****; todos ouviram um* ***bum*** *quando o balão estourou*).

Onomatopeia é a utilização dos fonemas da língua para reproduzir, aproximadamente, sons ou ruídos naturais.

Abaixo, vemos como esse recurso foi utilizado na primeira página de um jornal esportivo.

REPRODUÇÃO

Vasco morde a vaga nas quartas de final da Copa do Brasil com virada diante do Nacional

A onomatopeia *Nhac!* relaciona-se à foto do jogador que aparece mordendo a camisa do time e, também, à manchete principal: "Vasco *morde* a vaga nas quartas de final da Copa do Brasil [...]". Nesse contexto, *morder a vaga* significa conquistá-la. Observe que a onomatopeia deixa a capa do jornal mais expressiva e chamativa, despertando o interesse do leitor.

Figuras de sintaxe ou construção

Anáfora

Ao produzir um texto, podemos repetir uma palavra ou um grupo de palavras no início de duas ou mais frases (ou versos, se for um poema), a fim de enfatizar o termo repetido. Veja como isso foi feito na tira a seguir, do adolescente rebelde Ozzy.

OZZY ANGELI

A sequência "*Tia, o Ozzy está* [...]" repete-se no início de cada fala da personagem Ercília. Com essa repetição, intensifica-se o efeito humorístico gerado pelo desenho, que mostra a garota ficando cada vez mais suja e perturbada pelos ataques do primo Ozzy, que joga alimentos cada vez maiores em cima dela. Para completar o humor, no último quadrinho, a sequência que vinha sendo repetida aparece toda embaralhada, coincidindo com o "auge" dos ataques do garoto: ele já jogou uma tigela de molho na cabeça da prima e agora está prestes a atirar um frango inteiro nela.

Anáfora é a repetição enfática de uma ou mais palavras no início de frases ou de versos.

Elipse

Uma maneira de deixar um enunciado mais direto e conciso é eliminar um ou mais de seus termos. Esses termos ficam subentendidos e podem ser facilmente deduzidos pelo leitor ou ouvinte. Observe, por exemplo, este provérbio.

Amigos, amigos; negócios, à parte.

Para que a frase ficasse mais sucinta, foram omitidas duas formas verbais e uma conjunção, facilmente identificáveis pelo contexto: *Amigos [são] amigos, [mas] negócios [são] à parte.*

Elipse é a supressão de um termo facilmente subentendido com base no contexto.

Inversão

Outra maneira de construir as frases de modo mais original e expressivo é inverter alguns de seus termos. Observe este outro provérbio.

Mais vale um pássaro na mão do que dois voando.

Na ordem direta, a frase ficaria assim: *Um pássaro na mão vale mais do que dois voando.* Como a ordem entre sujeito e predicado foi invertida, o provérbio ficou com um ritmo mais sugestivo e marcante.

A **inversão** acontece quando os termos da oração se apresentam fora da ordem direta.

REPRODUÇÃO

Pleonasmo

A palavra vem do grego *pleonasmós*, que significa "excesso, superabundância". Na língua, ocorre pleonasmo quando são usadas várias palavras para comunicar a mesma ideia. Veja um exemplo, ao lado, no título do livro que traz o substantivo *morte* e o enfatiza com o adjetivo *morrida*.

O uso de mais palavras que o necessário para comunicar uma só ideia, com o intuito de realçá-la, recebe o nome de **pleonasmo**.

Pleonasmo vicioso

Há casos em que a redundância de termos é fruto de desatenção:

Ele insiste no monopólio exclusivo da marca.

Vou subir pra cima, quer carona?

No primeiro caso, a palavra *monopólio* já contém a ideia de exclusividade. No segundo, o verbo *subir já* pressupõe a direção. Nesses casos, falamos em **pleonasmo vicioso**, que não é uma figura de linguagem. Seu uso é desaconselhável e empobrece o texto.

Polissíndeto

Ao estudar as orações coordenadas sindéticas, você aprendeu que *síndeto* significa "conjunção". *Poli* é um prefixo de origem grega que significa "múltiplo, em grande quantidade". Logo, a figura de linguagem denominada *polissíndeto* está relacionada ao uso de várias conjunções. Veja como exemplo esta estrofe inicial de um poema de Olavo Bilac.

A um poeta

Longe do estéril turbilhão da rua,
Beneditino, escreve! No aconchego
Do claustro, no silêncio e no sossego,
Trabalha, e teima, e lima, e sofre, e sua!
[...]

Olavo Bilac. *Obra reunida*. Rio de Janeiro: Nova Aguilar, 1997. p. 268. (Fragmento).

GLOSSÁRIO

Beneditino: religioso pertencente à Ordem de São Bento, conhecida pela disciplina rígida; por extensão, pessoa dedicada, trabalhadora.

Claustro: em um convento ou mosteiro, galeria coberta que forma os quatro lados de um pátio interior.

Lima: dá acabamento com lima (lixa metálica); aprimora, aperfeiçoa meticulosamente.

O eu lírico se dirige a um poeta (comparado a um dedicado monge beneditino) e o estimula a cumprir seu ofício com dedicação, trabalhando, teimando, limando, sofrendo, suando. Para enfatizar essas ações e intensificar o efeito da enumeração, o eu lírico repete a conjunção (síndeto) ***e***: "Trabalha, *e* teima, *e* lima, *e* sofre, *e* sua!".

A repetição de conjunções em uma sequência de orações recebe o nome de **polissíndeto**.

Assíndeto

O prefixo ***a***, presente em termos como ***amoral*** (sem moral) e ***amorfo*** (sem forma), indica ausência, negação. Logo, o assíndeto está ligado à ausência de conjunções. Observe o efeito expressivo conseguido pela justaposição de orações, sem qualquer conjunção entre elas, neste microconto de Paloma Vidal.

> **Terrores noturnos**
>
> Abriu os olhos, pulou da cama,
> correu até a porta: trancada.
>
> In: MARCELINO FREIRE (Org.). *Os cem menores contos brasileiros do século*. Cotia: Ateliê Editorial, 2004. p. 75.

Assíndeto é a ausência de conjunções em uma sequência de orações.

Silepse

Às vezes, a concordância nominal ou verbal não é feita entre os termos gramaticais em si, mas entre as ideias que eles expressam. Veja um exemplo.

> ***Somos todos manés: Jogo em arena de Brasília mostra que empresas podem faturar alto, mas torcedor vai pagar a conta***
>
> Disponível em: <http://blogs.lancenet.com.br/deprima/2013/05/22/somos-todos-manes-jogo-em-arena-de-brasilia-mostra-que-empresas-podem-faturar-alto-mas-torcedor-vai-pagar-a-conta/>. Acesso em: 28 mar. 2014.

GLOSSÁRIO

Manés: (gíria) bobos, otários.

Arena: nesse contexto, estádio de futebol.

Normalmente, o pronome *todos* levaria o verbo para a 3ª pessoa do plural: ***todos são manés***; contudo, como o redator da manchete pretende incluir-se no grupo a que se refere (os torcedores de futebol que pagarão preços altos para desfrutar dos novos estádios), ele usa o verbo na 1ª pessoa do plural: "*Somos* todos manés".

Silepse é a concordância nominal ou verbal feita com base na ideia subentendida na palavra, não em sua forma gramatical. Há três tipos de silepse.

- **Silepse de pessoa**: ***Os baianos somos*** *hospitaleiros*. Nesse exemplo, o emissor se inclui na ideia da palavra *baianos*.
- **Silepse de número**: *Vinha* ***gente*** *de todo lado.* ***Queriam*** *ver a novidade*. Nesse exemplo, *queriam* concorda com a ideia plural da palavra *gente*.
- **Silepse de gênero**: *Fotografamos a* ***linda Ouro Preto***. Nesse caso, Ouro Preto é uma cidade, e, assim, o adjetivo *linda* concorda com essa ideia.

Figuras de palavras

Comparação

É muito comum compararmos dois elementos com base em certa semelhança entre eles. É conhecida a comparação feita neste provérbio, por exemplo, que destaca as semelhanças entre pai e filho.

Tal pai, tal filho.

A aproximação de elementos diferentes em que há alguma semelhança de características chama-se **comparação**. É feita por intermédio das expressões *como, assim como, tal como, tal qual, que nem*, entre outras.

Metáfora

As comparações estão muito presentes em nosso cotidiano e frequentemente são implícitas, ou seja, não usamos expressões comparativas (*como*, *tal como*) para marcá-las. Veja estes exemplos.

Pedro parece ingênuo, mas no fundo é uma raposa.
(é esperto como uma raposa)

Não sabia como abordar o assunto; sentia-me pisando em ovos.
(tendo de agir com extrema cautela, como se caminhasse sobre ovos)

A comparação serve de base para outra figura de linguagem, a **metáfora**, que consiste na designação de um ser ou ação por termos geralmente usados para designar outro ser ou ação, em virtude de uma relação de semelhança entre eles. Ao contrário da comparação, a metáfora não traz expressões comparativas explícitas.

Muitos gêneros textuais exploram a metáfora como recurso expressivo. Observe, por exemplo, que na tira a seguir a personagem Calvin se compara metaforicamente a um grão de areia, ao constatar sua pequenez diante do cosmos.

CALVIN — BILL WATTERSON

Veja, por exemplo, a metáfora que aparece neste poema de Ricardo de Carvalho Duarte (o Chacal), associando o pensamento a um chapéu.

Vento vadio

às vezes vem um vento
e levanta a aba do pensamento
jogando o meu chapéu
pra lá da possibilidade.

In: M. A. Mello (Org.). *Poesia sempre*. Rio de Janeiro: J. Olympio, 2003. p. 57. (Literatura em minha casa, 8ª série. Poesia, v. 1).

Metonímia

Na metáfora, um elemento lembra o outro por certa característica em comum, mas não existe nada que os ligue diretamente — quando dizemos estar pisando em ovos, por exemplo, não há nada na situação que se relacione diretamente a ovos. Existem casos, porém, em que dois elementos são associados porque guardam uma relação direta, objetiva entre eles. Veja um exemplo nesta manchete de jornal.

Planalto troca ministros da Agricultura e Turismo

Disponível em: <http://www.alagoas24horas.com.br/conteudo/?vEditoria=Pol%EDtica&vCod=192200>. Acesso em: 28 mar. 2014.

O termo *Planalto* é usado no lugar de *Presidência da República*, uma vez que existe uma relação direta, objetiva entre ambos: o(a) presidente da República trabalha no Palácio do Planalto, em Brasília.

Metonímia é a substituição de um termo por outro, havendo uma relação objetiva de afinidades entre o termo substituído e o termo substituto.

A metonímia é um processo bastante utilizado na linguagem cotidiana. Há vários tipos de metonímia. Veja a seguir os mais comuns.

- A parte pelo todo: *Comprou dez **cabeças de gado**.* (a cabeça significa o animal todo)
- O continente pelo conteúdo: *Os maratonistas beberam muitas **garrafas d'água**.* (não se bebem as garrafas, mas o conteúdo delas, a água)
- O efeito pela causa: *Respeite meus **cabelos brancos**.* (ter cabelos brancos é efeito da idade)
- A causa pelo efeito: *Sou alérgico a **gatos**.* (a alergia vem dos pelos)
- O autor pela obra: *Adoro ler **Machado de Assis**.* (os livros de Machado de Assis é que são lidos)

Para guardar

Figuras de linguagem	Figura	Definição
Figuras de som	Onomatopeia	Uso dos fonemas da língua para reproduzir sons naturais.
	Aliteração	Repetição de fonemas para criar efeito sonoro sugestivo.
Figuras de sintaxe ou construção	Anáfora	Repetição de palavras no início de frases ou de versos.
	Elipse	Omissão de termos facilmente deduzíveis pelo contexto.
	Inversão	Alteração na ordem direta da frase.
	Pleonasmo	Uso de mais palavras para comunicar uma só ideia, a fim de realçá-la.
	Polissíndeto	Repetição de conjunções numa sequência de orações.
	Assíndeto	Ausência de conjunções numa sequência de orações.
	Silepse	Concordância nominal ou verbal feita de acordo com as ideias.
Figuras de palavras	Comparação	Aproximação de elementos diferentes com algum ponto em comum.
	Metáfora	Designação de um ser pelo nome normalmente usado para designar outro em razão de certa semelhança figurada entre eles.
	Metonímia	Substituição de um termo por outro, havendo uma relação objetiva de afinidades entre eles.

APLIQUE SEUS CONHECIMENTOS

1. **Na tira a seguir, duas personagens usam uma figura de palavras.**

ZITS SCOTT AND BERGMAN

© 2014 KING FEATURES SYNDICATE/IPRESS

a) Identifique a figura de palavra utilizada para construir o humor da tira.

b) Qual é a crítica implícita na fala de Sara, a personagem que ouve o casal de namorados?

c) Por que a fala final da namorada também contribui para a graça da tira?

> Ao responder às questões, busque exatidão e precisão para garantir que você entendeu o que estudou.

2. **Leia o trecho abaixo.**

A porta indiferente

Abre, porta!

Abre, porta!

A criança chora e a porta não se abre. A criança grita e a porta não se abre.

Até então, não havia obstáculo que a criança não conhecesse. Agora, ela já está berrando e a porta não atende, a porta nem dá sinal. E não vem nem mãe, nem tia, nem criada, nem ninguém. Como é que a porta faz isso?

[...]

ANÍBAL MACHADO. *João Ternura*. 10. ed. Rio de Janeiro: José Olympio, 2004. p. 39. (Fragmento).

a) Levante hipóteses: por que a porta é o primeiro obstáculo que a criança enfrenta na vida?

b) Que medidas a criança toma para enfrentar o obstáculo da porta? Por que elas não são bem-sucedidas?

c) Que figura de sintaxe ou construção é usada nas primeiras frases do trecho e que efeito ela cria?

d) No fim do trecho foi empregada outra figura de sintaxe ou construção. Qual é essa figura e que efeito ela cria?

3. **Verifique se as manchetes a seguir são exemplos de metáforas ou de metonímias.**

a) ***Pequim nega participação chinesa em possível ataque a avião***

Disponível em: <http://noticias.terra.com.br/mundo/asia/pequim-nega-participacao-chinesa-em-possivel-ataque-a-aviao,3fdd9e76543d4410VgnVCM5000009ccceb0aRCRD.html>. Acesso em: 28 mar. 2014.

b) *Novas regras da poupança: saiba como elas afetam o bolso do brasileiro*

Disponível em: <www.bahiamercantil.com.br/?p=10953#&panel1-1>. Acesso em: 28 mar. 2014.

c) *Brasil bate Uruguai, supera Argentina no saldo e fatura o ouro no handebol*

Disponível em: <http://globoesporte.globo.com/jogos-sul-americanos/noticia/2014/03/brasil-bate-uruguai-supera-argentina-no-saldo-e-fatura-o-ouro-no-handebol.html>. Acesso em: 28 mar. 2014.

a) Reescreva as manchetes sem usar a figura de linguagem identificada, mas mantendo um sentido semelhante ao do original.

b) Compare as frases reescritas com as originais e responda: por que metonímias são tão comuns em manchetes jornalísticas?

4. Explique que figura de som foi utilizada para construir o humor na tira abaixo e como isso foi feito.

GARFIELD **Jim Davis**

5. O texto abaixo foi extraído de um cartaz em uma biblioteca.

a) Se alguém lesse apenas a frase principal ("Não deixe buracos na sua educação"), sem ver o resto do texto, que sentido provavelmente atribuiria a ela?

b) Nesse sentido, qual figura de palavra estaria presente na frase? Por quê?

c) O resto do texto sugere, no entanto, outro sentido para a frase. Qual é esse sentido?

d) Explique como os elaboradores desse cartaz usaram a figura de palavra que você identificou para deixá-lo mais criativo.

6. Leia este poema do mineiro Gabriel Bicalho.

e
no
mar
sereno
sem remo
sem rumo
sem rumor
:
vê-las soltas ao sol
as brancas velas
do amor

GABRIEL BICALHO. *Caravela [redescobrimentos]*: poesias. Brasília: Ministério da Educação, 2006. p. 22. (Literatura para todos, v. 4).

a) Como a disposição dos versos no papel foi explorada na composição desse poema?

b) Qual figura de som está presente na primeira estrofe (antes dos dois-pontos)? Justifique sua resposta.

c) Como essa figura sonora se relaciona às ideias da estrofe?

d) Essa mesma figura sonora está presente na última estrofe (depois dos dois-pontos)? Justifique.

Marinha

A pintura que retrata uma paisagem marítima recebe o nome de *marinha*. Muitos pintores produzem séries de telas com essa temática e dão a elas títulos sequenciais, como *Marinha I*, *Marinha II*, *Marinha III*, etc. A pintura ao lado, de 1891, é de Paul Signac e chama-se *Brisa, Concarneau*. Óleo sobre tela, 66,5 × 82 cm.

GIRAUDON/THE BRIDGEMAN ART LIBRARY/KEYSTONE - COLEÇÃO PARTICULAR

Você vai ler trechos de uma obra em que são narradas as experiências de um menino e do homem que ele se tornou.

Depressa

Eu ia correndo à vida. Aos sete, a gente é assim. Pula de um doce pra um brinquedo. De um brinquedo pra uma tristeza. Tudo rápido, no demorado da infância. O pai chegava, Olha o que eu trouxe pra você?, e abria a mão: um punhado de balas Chita! O mundo, então, era aquele sabor em minha boca, eu concentrado em mastigar, querendo outra, e mais outra, satisfeito de estar ali, fiel ao meu instante. Mas então a mãe lembrava, Você fez a lição de casa? Deixa eu ver! Num salto, eu mostrava minha letra miudinha no caderno, Ó, passei tudo a limpo aqui, ó!, e nem ligava mais pra Chita, só queria ver se a tarefa estava correta e pedia pra mãe conferir, enquanto tirava com o dedo o resto de bala grudada no dente.

Meu irmão me chamava, Vamos ver desenho!, e ligava a tevê, nós dois sentadinhos no tapete, como índios, eu já esquecido do que não via, tomando cuidado pra continuar lá, um olho n'A Pantera Cor-de-rosa, outro pela sala à caça de novidades. Um caminhão de carga passava lá fora – a gente sabia pelo barulho do motor –, saíamos correndo, num empurra-empurra, e, debruçados na janela, víamos o caminhão se arrastando, ruidoso. O silêncio logo vinha, devagarzinho, até se chegar, todo. E, adiante, as casinhas de sempre, a gente ali gastando o olhar com a noite que descia do céu. O óleo quente chiava na cozinha, no ar o cheiro de bife que a mãe fritava. Eu voava pra cozinha, entregue inteiramente à minha fome, Cuidado, fique longe da frigideira!

[...]

Devagar

O homem estacionou o carro no subsolo,
pegou a bolsa e o buquê de rosas que comprara de um vendedor no semáforo
e subiu para o oitavo andar.
O dia de trabalho ficara para atrás, anestesiado pelo esquecimento provisório.
E, quando ele saiu do elevador, deu com a mulher à porta do apartamento, as mãos na cintura, como se tivesse nascido ali só para esperá-lo.
Certamente, ela vira, pela janela, o momento em que ele entrara com o carro na garagem do prédio.
Ele estendeu o buquê e, feliz com o sorriso que ela lhe abria,
Flores? Pra mim?,
abraçou-a, convicto de que, depois de atravessar um expediente turbulento,
teria a sua cota de paraíso.
Entraram no apartamento, em silêncio, o toque de sua mão no ombro dela dizia,
Esta é minha mulher e eu voltei pra ela,
e, enquanto a observava colocar as flores num vaso,
(não eram monocotiledôneas, pensou)
sabia que ela, sem se valer das palavras, estava dizendo
Este é o meu homem e ele voltou pra mim.
A sala, as cortinas abertas, lá fora o céu escurecendo devagar — como a vida deles, do menino, de todos —,
a mesa posta e os móveis, em seus lugares,
diziam,
numa única voz,
Tudo está em ordem.
E, mesmo que fosse uma ordem interina, era uma bênção:
nada de especial estava em curso, apenas o reencontro de um homem e sua mulher, ao fim do dia,
e era aí,
na simples volta de um para o outro,
que se dava o milagre.
A mulher lhe acariciou os cabelos, como se a mecha que caía sobre a testa a impedisse de ver se o rosto flutuante em sua memória
coincidia com o de seu marido, atual,
diante dela.
[...]

João Anzanello Carrascoza. *Dos 7 aos 40*. São Paulo: Cosac Naify, 2013. p. 7-8, 12-15. (Fragmento).

ESTUDO DA LÍNGUA II

Figuras de linguagem (II): antítese, paradoxo, eufemismo, hipérbole, prosopopeia ou personificação

O que você irá estudar

► **Ao final deste estudo, você deverá saber:**

- quais são as principais figuras de pensamento.

Audiovisual
Figuras de linguagem II

Figuras de pensamento

Observe, analise, questione

► **Leia esta tira de Hagar.**

HAGAR — DIK BROWNE

a) Qual a profissão do homem que conversa com Hagar e Helga?

b) Segundo esse homem, a casa à venda está barata porque "tem uns probleminhas estruturais". Reescreva a fala dele, descrevendo de forma mais realista a situação do imóvel.

c) Com que intenção o homem usou a expressão "probleminhas estruturais", em vez dos termos que você empregou na resposta do item **b**?

d) Por que o emprego dessa expressão torna a tira divertida?

O homem que conversa com Hagar e Helga na tira recorreu a uma figura de linguagem denominada **eufemismo**, que consiste no uso de um termo mais suave no lugar de outro que poderia causar choque, incômodo.

O eufemismo faz parte do último grupo de figuras de linguagem que estudaremos aqui — as **figuras de pensamento**, assim chamadas porque operam no plano das ideias, dos conceitos.

Veja a seguir as figuras de pensamento mais comuns.

Antítese

No cartaz a seguir, que integra uma campanha pela economia de água, foram combinadas duas palavras de sentido oposto (*fácil* e *difícil*), com o objetivo de chamar a atenção do leitor e sensibilizá-lo para o problema que a falta d'água pode representar.

SEMASA – SERVIÇO MUNICIPAL DE SANEAMENTO AMBIENTAL DE SANTO ANDRÉ, SP

Antítese é a combinação de palavras ou expressões de sentidos opostos na mesma frase ou no mesmo verso, ou em frases ou versos próximos.

Paradoxo

Às vezes, um enunciado combina ideias de sentidos opostos de tal maneira que acaba provocando uma contradição. É o que ocorre no título de uma entrevista com um jovem cego que escreveu um livro relatando suas viagens ao redor do mundo.

O que um turista cego vê

Tony Giles nasceu com um problema na visão e ficou cego aos 10 anos. Mas isso nunca o impediu de viajar. Aos 32 anos, o inglês já encheu 3 passaportes com vistos de 56 países. E decidiu contar como enxerga as belezas e os problemas de cada lugar no recém-lançado livro *Seeing the World My Way* (sem tradução em português). Giles falou com a SUPER por telefone de 3 cidades diferentes — La Paz, Londres e Atenas.

Felipe Datt. *Superinteressante*, n. 292, jun. 2011. p. 30.

Paradoxo é o emprego de ideias e expressões de sentidos opostos de modo a provocar uma contradição.

Eufemismo

Você já viu um exemplo de eufemismo no início desta seção. Tal figura de pensamento está muito presente na linguagem cotidiana, em expressões como:

O senhor Gomes ***passou desta para melhor.*** (morreu)

O príncipe era ***desprovido de beleza.*** (feio)

Cuidado: neste bairro há muitos ***amigos do alheio.*** (= ladrões)

Eufemismo é a substituição de uma expressão desagradável, chocante, por outra menos agressiva.

Hipérbole

Outra figura de pensamento muito comum na linguagem cotidiana é a hipérbole (ou o exagero). Veja alguns exemplos:

A atendente me deixou ***horas*** *esperando na linha.*

Eu já lhe disse ***um milhão de vezes*** *para não sair sem celular.*

Ana vai ***morrer de susto*** *se você colocar essa barata na bolsa dela.*

Hipérbole é o uso do exagero com o objetivo de realçar uma ideia.

Prosopopeia ou personificação

Às vezes atribuímos qualidades ou ações humanas a seres não humanos. Um exemplo disso ocorre no título do livro abaixo, que dá a entender que os fatos serão relembrados sob o ponto de vista do cabo de vassoura — um ser teoricamente sem vida, muito menos memórias.

REPRODUÇÃO

Prosopopeia ou **personificação** é a atribuição de qualidades ou ações humanas a animais, objetos, fenômenos da natureza ou conceitos abstratos.

Para guardar

Figuras de pensamento

- Antítese — Combinação de ideias opostas.
- Paradoxo — Combinação de ideias opostas que acaba formando uma contradição.
- Eufemismo — Uso de termos mais suaves para comunicar uma ideia incômoda.
- Hipérbole — Uso do exagero para enfatizar uma ideia.
- Prosopopeia ou personificação — Atribuição de qualidades ou ações humanas a seres não humanos.

APLIQUE SEUS CONHECIMENTOS

1. A tira a seguir mostra que Calvin não teve um bom dia.

CALVIN | BILL WATTERSON

© 1993 WATTERSON/DIST. BY UNIVERSAL UCLICK

a) Que figura de pensamento está presente no primeiro quadrinho da tira e que sentido ela expressa?

b) Explique a fala do tigre Haroldo no último quadrinho.

c) Que figura sonora contribui para a construção do humor da tira? Explique sua resposta.

2. Leia este poema de Fernando Pessoa.

Plenilúnio

As horas pela alameda
Arrastam vestes de seda,

Vestes de seda sonhada
Pela alameda alongada

Sob o azular do luar...
E ouve-se no ar a expirar —

A expirar mas nunca expira —
Uma flauta que delira,

Que é mais a ideia de ouvi-la
Que ouvi-la quase tranquila

Pelo ar a ondear e a ir...
Silêncio a tremeluzir...

FERNANDO PESSOA. Ficções do interlúdio. In: MARIA ALIETE GALHOZ (Org.). *Fernando Pessoa*: obra poética. 3. ed. 17. reimpr. Rio de Janeiro: Nova Aguilar, 1999. p. 134.

GLOSSÁRIO

Plenilúnio: lua cheia.

a) Que figura de pensamento foi empregada na primeira estrofe do poema? Justifique sua resposta.

b) Que figura sonora está presente nos versos abaixo e como ela se relaciona à ideia neles contida?

> "Arrastam vestes de seda,
> Vestes de seda sonhada"

c) Consulte no dicionário os significados do verbo *expirar* e indique qual(is) dele pode(m) ser aplicado(s) à quarta estrofe do poema.

d) Que figura de pensamento está presente nessa mesma estrofe? Explique.

e) Que imagem da noite as figuras de linguagem, como um todo, nos permitem formar? Justifique sua resposta com elementos do texto.

3. **Identifique e explique neste trecho de poema as figuras de linguagem empregadas pelo poeta português Camões.**

> Amor é um fogo que arde sem se ver;
> É ferida que dói e não se sente;
> É um contentamento descontente;
> É dor que desatina sem doer;
>
> É um não querer mais que bem querer,
> É um andar solitário entre a gente,
> É nunca contentar-se de contente,
> É um cuidar que ganha em se perder.

Luís de Camões. *Obra completa*. Organização, introdução, comentários e anotações do Prof. Antônio Salgado Júnior. 1. ed. Rio de Janeiro: Nova Aguilar, 2008. p. 270. (Fragmento).

4. **Leia o provérbio abaixo.**

Em casa de ferreiro, espeto de pau.

a) Quais as duas figuras de linguagem presentes no provérbio?

b) O que esse provérbio significa?

5. **Observe o texto abaixo, extraído de uma campanha contra o trabalho infantil.**

a) Quais sentidos é possível atribuir à palavra *legal* na frase “Trabalho infantil não é legal”?

b) Que figura de pensamento foi utilizada no título principal do cartaz? Justifique sua resposta.

c) Como essa figura de pensamento contribui para sensibilizar o leitor para a causa defendida no cartaz?

QUESTÕES DA LÍNGUA

Emprego do apóstrofo

Emprego do apóstrofo

Observe, analise, questione

► **Leia esta tira e explique o que a torna engraçada.**

NÍQUEL NÁUSEA **FERNANDO GONSALES**

© FERNANDO GONSALES

a) Que figura de pensamento contribui para a graça da tira?

b) Releia a fala do tubarão e levante hipóteses para explicar a presença do sinal destacado.

> "E eu com preguiça de dar um pulinho para fora d'água!"

O sinal que você observou na fala do tubarão chama-se **apóstrofo**.

Apóstrofo (') é um sinal gráfico usado para indicar a supressão de uma letra (geralmente vogal).

Usa-se o apóstrofo nos casos a seguir.

- Em versos, para manter o ritmo: *Perde o rei o reino e a c'roa* (coroa)...
- Em expressões ou palavras compostas ligadas pela preposição **de**: *fora d'água* (fora da água), *pau-d'arco* (pau de arco), *estrela-d'alva* (estrela da alva).
- Em tiras e textos literários, quando o autor deseja reproduzir mais fielmente a fala de uma personagem: — *Num quero ir c'ocê* (com você).

APLIQUE SEUS CONHECIMENTOS

1. Em cada uma das frases a seguir, indique se o apóstrofo foi usado adequadamente e explique por quê. Nos casos de inadequação, reescreva a frase do modo apropriado.

a) "Vozes d'África" é o título de um dos mais famosos poemas de Castro Alves.

b) As ONG's apresentaram à governadora uma lista de reivindicações.

c) Tudo aconteceu n'uma noite fria e chuvosa.

d) A vinha-d'alhos é um molho à base de vinagre, alho, cebola, sal e outros condimentos.

2. **Leia a tira a seguir, em que Calvin participa de uma gincana.**

CALVIN — **BILL WATTERSON**

a) O humor da tira baseia-se no contraste entre o que os organizadores da gincana pediram e como Calvin entendeu o pedido. Explique essa afirmação.

b) Explique por que foi usado o apóstrofo em *s'imbora*, no terceiro quadrinho.

c) Escreva outra expressão com apóstrofo que poderia ser usada no lugar dessa.

3. **Leia as estrofes do poema a seguir e transcreva as expressões com apóstrofo, explicando que letra foi omitida em cada uma delas.**

Moreninha

Moreninha, Moreninha,
Tu és do campo a rainha,
Tu és senhora de mim;
Tu matas todos d'amores,
Faceira, vendendo as flores
Que colhes no teu jardim.

Quando tu passas n'aldeia
Diz o povo à boca cheia:
— "Mulher mais linda não há!
Ai! vejam como é bonita
Co'as tranças presas na fita,
Co'as flores no samburá!" —
[...]

Casimiro de Abreu. *As primaveras*. Goiânia: Kelps/Leart, 2009. p. 37. (Coleção Kelps — Literatura clássica). (Fragmento).

GLOSSÁRIO

Samburá: cesta feita de cipó ou de taquara trançada.

4. **Explique como o uso do apóstrofo ajudou a construir o humor nesta tira de Chico Bento.**

TURMA DA MÔNICA — **MAURICIO DE SOUSA**

LEITURA E PRODUÇÃO DE TEXTO

Vídeo

SOS, de Augusto de Campos

Contexto

Os poemas visuais são textos que se destacam pelo modo nada convencional de dispor as palavras no espaço do papel (ou da tela do computador), explorando, além da linguagem verbal, aspectos visuais, sonoros e espaciais, em oposição aos versos tradicionais. Veja essas e outras características desse gênero textual a seguir.

A produção em foco

► **No final da unidade, você vai elaborar um poema visual. Durante a leitura dos próximos textos, fique atento:**

a) à utilização de diferentes linguagens e recursos;

b) à combinação entre a forma do texto e o seu conteúdo;

c) à relação entre a disposição das palavras no poema e a construção de sentido no texto.

Texto A

Bumerangue

bola
branca
vai
ping
pong
vem
branca
bola

CHACAL. *Drops de abril*. São Paulo: Brasiliense, 1984. p. 92.

Texto B

sem vento, ár

vore, não

se move nem

se mover

ão

no

inver

no seus ver

melhos ver

des no ver

ão

© ARNALDO ANTUNES

ARNALDO ANTUNES. *Melhores poemas*: Arnaldo Antunes/Noemi Jaffe (seleção e prefácio). São Paulo: Global, 2010.

Antes do Estudo do texto

1. Se não tem certeza de ter compreendido bem o texto, leia-o novamente.
2. Procure identificar as ideias apresentadas no texto e reflita: você concorda com elas? Por quê?
3. Ao responder às questões a seguir, procure empregar o que já aprendeu ao ler outros textos e seja preciso em suas respostas.

Depois de ler

A respeito do texto A

1. **Qual é o assunto do poema?**

2. **O bumerangue é conhecido por ser um objeto que, quando lançado, após descrever uma curva, retorna às mãos de quem o atirou. Considerando essas informações e a foto abaixo, responda às questões a seguir.**

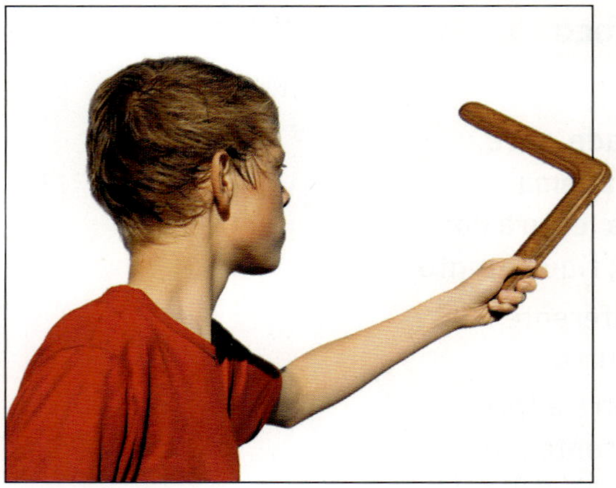
NIELS QUIST/SHUTTERSTOCK

a) Que aspectos do bumerangue são explorados no poema?

b) A que jogo o poema faz referência?

c) Que movimento comum a esse jogo e ao bumerangue foi reproduzido no poema?

3. **Tendo em vista a forma e o assunto do poema, qual pode ser o significado do espaço em branco?**

4. **Leia o poema em voz alta. Que som o ritmo, a divisão dos versos e sua disposição no espaço gráfico sugerem?**

5. **Que movimento a inversão na ordem das palavras (*de bola branca vai* para *vem branca bola*) sugere?**

A respeito do texto B

1. **Qual é o tema do poema de Arnaldo Antunes?**

2. **A divisão em versos, nesse poema, é convencional ou não? Por quê?**

3. **Leia o poema em voz alta. O efeito provocado é o mesmo? Por quê?**

4. **O poema de Arnaldo Antunes explora a sonoridade das palavras a partir da repetição de alguns segmentos.**

a) Que elementos se repetem no poema?

b) Qual pode ser a relação entre esses elementos e o tema do texto?

5. **As palavras** verdes **e** vermelhos **remetem a duas outras palavras, que indicam uma oposição. Quais são essas palavras?**

A respeito dos textos A e B

1. **O que há de diferente na maneira como os poemas são apresentados e como ocupam o espaço na folha?**

2. **Nos dois poemas, é possível identificar a sugestão de movimento. Explique como essa sugestão de movimento relaciona-se com a forma e o conteúdo de cada um deles.**

3. **Imagine que os poemas fossem escritos assim:**

Sem vento, árvore, não
se move nem se moverão
no inverno seus vermelhos
verdes no verão

Bola branca vai
ping
pong
vem branca bola.

- De que forma essa mudança na apresentação dos poemas modificaria os seus significados?

O poema visual

1. **Compare os poemas que você já leu anteriormente e os que você conheceu nesta unidade. Aponte as principais diferenças existentes entre eles em relação à forma.**

2. **Em sua opinião, os poemas de Chacal e Arnaldo Antunes são apenas para serem lidos ou foram escritos para serem vistos também? Por quê?**

Como você pôde perceber, diferentemente dos poemas convencionais, em que as palavras se organizam em versos e estrofes, normalmente alinhados à esquerda, os poemas visuais não apresentam versos ou os apresentam de uma maneira não usual. No poema de Arnaldo Antunes que você analisou, por exemplo, as palavras estão segmentadas e o alinhamento do texto não está definido – recurso que complementa e amplia o sentido do poema.

Além de trabalharem com a sonoridade e os sentidos das palavras por meio de recursos como rimas, ritmo, assonâncias, aliterações, neologismos, aglutinações ou decomposições, os poemas visuais exploram a materialidade visual das palavras e a disposição delas no espaço, seja no papel, na tela do computador, ou em outro suporte. Para isso, podem utilizar diferentes recursos gráficos (como desenhos, variados efeitos, tamanhos e cores de letras, etc.) na construção de sentidos a fim de causar emoção, reflexão ou impacto ao interlocutor.

Chacal

TASSO MARCELO/ESTADÃO CONTEÚDO

Chacal durante palestra em Paraty, 2010.

Ricardo de Carvalho Duarte, conhecido como Chacal, nasceu em 1951, no Rio de Janeiro. Além de poesias, faz trabalhos para grupos de teatro.

Arnaldo Antunes

ZANONE FRAISSAT/FOLHAPRESS

O músico Arnaldo Antunes, em São Paulo, em 2013.

O poeta, músico e compositor Arnaldo Antunes nasceu em São Paulo, em 1960, e tornou-se conhecido do público com a banda de *rock* Titãs, da qual foi integrante durante dez anos.

Como a prioridade é a dimensão visual, alguns deles nem sequer fazem uso de palavras, apresentando apenas recursos gráficos, como acontece na obra reproduzida a seguir, do poeta e artista plástico espanhol Joan Brossa (1919-1998).

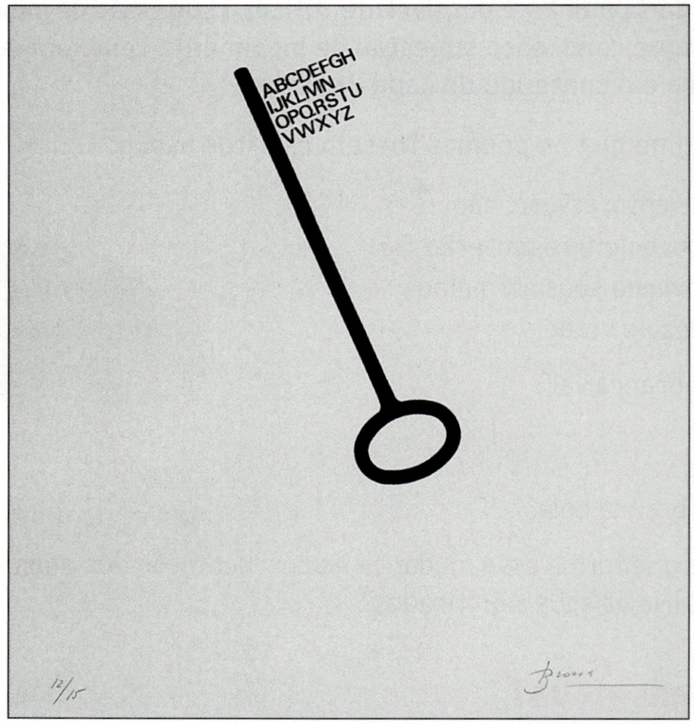

FUNDACIÓ JOAN BROSSA, 2014

Disponível em: <http://www.fundaciojoanbrossa.cat/obraDest.php?idmenu=3&menu2=7&submenu=9&id=132>. Acesso em: 15 abr. 2014.

Repare como os elementos do poema de Brossa relacionam-se e, associados, ampliam a leitura e o sentido do texto. Obras como essa reforçam a ideia de que poemas visuais são gêneros textuais que precisam necessariamente ser vistos, não apenas lidos ou ouvidos, para serem interpretados.

Além da **combinação de linguagens**, outro aspecto marcante nos poemas visuais é a **relação entre a forma e o conteúdo.** No poema de Chacal, por exemplo, o bumerangue, possível de ser visualizado graças à disposição das palavras no papel (forma), é uma referência ao movimento característico dos jogos de pingue-pongue (conteúdo).

O poema concreto

O Concretismo foi um movimento de vanguarda que começou no Brasil, na década de 1950, com os poetas Augusto de Campos, Haroldo de Campos e Décio Pignatari. As obras desse período influenciaram diretamente os poemas visuais, sendo possível identificar as mesmas características nessas duas maneiras de fazer poesia. Entre os principais aspectos dos poemas concretos, destacam-se: exploração das palavras a partir de uma utilização diferente do espaço gráfico, das fontes (os aspectos visuais da palavra) e da sonoridade.

- Explique, a partir do que você aprendeu e dos textos que analisou, por que o texto a seguir, de Sérgio Capparelli e Ana Cláudia Gruszynski, é considerado um poema visual.

Sérgio Capparelli: Escritor, professor e jornalista mineiro, nascido em 1947.

Ana Cláudia Gruszynski: *Designer* gráfica e professora, nascida em Porto Alegre, 1966.

REPRODUÇÃO

Sérgio Capparelli e Ana Cláudia Gruszynski.
Poesia visual. 2. ed. São Paulo: Global, 2001. p. 28.

Para guardar

Poema visual

- Apresenta estrutura diferente da dos poemas convencionais.
- Destina-se a ser visto.
- Prioriza aspectos visuais; há casos em que não há uso de palavras.
- Combina diferentes linguagens para construção de sentido.
- Relaciona forma e conteúdo.
- Dispõe livremente as palavras no espaço do texto.
- Possibilita criação, junção ou decomposição de palavras a fim de explorar a sonoridade e diferentes sentidos.
- Proporciona múltiplas leituras.

E por falar nisso...

Como você percebeu a partir da leitura dos poemas desta unidade, a poesia visual dialoga diretamente com outras artes. Os poetas concretos brasileiros chegaram a assumir num manifesto a influência do pintor holandês Piet Mondrian (1872-1944). Conheça duas obras desse artista.

ALBUM/AKG-IMAGES/LATINSTOCK - MUSEU DE ARTE MODERNA, NOVA IORQUE

PIET MONDRIAN. *Broadway Boogie Woogie*. 1942-1943. Óleo sobre tela, 127 × 127 cm.

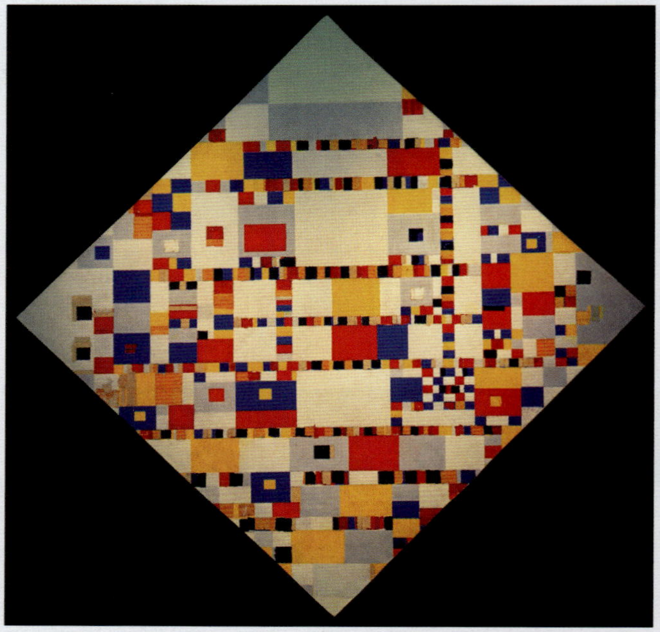

AKG-IMAGES/LATINSTOCK - MUSEU MUNICIPAL DE HAIA

PIET MONDRIAN. *Victory Boogie Woogie*. 1942-1944. Óleo, carvão e lápis sobre tela, 127,5 × 127,5 cm.

1. **Observe atentamente a composição das obras de Mondrian e indique os aspectos semelhantes entre elas.**

2. ***Boogie Woogie* foi um estilo musical muito popular nas décadas de 1930 e 1940, caracterizado pela repetição de um padrão rítmico: uma batida de fundo, em geral executada ao piano com a mão esquerda, é acompanhada por uma melodia mais frenética, executada ao piano com a mão direita. Observando os títulos das obras e as datas em que foram feitas, fica claro que o artista quis dialogar de alguma forma com esse tipo de música. Que elementos das obras você acha que poderiam ser associados ao *boogie woogie*?**

3. **Poetas que se inspiram nas artes visuais, pintores que se inspiram na música... Você acha que deve haver fronteira entre as artes? Que outras obras você conhece que dialogam com diferentes obras de arte? Debata com seus colegas de classe. Lembre-se de escutar com atenção e expressar-se com clareza.**

Poema visual

O que você vai produzir

Você vai criar um poema visual que será exposto no mural da classe ou que poderá ser produzido em vídeo.

Planeje e desenvolva seu texto

1. Para criar seu poema visual, escolha um dos temas abaixo.

tempo	amor	saudade	medo	sonho	alegria	tristeza

2. Converse com seus colegas.

a) O que esse tema representa para você?

b) Que importância ele tem em sua vida?

c) Como você se relaciona com esse tema? Como ele aparece em seu cotidiano?

d) Se tivesse que usar uma forma para representar o tema escolhido, que forma você usaria?

3. Agora pense que ideias gostaria de expressar a respeito desse tema.

a) Escreva essas ideias no papel.

b) Escolha palavras que poderiam expressá-las.

c) Imagine como poderia dispor essas palavras no papel para que formassem a imagem que você considera adequada para representar o tema.

4. Escreva seu poema baseando-se nas orientações a seguir.

a) Use o espaço de uma página para dar forma ao seu texto.

b) Lembre-se de relacionar a forma e o espaço ao conteúdo do poema.

c) Se quiser, crie um título que desperte a curiosidade de seus leitores.

Na hora de produzir

1. Siga as orientações apresentadas nesta seção.
2. Lembre-se de que você já leu e analisou textos do gênero que vai produzir. Se for o caso, retome o **Estudo do texto.**
3. Diante da folha em branco, persista. Nenhum texto fica pronto na primeira versão.

Avalie e apresente

1. Antes de passar seu poema a limpo, peça a um colega que o leia e avalie de acordo com os critérios a seguir. Faça o mesmo com o poema dele.

Aspectos importantes em relação à proposta e ao sentido do texto
Poema visual
1. Foram empregados recursos gráficos no poema?
2. A forma do poema ocupa o espaço de uma página?
3. O conteúdo do poema está adequado ao espaço e à forma?

2. Refaça seu poema ou passe-o a limpo, se necessário. Depois, afixe-o no mural da classe. Analise os poemas dos colegas e observe como a produção de sentido nesses poemas está atrelada à interação entre o significado da palavra, sua forma e o modo como ela é disposta no espaço do papel.

Audiovisual

Como fazer um vídeo

UNIDADE

8 NO ESCURINHO DO CINEMA

Como se produz um filme de cinema?

O cinema é uma arte coletiva: os filmes nascem do trabalho em equipe de técnicos e artistas. "Cada equipe vai para um lado produzir diferentes aspectos do filme, e o que garante que todos estejam fazendo a mesma história é o roteiro", conta Luiz Bolognesi, escritor e roteirista cinematográfico.

Escrevendo o roteiro

Os **principais envolvidos** acompanham o desenvolvimento do texto, que a cada versão fica maior e mais detalhado.

A etapa inicial é escrever a ideia em um parágrafo curto, só com o essencial.

Roteirista
Escreve a história de forma que possa ser filmada.

Produtor
Cuida da parte técnica e financeira, providencia e supervisiona o dinheiro, a mão de obra, os equipamentos, as locações e outros recursos.

Diretor
Lidera a produção de ponta a ponta, decide como será o filme, dirige o trabalho dos técnicos e atores e tem a palavra final sobre todas as etapas.

Elenco
Atores que interpretarão as personagens.

Pré-produção

Com o texto final do roteirista na mão, o diretor e o produtor providenciam tudo o que falta para as filmagens.

"Um menino briga com o primo e esconde seus doces. Sua irmãzinha acha o esconderijo, um baú, ali dorme e acaba em um caminhão de mudanças. O menino e os primos se unem para percorrer a cidade em busca da menina."

Depois de muita escrita e reescrita, chega-se ao texto final, em que os detalhes de cada cena (local, período do dia, situação, ações, diálogos, etc.) são descritos na ordem em que aparecem no filme.

1. EXT. CASA DE PRAIA DO BETO/FRENTE/DIA

ANA, 35 anos, sai do carro empoeirado carregando NINA, 2 anos, e várias sacolas. PEDRO, 12 anos, sai correndo e topa numa sacola que rasga.
Doces caem.

ANA (tentando segurar os doces)
– Ai, não, não, não… Pedro! Volta aqui!

BETO JÚNIOR (surge correndo e pega os doces do chão)
– Eu ajudo, tia.

Equipamentos
Câmeras, luzes, microfones, gravadores.

Locações
Locais onde as cenas serão filmadas.

Ensaios
Estudo e discussão do texto, desenvolvimento das personagens, memorização das falas.

Arte
Roupas, cenários, objetos, maquiagem.

Produção

Só quando tudo foi providenciado de acordo com a visão do diretor é que o texto é encenado e gravado.

O filme pronto

Encerrado o trabalho de todas as equipes, o roteiro vira filme, e a história acaba de ser construída pelo público.

Pós-Produção

Da montagem do que foi gravado e do acréscimo de alguns elementos surge o filme.

Edição
Com o diretor, o editor seleciona os melhores trechos gravados e os coloca na ordem estipulada pelo roteiro.

Últimos elementos
Música, efeitos especiais e créditos são criados nessa etapa e acrescentados na edição.

Em foco nesta unidade

- O roteiro cinematográfico
- Estrutura das palavras
- Processos de formação de palavras
- Emprego do hífen
- Produção: roteiro de uma cena de filme

Tema: a vida na corda bamba.

ANTES DE LER

1. Observe atentamente o infográfico da abertura da unidade e explique que processo ele está descrevendo.
2. Nesse processo, um elemento parece ser especialmente importante. Que elemento é esse?
3. Discuta com seus colegas: Que conhecimentos você acha que a pessoa que vai fazer esse documento precisa ter para conseguir apresentar todas as informações necessárias? Lembre-se: é importante escutar com atenção e expressar-se com clareza.
4. O tema desta unidade é "A vida na corda bamba". Quais sentidos essa expressão pode ter?
5. Observe o cartaz ao lado. Como você imagina que seja esse filme?

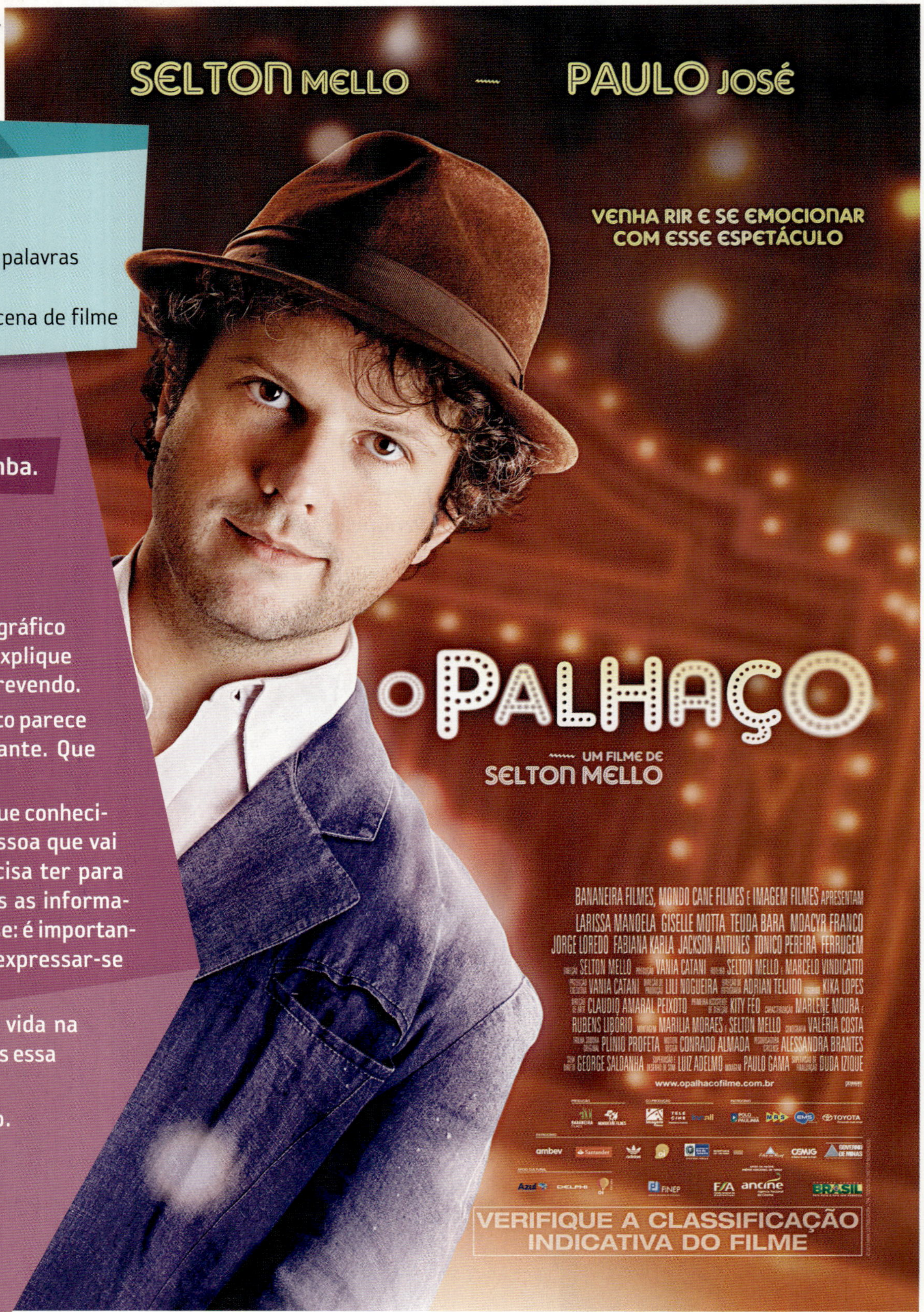

LEITURA

Contexto

Para se fazer um bom filme, é necessário que as ideias que deram origem a ele estejam organizadas em um roteiro. É a qualidade do roteiro, muitas vezes, que determina a qualidade de um filme.

O roteiro que você vai ler a seguir deu origem a um filme que conta a história de um palhaço, mostrando os bastidores de um circo.

Audiovisual

O Palhaço: análise de trechos do roteiro e filme

Vídeo

O Palhaço – Trecho do *making of*

O palhaço

1. EXT. ESTRADA DE TERRA | CANAVIAL | DIA

GLÓRIA, 27 anos, cortadora de cana, trabalha sob um sol escaldante. Outros cortadores de cana estão ali trabalhando também. Ela observa a caravana do Circo Esperança vindo em sentido contrário. A caravana passa por ela.

[...]

2. INT. ACAMPAMENTO | CAMARIM DE BENJAMIM | DIA

Plano geral fixo de um pequeno camarim de circo.

Pela fresta da janela semifechada entra um pouco de luz. O calor é grande.

Uma miniarara com roupas, malas e bolsas muito usadas, uma cadeira. Foto da trupe em um porta-retrato velho. Uma bancada e espelho pequenos. Tudo meio improvisado.

BENJAMIM, 35 anos, se levanta da cama com dificuldade, por conta do velho problema no joelho esquerdo, e atravessa o quadro.

Com uma metade dos óculos na mão, Benjamim termina de pintar o rosto.

LOLA, 28 anos, entra intempestivamente. Toda folgada, senta-se numa banqueta e põe os pés para cima.

LOLA (olhando em volta)

— *Quente aqui dentro, né?*

Benjamim abre um portal de tecido, respirando um pouco de ar.

A luz invade e possibilita uma visão melhor do ambiente.

LOLA

— *Cê devia ter um ventilador...*

Lola se levanta calmamente e sai.

Benjamim segue seu ritual de preparação.

Pelo espelho, se materializa metade do palhaço PANGARÉ.

Um tempo em Benjamim se olhando no espelho.

3. INT. ACAMPAMENTO/CIRCO | COXIA | DIA

Pangaré caminha taciturno na direção do picadeiro e cruza com TONY LO BIANCO, 36 anos, mágico. O diálogo a seguir é ágil, em movimento e sem suspender as passadas rápidas.

Ao fundo vemos MEIO-QUILO, 30 anos, treinando malabares.

GLOSSÁRIO

EXT.: cena externa.

Caravana: grupo de pessoas ou de veículos que viajam juntos.

INT.: cena interna.

Plano geral: conjunto de personagens e cenário.

Miniarara: pequeno cabideiro horizontal, geralmente portátil, onde se penduram roupas.

Trupe: grupo de artistas.

Quadro: espaço abrangido pela câmera.

Intempestivamente: subitamente; de forma imprevista.

Coxia: espaço nas laterais e atrás do palco, que não é visto pelo público.

Taciturno: triste, calado; carrancudo.

Teatro × cinema

O **teatro** e o **cinema** são representações dramáticas. Há algumas semelhanças entre o texto dramático (ou texto de teatro) e o roteiro de filme. Nos dois casos, o cenário é um elemento importante; a narrativa é estruturada por indicações que orientam o que acontece na cena (ações e falas dos atores, local da cena, etc.); as falas estão em discurso direto.

Se no teatro é habitual as personagens fazerem apartes para esclarecer fatos, pensamentos ou intenções para o público, no cinema essa estratégia não costuma ser utilizada.

Um texto de dramaturgia não é uma peça de teatro até ser encenado, assim como um roteiro cinematográfico não é um filme até ser filmado.

PANGARÉ
— *Quantas pessoas?*

TONY LO BIANCO
— *Cinquenta e sete, contando o prefeito Romualdo. A mulher dele é a Nanci, cabeleireira. Ele é meio cegueta e usa* óculos fundo de garrafa. *O povo adora ele.*

[...]

Os dois chegam na coxia. A música cresce.

3A. EXT. CIRCO | COXIA | DIA

CHICO LOROTA, 45 anos, e seu irmão JOÃO LOROTA, 27 anos, tocam de tudo na sua bandinha de dois, fazendo a trilha sonora ao vivo do espetáculo. Ao lado dos músicos, uma plaquinha diz: "PROIBIDO ATIRAR NOS MÚSICOS."

Pangaré vê, de costas, o palhaço PURO-SANGUE, 60 anos [...].

O casal de trapezistas — ROBSON FELIX, 30 anos, e LARA LANE, 25 anos — termina seu número de trapézio.

CHICO LOROTA (***off***)
— *Esses foram os trapezistas Robson Felix e Lara Lane!*

A música aumenta. Pangaré entra com tudo em cena.

4. INT. CIRCO | PICADEIRO | DIA

Pangaré entra com tanta vontade que se espatifa em cima da primeira fila, levando a criançada à loucura.

PANGARÉ
— *Respeitável públi...*

Pangaré **grila** com a voz que saiu fina. BORRACHINHA, 22 anos, entra – tipo um mordomo com a bandeja, um copo de água cheio e um *spray*. Pangaré pega o copo com água, bebe e faz o número da água; depois pega o *spray* e faz o número do *spray*. Borrachinha se retira.

PANGARÉ
— *Respeitável público, o grande Circo Esperança tem a coragem, a bravura e a ousadia de apresentar o número mais espetacular de toda a América Latina e também da Europa e também de Santa Rita de Ibitipoca. Pessoas com os nervos fracos, peço a gentileza que se retirem. Ao realizar esse número que em breve os senhores verão, o famoso Hans Sdrausen, da União Soviética, ficou cego e se apaixonou pelo papagaio da vizinha. É ou não é mais louco que o Pinga?*

A plateia ri, encantada.

PANGARÉ
— *O que os senhores verão só é possível ser realizado por homens de alma nobre e que sejam* **bacharéis** *em cardiologia e* **metafísica***. Peço suas palmas calorosas para esse mito, esse homem que atravessou desertos sem dormir, subiu montanhas sem comer, atravessou mares sem mentir, e que agora se apresenta com exclusividade aos olhos de vocês. Recebam o grande, o fabuloso, o sensacional Puro-Sangue!*

Aplausos efusivos.

GLOSSÁRIO

Off: nesse caso, quando uma personagem fala sem estar na cena.

Grila: fica cismado; fica incomodado.

Bacharéis: pessoas que completaram um curso universitário.

Metafísica: estudo filosófico do princípio e das causas das coisas.

Puro-Sangue entra com sua maleta psicodélica e faz seu número. Abre a maleta e sai uma bexiga. Ele agradece os aplausos, tal qual um oriental se curvando, de forma grotesca, em salamaleques intermináveis e fazendo com que os aplausos não terminem nunca, até que encontra uma moeda no chão e guarda no bolso.

Puro-Sangue se aproxima do proscênio, onde estão sentados o prefeito ROMUALDO, 45 anos, ao lado de sua esposa, NANCI, 35 anos.

PURO-SANGUE
— *Tudo bem?*

ROMUALDO (timidamente)
— *Tudo bem.*

PURO-SANGUE
— *Não falei com o senhor, falei com a linda moça que está ao seu lado.*

A plateia ri. O casal fica sem graça.

PURO-SANGUE
— *Tudo bem?*

NANCI (constrangida)
— *Tudo.*

PURO-SANGUE
— *Qual é o seu nome, moçoila vistosa?*

NANCI
— *Nanci.*

PANGARÉ
— *E isso lá é nome que se apresente?*

A criançada vai ao delírio com sua sagacidade.

PURO-SANGUE
— *Só falta a senhora me dizer que é esposa do maior prefeito da América do Sul e das Áfricas!*

O prefeito fica orgulhoso. Todos se divertem.

PURO-SANGUE
— *Caro prefeito Ronaldo...*

PANGARÉ
— *É Romualdo, seu jegue!*

PURO-SANGUE
— *Não começa a me irritar que eu te dou na cara.*

PANGARÉ
— *Ah, dá?*

PURO-SANGUE
— *Dou.*

PANGARÉ
— *Ah, dá!?*

Selton Melo

WILTON JUNIOR/ESTADÃO CONTEÚDO

O ator e diretor em 2009.

Selton Melo nasceu em Passos (MG), em 1972. Na televisão, atuou em telenovelas e minisséries. No cinema, protagonizou e participou de diversas produções nacionais (*O alto da compadecida, Meu nome não é Johnny, A mulher invisível, Billi Pig, Feliz Natal, O palhaço*, etc.). Como diretor de cinema, estreou com o premiado filme *Feliz Natal*. Em *O palhaço* também conquistou prêmios no festival de cinema de Paulínia (SP).

GLOSSÁRIO

Psicodélica: referente a roupa ou objeto de cores muito vivas, diferente do que é considerado tradicional.

Salamaleques: cumprimentos exagerados; mesuras, reverências.

Proscênio: à frente do palco; onde se passa a cena.

Moçoila: moça jovem.

Sagacidade: inteligência; perspicácia.

Marcelo Vindicatto

O roteirista, em foto de 2005.

Marcelo Vindicatto nasceu em Porto Alegre (RS), em 1966. Ator, compositor e roteirista, atua na televisão e no cinema. Foi roteirista de *Os penetras* (2012), *O palhaço* (2011) e *Feliz Natal* (2009), além dos curtas: *Quando o tempo cair* (2006), cujo roteiro foi elaborado em parceria com Selton Mello, e *O mundo de Afonso Brazza* (2004), homenagem ao bombeiro e cineasta brasileiro conhecido como o pior cineasta do mundo.

PURO-SANGUE
— *Dou, dou e dou!!!*

PANGARÉ
— *Aproveita que ele tá dando de graça, gente!*

Puro-Sangue bate em Pangaré.

PANGARÉ
— *Ai, ai, ai!*

PURO-SANGUE
— *Que foi?*

PANGARÉ
— *Machoquei!*

A plateia ri. A criançada enlouquece.
[...]

SELTON MELLO; MARCELO VINDICATTO.
O palhaço. São Paulo: Edições Sesc SP/Rio de Janeiro: Ouro sobre Azul, 2012. p. 13-20. (Fragmento).

Saiba +

Planos cinematográficos

Em um filme, a escolha de planos é trabalho quase exclusivo do diretor. Mas é interessante conhecer alguns planos mais usados:

Close-up ou *close* – é o detalhe dominando a imagem. Exemplo: pavio de dinamite.

Plano geral – inclui o cenário e as personagens envolvidas na ação. Exemplo: praia onde vai acontecer a ação.

Travelling – a câmera acompanha a personagem na mesma velocidade em que esta se movimenta. Exemplo: mocinho foge de moto.

Plano médio – mostra a personagem da cintura para cima. Exemplo: mocinha abre uma gaveta.

Panorâmica – a câmera se movimenta de um lado para outro, ao contrário do plano geral, fixo. Exemplo: um acidente geográfico.

Ponto de vista – mostra como a personagem vê e movimenta-se dentro do cenário. Exemplo: imagem de dentro da água, do ponto de vista de um garoto (dentro da piscina) que vê uma pessoa fora da piscina.

"Exemplificando:

Panorâmica: A câmera passeia por uma floresta até localizar dois garotos.

Plano médio: A câmera apanha os dois garotos, parados, conversando.

Ponto de vista: Partindo do ponto de vista de um dos garotos, algo se move sobre a vegetação.

Close: A câmera pega em primeiro plano uma cobra.

Travelling: Os meninos fogem acompanhados pela câmera.

Plano geral: Visão total duma hospedaria onde os meninos chegam."

Texto baseado em MARCOS REY.
O roteirista profissional: televisão e cinema. 3. ed. São Paulo: Ática, 1997. p. 50-51.

Antes do Estudo do texto

1. Se não tem certeza de ter compreendido bem o texto, leia-o novamente.
2. Procure identificar as ideias apresentadas no texto e reflita: você concorda com elas? Por quê?
3. Ao responder às questões a seguir, procure empregar o que já aprendeu ao ler outros textos e seja preciso em suas respostas.

ESTUDO DO TEXTO

Compreensão do texto

1. Você sabe o que é uma cena, em televisão ou cinema? Veja esta definição, extraída do *Dicionário eletrônico Houaiss*:

> [...] parte de filme ou de vídeo que focaliza determinada situação e um mesmo ambiente, ger. com as mesmas personagens [...]

a) O trecho de roteiro que você leu apresenta quatro cenas. Anote o cabeçalho (texto numerado que aparece em maiúsculas) de cada cena.

b) Baseando-se na definição acima e na sua resposta à questão anterior, deduza: quando é que ocorre uma mudança de cena?

c) Apoiando-se nos cabeçalhos, resuma a situação de cada cena.

2. De acordo com a cena 1, o Circo Esperança é grande ou pequeno? Por quê?

3. Na cena 2, o que mostra o plano geral do camarim de Benjamin? Essa descrição do camarim confirma ou refuta que se trata de um circo pequeno?

4. Pelas cenas 1, 2 e 3 apresentadas, o que você conclui sobre as condições financeiras do circo? Por quê?

5. O espetáculo circense é um acontecimento importante para o local.

a) O que, no texto, mostra isso?

b) Que trecho mostra que os palhaços estão habituados a brincar com as autoridades das cidades por onde o circo passa?

6. As emoções de Benjamim e da personagem Pangaré são distintas. Como isso fica evidente no roteiro?

A língua em uso: os sentidos do texto

1. O que significa a parte destacada no fragmento abaixo? Para responder, considere o fato de que Benjamin está no camarim, antes de entrar em cena.

> "Benjamim segue seu ritual de preparação."

2. Leia o trecho a seguir.

> "A música aumenta. Pangaré entra com tudo em cena."

- De acordo com o que você já viu ao vivo ou pela TV sobre espetáculo circense, o que significa um palhaço "entrar com tudo" em cena?

3. Releia o trecho a seguir.

> "— Respeitável público, o grande Circo Esperança tem a coragem, a bravura e a ousadia de apresentar o número mais espetacular de toda a América Latina e também da Europa e também de Santa Rita de Ibitipoca."

a) Qual a intenção de Pangaré ao empregar os substantivos *coragem*, *bravura* e *ousadia* para anunciar o número?

b) O que torna engraçado usar como termos de comparação América Latina, Europa e Santa Rita de Ibitipoca?

4. Compare as formas de anunciar uma personagem circense.

Recebam Puro-Sangue!

> *"Recebam o grande, o fabuloso, o sensacional Puro-Sangue!"*

a) O efeito produzido pelas duas formas é o mesmo? Por quê?

b) O que os adjetivos relacionados à personagem despertam na plateia?

5. Ao longo da cena 4, o roteirista constrói a reação da plateia evidenciando sua crescente empolgação com o espetáculo.

a) Encontre, no texto, trechos que mostram isso e registre-os.

b) O efeito seria o mesmo se o roteirista tivesse descrito para todas as cenas: "a plateia aplaude"? Por quê?

O roteiro cinematográfico

1. Transcreva do roteiro lido exemplos que comprovem a afirmação: O roteiro cinematográfico, em geral, é a indicação de como e onde acontecerão as cenas, do momento do dia ou da noite em que elas se passam, da luz em cada cena, das falas e atitudes das personagens, incluindo suas emoções.

2. Releia o início da cena 3.

> "3. INT. ACAMPAMENTO/CIRCO | COXIA | DIA
>
> Pangaré caminha taciturno na direção do picadeiro e cruza com TONY LO BIANCO, 36 anos, mágico. O diálogo a seguir é ágil, em movimento e sem suspender as passadas rápidas.
>
> Ao fundo vemos MEIO-QUILO, 30 anos, treinando malabares."

a) No início dessa cena, aparece o palhaço Pangaré. Quem são as outras duas personagens? O que fazem no circo? E quantos anos elas têm?

b) Observe as partes destacadas e responda: onde estão as personagens na cena? Quais são suas ações? É uma cena interna ou externa?

c) Nessa cena, o roteiro deixa claro como é o ritmo do diálogo? Por quê?

3. Considere a linguagem empregada pelas personagens e responda às questões a seguir.

a) Qual dos palhaços, Puro-Sangue ou Pangaré, emprega uma linguagem mais formal e qual usa uma linguagem menos formal? Dê exemplos.

b) A linguagem usada nas falas está de acordo com o nome e a composição de cada personagem? Por quê?

4. Leia novamente o trecho em destaque na questão 2.

a) Nesse trecho, há uma descrição de como é o diálogo entre as personagens e as ações que elas executam enquanto falam. Se esse texto fosse um conto ou uma crônica, quem forneceria essas informações ao leitor?

b) Nos contos, crônicas e romances, portanto, alguém narra a história. E no roteiro, isso também acontece? Por quê?

c) Na Grécia antiga, em algumas peças, o coro ficava responsável por narrar a história. Em alguns filmes, hoje em dia, muitas vezes existe também uma voz ou uma personagem que narra a história. Nesse caso, você acha que é preciso haver um roteiro? Por quê?

d) Copie a frase que explica o que torna necessária a existência de um roteiro para que se possa fazer um filme.
- O roteiro é necessário para que se possa organizar uma história na linguagem cinematográfica, e não na linguagem oral, na escrita ou na teatral.
- O roteiro é necessário para que os espectadores possam acompanhar as falas das personagens.
- O roteiro é necessário para que a história não seja esquecida.

O roteiro cinematográfico, de modo geral, é escrito por um **roteirista**, profissional do cinema que escreve um texto com o objetivo de nortear a filmagem de uma história.

Além da transcrição da fala das personagens, esse texto inclui a descrição do cenário, o momento do dia em que a cena acontece, as personagens que estão na cena e suas emoções, entre outros elementos. Portanto, o roteiro de cinema permite ao leitor visualizar a cena por completo e não apenas o diálogo entre as personagens.

O roteiro deve ser objetivo e coeso, claro e fácil de ler, pois servirá de base para atores, diretor e outros envolvidos na produção do filme, como você viu no infográfico de abertura da unidade. Também deve indicar alguns recursos cinematográficos que podem ser utilizados em cada cena.

O **roteiro de cinema** é um gênero textual que orienta os atores quanto à encenação, incluindo as falas, as emoções das personagens, a duração da cena, o cenário em que ela acontece, etc. Ele pode ser original ou adaptado de romance, documentário, notícia, biografia, história em quadrinhos, etc.

Os roteiros podem ser elaborados para cinema, para TV ou para anúncios publicitários. Eles podem, também, ser diferentes de um país para o outro: ao contrário do que se costuma fazer nos Estados Unidos, no Brasil em geral não se usa, nos cabeçalhos de cena, *manhã* ou *entardecer*, mas *dia* e *noite*. Muitos filmes europeus, por exemplo, têm muitos diálogos e, portanto, costumam apresentar menos cenas do que grande parte dos filmes norte-americanos.

É importante destacar que o roteiro é uma orientação para um trabalho que será feito por um grupo. Embora seja um documento único, ele é usado por diversos profissionais. Dessa maneira, cada um deles sabe o que lhe cabe fazer e sabe também o que pode esperar que os colegas façam. Além disso, o roteiro permite que cada profissinal saiba o porquê de cada tarefa que irá realizar. Assim, por exemplo, o figurinista que trabalhou em *O palhaço* não poderia prever para as personagens o figurino de artistas de um circo internacional e sofisticado. Cada um dos envolvidos deve agir de acordo com o objetivo comum estabelecido no roteiro.

Flávio de Campos, autor do livro *Roteiro de cinema e televisão* (ed. Zahar), destaca alguns elementos que compõem um roteiro de cinema:

- **Cena:** sequência entre um cabeçalho e outro. Ela pode ou não ser numerada e ajuda a organizar o roteiro.
- **Ação:** o que ocorre na cena, com descrição sucinta para o entendimento da história, sem repetição de informações ou elementos que causem ambiguidade ou dúvida.

- **Diálogo:** as falas das personagens (em alguns casos, há cenas sem diálogo). Devem-se evitar diálogos longos porque podem se tornar cansativos e monótonos.
- **Rubrica:** orienta os atores sobre como devem se movimentar e se expressar, indicando outros aspectos principais da encenação. Há vários tipos de rubrica, como as citadas a seguir:
  a) **cabeçalho:** escrito em letras maiúsculas, introduz uma nova cena informando o tipo de locação (se a cena é interna ou externa), a localidade (às vezes, especifica-se um local dentro do outro), o tempo e a iluminação (se é dia ou noite) – dados importantes para o diretor e a equipe de produção. Esses dados vão influenciar a escolha do figurino, a seleção dos equipamentos de luz e de som, a definição da logística, bem como o planejamento prévio para a filmagem (o cabeçalho pode ou não indicar o número da cena);
  b) **rubrica de cena:** identifica a cena, indicando informações sobre o ambiente (os objetos de cena, por exemplo) e sobre a composição das personagens (quais estão em cena, a idade delas, as ações e algum outro dado importante);
  c) **rubrica de fala**: aparece, em geral, entre parênteses, depois do nome da personagem e indica algum gesto ou emoção dela ou detalhe da encenação.

É importante que no roteiro estejam bem delineadas:

- as falas das personagens – em discurso direto, antecedidas pelo nome da personagem que fala elas permitem ao ator construir a postura cênica da personagem em cada cena;
- a composição das personagens – quantos anos têm, como são fisicamente, suas emoções na cena, etc. Quando uma personagem for introduzida na cena pela primeira vez, seu nome deve aparecer em letras maiúsculas e ela deve ser descrita de forma resumida (as letras maiúsculas também são empregadas);
- a descrição da cena – quando, onde (cenário) e como se passa a cena;
- as rubricas – indicam a contextualização das cenas, detalhes do cenário, as ações das personagens, a forma como os atores devem interpretar suas falas e, às vezes, a movimentação da câmera. Nas rubricas seguem-se as normas urbanas de prestígio, e o tempo empregado é o presente do indicativo.

Observe estes exemplos extraídos do roteiro de *O palhaço*:

CABEÇALHO (a indicação do número da cena é opcional).

3. INT. ACAMPAMENTO/CIRCO | COXIA | DIA

RUBRICA DE CENA (neste exemplo, cada parágrafo mostra uma parte da ação: Pangaré conversa com Tony, e Meio-Quilo treina malabares).

Pangaré caminha taciturno na direção do picadeiro e cruza com TONY LO BIANCO, 36 anos, mágico. O diálogo a seguir é ágil, em movimento e sem suspender as passadas rápidas.

Ao fundo vemos MEIO-QUILO, 30 anos, treinando malabares.

FALA DA PERSONAGEM

PURO-SANGUE

— *Tudo bem?*

NANCI (constrangida)

— *Tudo.*

RUBRICA DE FALA (neste exemplo, indica a emoção da personagem).

As ideias para a **construção do roteiro**, podem surgir de uma lembrança ou experiência pessoal; de uma conversa ou história contada; de uma leitura; de uma obra de ficção (livro, revista, filme, peça de teatro); de uma proposta, de uma ideia que alguém propôs; de um interesse particular em escrever sobre um determinado tema (para isso é necessário estudar ou pesquisar sobre o tema em questão).

Encontrada a ideia, é preciso fazer o **argumento**, geralmente a primeira etapa a ser desenvolvida na construção do roteiro. O argumento é o roteiro resumido com toda a história, mas sem as falas das personagens.

A escrita do roteiro só deve ser iniciada depois que o autor tiver escrito a história, preparado uma descrição resumida de cada cena e delineado o perfil das personagens.

O **perfil das personagens** ajuda o roteirista a definir como cada uma pensa e age na cena, e também a construir os diálogos. No perfil podem constar: a aparência física da personagem, como ela deve se vestir, sua postura física, como se expressa, a maneira como fala, etc.

As **letras maiúsculas** são usadas no cabeçalho de cena, quando a personagem é introduzida na ação pela primeira vez e também para se referir a um som ou a um objeto utilizado ou a qualquer coisa para a qual o roteirista queria chamar a atenção.

Enquanto nos cabeçalhos e nas outras rubricas em geral seguem-se as normas urbanas de prestígio, nas falas a **linguagem** corresponde à composição da personagem, podendo apresentar gírias ou não conforme a situação em que está inserida a personagem.

A **quantidade de páginas** para cada cena varia. Filmes de drama e comédias românticas possuem muitos diálogos e, portanto, mais páginas; já os filmes de aventura, suspense e terror têm menos diálogos e mais ação, o que se traduz em maior número de cenas.

Para guardar

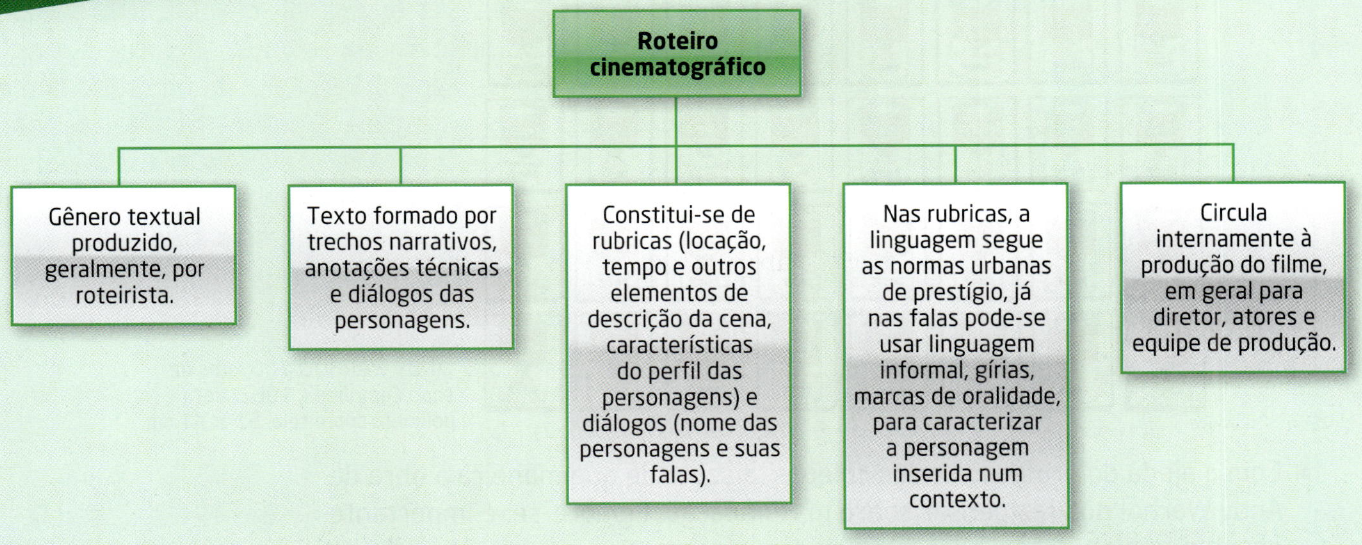

E por falar nisso...

O cinema foi, progressivamente, a arte que mais agiu no imaginário das pessoas. Ao longo do século XX, os atores passaram a ser vistos como "celebridades", ditaram moda e foram vendidos como modelos de beleza ou de comportamento. Veja como o artista pop Andy Warhol refletiu sobre essa onipresença das celebridades em uma de suas obras:

PRISMA/ALBUM/LATINSTOCK © THE ANDY WARHOL FOUNDATION FOR THE VISUAL ARTS, INC./LICENCIADO POR AUTVIS, BRASIL, 2014 - MUSEU DE ARTE DE CLEVELAND, OHIO

ANDY WARHOL. *Díptico de Marilyn*. 1962. Serigrafia e tinta polímera sobre tela, 210,19 × 573,15 cm (com moldura).

1. **Um díptico é uma obra criada a partir da junção de duas tábuas com desenhos que se relacionam tematicamente. No *Díptico de Marilyn*, o que chama a sua atenção a respeito das duas partes da obra?**

2. **"Massificação" é um termo usado para se referir a um processo capaz de transformar produtos e serviços acessíveis a diversas classes sociais. Geralmente, esse termo tem uma carga negativa, associado a consumo exacerbado e a produtos culturais de pouco valor. Warhol retratou esse processo em um quadro como este:**

CORBIS/LATINSTOCK © THE ANDY WARHOL FOUNDATION FOR THE VISUAL ARTS, INC./LICENCIADO POR AUTVIS, BRASIL, 2014 - MUSEU DE ARTE MODERNA, NOVA IORQUE

ANDY WARHOL. *100 latas de sopa Campbell's*, 1962, tinta polímera sobre tela, 51 × 41 cm.

- Com a ajuda do professor e dos colegas, discuta de que maneira a obra de Andy Warhol nos faz pensar sobre massificação. Lembre-se: é importante escutar com atenção e expressar-se com clareza.

ESTUDO DA LÍNGUA I

Estrutura das palavras

O que você irá estudar

► Ao final deste estudo, você deverá saber:

- reconhecer a estrutura das palavras;
- o que são radical, desinência, vogal temática, tema e afixos.

Como você pode estudar

1. O **Estudo da língua** não é uma seção para decorar, mas para questionar e levantar problemas, como fazemos em **Observe, analise, questione**.
2. O trabalho com os conhecimentos linguísticos requer persistência. Leia e releia os textos e exemplos, discuta, converse.

GLOSSÁRIO

Calados: diferentes tamanhos de barcos.

Estrutura das palavras

Audiovisual
Estrutura das palavras

Observe, analise, questione

► **Releia o poema de Arnaldo Antunes, visto na unidade anterior.**

sem vento, ár
vore, não
se move nem
se mover
ão
no
inver
no seus ver
melhos ver
des no ver
ão

© ARNALDO ANTUNES

Arnaldo Antunes. *Melhores poemas*: Arnaldo Antunes/Noemi Jaffe (seleção e prefácio). São Paulo: Global, 2010.

a) Que palavras no poema terminam com a sequência **ão**?
b) A sequência **ão** acrescenta ideias específicas a uma dessas palavras. Qual é a palavra e quais são as ideias acrescentadas?
c) Suponha que o poema contivesse as palavras *vermelhão* e *verdão*. Nesse caso, a sequência **ão** também acrescentaria uma ideia a elas? Qual?

As palavras são constituídas por um elemento (radical) que contém seu significado mais importante e, muitas vezes, por outros elementos que modificam esse significado. Estudar a estrutura de uma palavra é conhecer os elementos que a compõem e os significados que eles expressam.

Os elementos que compõem a estrutura das palavras são o **radical**, a **desinência**, a **vogal temática**, o **tema** e os **afixos**.

Radical

Leia este trecho de uma crônica de Luis Fernando Verissimo.

> Sou fascinado pela linguagem náutica, embora minha experiência no mar se resuma a algumas passagens em transatlânticos, onde a única linguagem técnica que você precisa saber é “a que horas servem o bufê?”. Nunca pisei num veleiro e se pisasse seria para dar vexame na primeira onda. Eu enjoo em escada rolante. Mas, na minha imaginação, sou um marinheiro de todos os calados. [...]

LUIS FERNANDO VERISSIMO. O jargão. *Comédias para se ler na escola*. Rio de Janeiro: Objetiva, 2001. p. 67. (Fragmento). © by Luis Fernando Verissimo.

O tema do trecho da crônica de Verissimo é o fascínio do narrador pela linguagem náutica, apesar de seu despreparo e inexperiência em relação ao mar.

Observe que a coesão, no fragmento, é mantida pelo emprego de palavras relacionadas a esse tema: *náutica*, *mar*, *transatlânticos*, *veleiro*, *onda*, *enjoo*, *marinheiro*, *calados*. Entre elas, duas contêm o mesmo elemento em sua constituição: ***mar*** e ***mar**inheiro*. Esse elemento também aparece em ***mar**esia*, ***mar**inho*, ***mar**ítimo* e ***mar**ujo*, por exemplo.

LEMBRE-SE

O conjunto formado pela palavra primitiva e pelas derivadas a partir dela constitui uma **família de palavras**.

Radical é o elemento constante que agrupa palavras em uma mesma família e lhes dá uma mesma base de significado.

Algumas palavras podem ser constituídas unicamente pelo radical. É o caso de *mar*, como você observou acima, e também de *flor*, *sol*, *lápis*, *hoje*, *paz*, etc.

Existem palavras, no entanto, que podem apresentar dois ou mais radicais. É o caso das compostas *azul-marinho*, *arco-íris*, *mico-leão-dourado*, *passatempo*, *girassol*, *embora* (em + boa + hora), *planalto* (plano + alto), entre outras.

Desinência

Releia um trecho do texto *O palhaço*, prestando atenção aos termos destacados.

> "– [...] palmas calorosas para esse mito, esse homem que atravessou desertos sem dormir, subiu montanhas sem comer, atravessou mares sem mentir, e que agora se apresenta com exclusividade aos olhos de vocês. Recebam o grande, o fabuloso, o sensacional Puro-Sangue!"

Para que o homem fosse considerado um mito, foram atribuídas a ele muitas ações impressionantes realizadas no passado. O tempo é marcado nos verbos por elementos acrescentados aos radicais. Assim, para os radicais **atravess-** e **sub(i)-**, foram acrescentados os elementos **-ou** e **-u**, que marcam o tempo passado, a 3ª pessoa, o singular e o modo indicativo.

Além disso, para indicar a multiplicidade de locais onde o homem realizou suas façanhas e, portanto, reforçar a ideia de mito, são acrescentados elementos aos substantivos *deserto*, *montanha* e *mar*. Nos dois primeiros casos, o elemento **-s** e, no terceiro, **-es**. Esses elementos marcam o número do substantivo (plural). Já em *calorosas*, a terminação **-as** indica não apenas flexão de número (**-s**), como também de gênero, no caso, feminino (**-a**).

Desinência é o elemento que indica as flexões dos nomes e dos verbos. Ela pode ser:

- **nominal**, quando indica gênero e número dos substantivos, adjetivos, artigos, numerais e pronomes;
- **verbal**, quando indica o número e a pessoa (desinência número-pessoal) e o modo e o tempo (desinência modo-temporal) dos verbos.

Vogal temática

Leia a tira abaixo.

MINDUIM CHARLES SCHULZ

Observe a conjugação dos verbos destacados na tira.

Presente do indicativo	Infinitivo
Suporto	suport**ar**
Aguento	aguent**ar**

Pretérito perfeito do indicativo	Infinitivo
Ficou	fic**ar**
Deixou	deix**ar**

Todos os verbos destacados têm, no infinitivo, a vogal **a** unida ao radical do verbo. Nas formas verbais do presente e do pretérito perfeito, essa vogal é substituída respectivamente por **o** e **ou**. Observe agora estes casos.

Presente do indicativo	Pretérito perfeito do indicativo	Infinitivo
Vendo	Vendi	Vend**e**r
Parto	Parti	Part**i**r

No presente, nestes casos, não houve diferença, mas, no passado, as formas verbais apresentam **i** no lugar de **ou**.

Essa diferença ocorre porque os verbos pertencem a conjugações diferentes. O que determina a conjugação à qual pertence um verbo é a vogal que acompanha seu radical no infinitivo (**-a**, **-e** ou **-i**).

Vogal temática é aquela que, unida ao radical do verbo, caracteriza sua conjugação. É possível identificar três vogais temáticas nos verbos:

- **-a-** (1ª conjugação): *vend**a**r, divulg**a**r, compr**a**r;*
- **-e-** (2ª conjugação): *vend**e**r, pod**e**r, quer**e**r;*
- **-i-** (3ª conjugação): *part**i**r, sorr**i**r, persuad**i**r.*

Agora, observe estes substantivos:

boneco	negócio	criança	olho

Dos substantivos acima, apenas *boneco* apresenta flexão de gênero (*bonec**o***, *bonec**a***). Neste caso, as vogais **-o** e **-a** são desinências marcadoras de gênero. Nos outros casos, as vogais finais não são marcas de flexão de gênero, uma vez que os substantivos têm uma só forma.

Em alguns substantivos, as vogais **-a**, **-e** e **-o** finais e átonas são **vogais temáticas nominais**, visto que não há possibilidade de flexão de gênero: *crianç**a**, foguet**e**, venen**o**.*

Tema

Considere as palavras abaixo.

vendar	**vende**r	**olho**	**venda**va	**vende**remos	**olho**s

Note que o conjunto composto pelo radical e pela vogal temática forma uma base à qual se juntam as desinências – no caso dos verbos, as indicadoras de modo (**-r**), tempo (**-va**), número e pessoa (**-remos**); no caso do substantivo, a desinência indicadora do plural (**-s**).

Tema é o conjunto formado pelo radical mais a vogal temática. A ele se juntam as desinências responsáveis pelas diversas flexões dos verbos e nomes.

Quando a vogal faz parte do radical

Compare estes exemplos:

*pint**o** - pint**inho***

*caf**é** - cafe**zinho***

Por que, no primeiro caso, a vogal final (**-o**) desaparece quando o substantivo recebe a terminação do diminutivo e, no segundo (**-é**), isso não acontece? Porque apenas no primeiro existe uma vogal temática. Em *café* e outros substantivos terminados em vogal tônica (*gamb**á**, caqu**i**, caj**u***), essa vogal faz parte do radical; ela não é temática.

Nem sempre o tema aparece na palavra flexionada. Muitas vezes a vogal temática se funde com a primeira vogal da desinência, ou desaparece diante dela. Veja:

exist(i) + ia = existia   vend(e) + ido = vendido

Afixos

Na obra de arte que abre a Unidade 7 foi empregada a palavra *descanse*. Confira os elementos que entram na composição dessa palavra e que você já conhece:

(des) cans (e)
des → radical
e → desinência verbal (modo imperativo)

A palavra *canse* tem o mesmo radical e a mesma desinência, mas seu significado é bem distinto. O elemento responsável por introduzir uma diferença tão grande no sentido é **des-**, anexado antes do radical. Ele marca a negação, o contrário do que a palavra *canse* significa.

Existem vários elementos (**afixos**) que podem ser anexados ao radical **cans-**, antes ou depois dele, a fim de modificar-lhe o sentido. Exemplos:

(cans) (ado)
cans → radical
ado → **afixo** (formador de adjetivo)

(cans) (aço)
cans → radical
aço → **afixo** (formador de substantivo)

(des) (cans) (ar)
des → **afixo** (indica contrário)
cans → radical
ar → vogal temática (**-a-**) + desinência verbal (**-r**)

(in) (cans) (ável)
in → **afixo** (indica contrário)
cans → radical
ável → **afixo** (formador de adjetivo)

> **Afixos** são elementos que se unem ao radical (ou ao tema), modificando seu significado e/ou mudando a classe gramatical da palavra. Os afixos anexados antes do radical são chamados de **prefixos**. Aqueles anexados depois do radical (ou do tema) são chamados de **sufixos**.

Mais exemplos:

escreve (dor) → **escrevedor** (aquele que escreve)
dor → **sufixo** (indica aquele que faz algo)

(re) ler → **reler** (repetir a leitura)
re → **prefixo** (indica repetição de ação)

(bi) anu (al) → **bianual** (que ocorre de dois em dois anos)
bi → **prefixo** (indica dois)
al → **sufixo** (formador de adjetivo)

Em português, a maioria dos prefixos são gregos ou latinos. Já a origem dos sufixos é mais variada. O quadro a seguir apresenta a correspondência entre alguns dos prefixos gregos e latinos mais frequentes.

Prefixo latino	Exemplo	Prefixo grego	Exemplo	Significado
bi-	*bimensal*	di-	*dissílabo*	dois
bene-	*benevolente*	eu-	*eufemismo*	bom, bem
contra-	*contraproposta*	anti-	*antibiótico*	ação contrária
circum-	*circunstância*	peri-	*perimetral*	em torno de
des- (ou in-)	*destemido, imortal*	a- (ou an-)	*atípico, anacronismo*	privação, negação
in-	*ingestão*	em-	*embarcar*	movimento para dentro
pre-	*preconceito*	pro-	*progenitor*	anterioridade
semi-	*semifinal*	hemi-	*hemisfério*	metade
super-	*supermercado*	hiper-	*hipercalórico*	em cima, excesso

Para guardar

Estrutura das palavras

- **radical** — Concentra o significado básico da palavra.
- **desinência** — Indica flexões verbais (modo, tempo, número, pessoa) ou nominais (número e gênero).
- **vogal temática** — Indica conjugação verbal ou classe gramatical.
- **tema** — Conjunto formado por radical e vogal temática.
- **afixos** — São acrescentados às palavras para formar outras palavras, conferindo-lhes significados.

Desinência

- **nominal**
  - gênero — *médic**a***
  - número — *casa**s***
- **verbal**
  - número-pessoal — *dança**mos***
  - modo-temporal — *chora**va***

- **Vogal temática**
  - **nos verbos**
    - **-a-** (1ª conjugação) — *andar, começar, falar*
    - **-e-** (2ª conjugação) — *chover, sofrer, tecer*
    - **-i-** (3ª conjugação) — *partir, destruir, dormir*
  - **nos nomes**
    - **-a** — *casa, lata*
    - **-e** — *lente, pente*
    - **-o** — *lenço, livro*
- **Tema**
  - **radical** — **cham-** + -a = *chama*
  - **vogal temática** — torc- + **-e**(r) = *torcer*
- **Afixos**
  - **prefixo** (antes do radical) — ***coo**perar, **pre**disposto*
  - **sufixo** (depois do radical ou do tema) — *previa**mente**, supera**ção***

APLIQUE SEUS CONHECIMENTOS

1. Siga o modelo para formar ou flexionar as palavras a seguir.

livro + sufixo de diminutivo depreciativo = livreco

Ao responder às questões, busque exatidão e precisão para garantir que você entendeu o que estudou.

a) *Honduras* + sufixo indicador de origem.
b) Prefixo indicador de oposição (ou inversão) + *dizer*.
c) *Pesquisador* + desinências de feminino e plural.
d) *Gosto* + sufixo formador de adjetivo.
e) *Sorrateiro* + sufixo formador de advérbio.
f) *Moço* + sufixo de diminutivo afetivo + desinências de feminino e plural.
g) *Rainha* + sufixo de diminutivo.
h) *Falar* + desinências de 1ª pessoa do plural no presente do indicativo.

2. **Leia as três primeiras estrofes do poema de cordel abaixo, do paraibano Chico Salles.**

O barato da barata

Vou apresentar agora
Uma história barata
Barata, é de baixo preço
De quem não tem endereço
Mas pode ser bem gaiata.

Uma barata qualquer
Uma barata bem feia
Que morava na cozinha
De uma casa na aldeia
Vivia atrás do armário
E seu trabalho diário
Era ouvir a vida alheia.

Era uma família simples
Que habitava esse lar
Mas não faltava comida
Para a barata provar
Queijo, legumes, feijão
Linguiça, toucinho e melão
Café, almoço e jantar.
[...]

Disponível em: <http://www.chicosalles.com.br/livros/cordel_o_barato_da_barata.pdf>. Acesso em: 29 mar. 2014. (Fragmento).

GLOSSÁRIO

Barato: (gíria) curtição, prazer.

Gaiata: travessa, brincalhona.

a) Com base nessas três primeiras estrofes, qual seria, afinal, o barato da barata?
b) Na primeira estrofe, a palavra *barata* se refere ao inseto? Explique.
c) O cordel se aproveita do jogo com as palavras *barato* e *barata*. Compare:
*o barat**o** – a barat**a***
*o menin**o** – a menin**a***
As vogais destacadas nos pares acima são classificadas da mesma forma? Justifique.

3. **Leia a tira.**

MUNDO MONSTRO — ADÃO ITURRUSGARAI

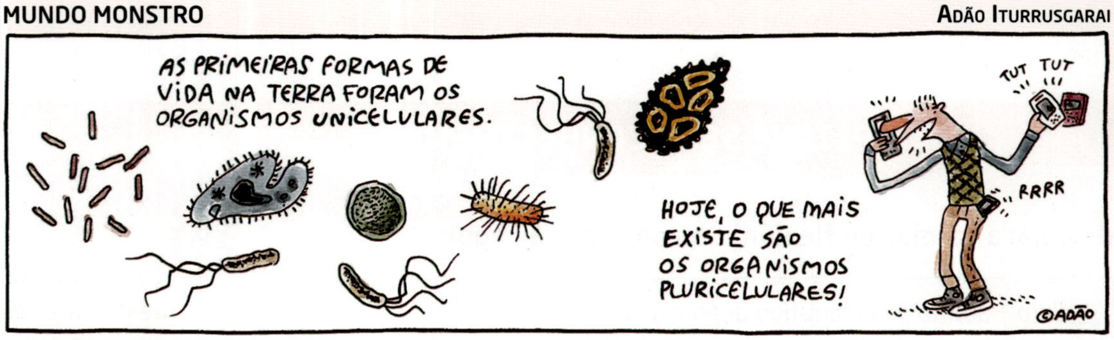

© ADÃO ITURRUSGARAI

a) Explique o significado da palavra *unicelulares* na tira.
b) Que elemento dessa palavra e que elementos não verbais permitem que se chegue a esse significado?
c) O humor é produzido pelo duplo sentido que a palavra *pluricelulares* adquire na tira. Explique esse duplo sentido.
d) Identifique os elementos que compõem a palavra *pluricelulares*, bem como seus significados.

4. **Explique o significado das palavras do quadro abaixo com base nos significados dos elementos compositivos da tabela.**

apneia	eneágono	plutocracia
aristrocracia	pseudônimo	entomologia
epiderme	mnemotecnia	ortografia

Elemento compositivo	Significado
a-	ausência
aristo-	os melhores, a elite
-cracia	poder, governo
-derme	pele
enea-	nove
entomo-	inseto
epi-	posição superior
-gono	ângulo; lado
-grafia	escrita
-logia	estudo
mnemo-	memória
-nimo	nome
orto-	correto, exato
pluto-	rico
pseudo-	falso
-pneia	respiração
-tecnia	técnica, arte

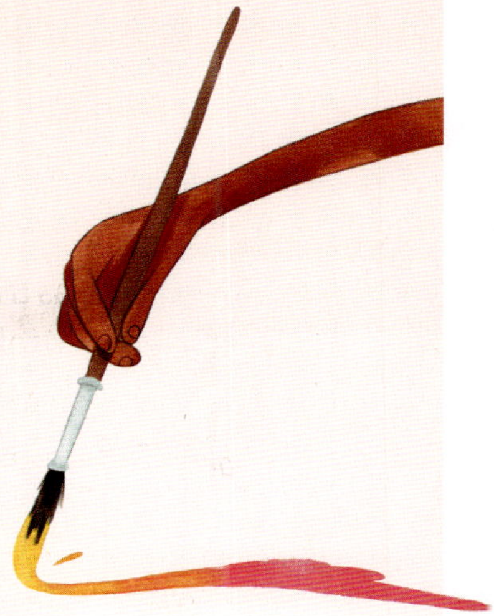

5. **Qual o significado das fobias (medos) expressas nas palavras do quadro? Se for preciso, consulte o dicionário.**

acrofobia	fotofobia	xenofobia	neofobia	cinofobia	necrofobia

6. **Leia o haicai abaixo.**

O inacreditável é crível
Mas o impossível
Não é possível.

Millôr Fernandes. *Hai-kais.* Porto Alegre: L&PM, 2000. p. 56.

a) Quais são as duas oposições de palavras no haicai?

b) Que elemento formador de palavras marca essas oposições?

GLOSSÁRIO

Crível: que se pode crer, acreditável.

Você vai ler a seguir a história de uma personagem que, por ter abandonado seus ideais, acabou vivendo na corda bamba.

Namarasotha

Conheci Antônio Malakuene nos tempos de faculdade, em Paris.

Naqueles tempos, formávamos um grande grupo de estudantes africanos, gente vinda de várias partes do continente e que partilhava do sonho comum — e muitas vezes apenas ele nos unia — de ver nossos vários países, primeiro, livres da tutela colonialista, algo até anacrônico, porém bem real naqueles anos de pós-guerra; e, depois, inseridos na modernidade e na democracia ensinada a nós por professores que classificávamos como sonhadores delirantes ou contraditórios pragmáticos.

Não que não tentássemos nos adaptar a qualquer preço e buscássemos a aceitação — algo por demais difícil para qualquer um de nós — mas, na medida do possível, íamos levando. Sabíamos o que queríamos, tínhamos um objetivo, coisa bem diferente da maioria dos jovens de hoje, que não sabem o que querem e comer e beber vira estilo de vida para muitos. Enfim, tínhamos ideais.

Antônio também tinha seus ideais, mas, depois de certo tempo, talvez vencido pela própria frustração, entre o Quartier Latin e certas viagens de trem para Marselha, se perderam em prol de um novo grupo de amigos feito entre alguns endinheirados da Côte d'Azur. No princípio, ele ainda ia e voltava, todavia, após certo tempo, as aulas já não importavam tanto e a África era um lugar remoto, bem distante de suas novas conversas e amigos. Até um carro, um belo e vistoso Bugatti, foi incorporado à sua nova imagem.

Belos carros, amigos espalhafatosos e uma encantadora namorada. Nicole era o seu nome, eu penso. De qualquer forma, um dia Antônio simplesmente sumiu. Não se soube mais dele até que, muitos anos mais tarde, já trabalhando na revista *Le Monde Africaine*, eu o reencontrei num café da Rue dês Eau Noire.

Estava sujo e maltrapilho, esmolando. Penalizado, sentei-me e depois de muito café e outros tantos *croissants*, soube que a mulher por quem tanto estava apaixonado, revelara-se por demais fútil e desinteressada dele e de suas histórias revolucionárias, abandonando-o, depois de uns poucos meses, sem eira nem beira numa vila próxima de Nice.

Entre triste e arrependido, ele se disse envergonhado, razão pela qual não procurara os antigos companheiros. Como tive pena dele, consegui que fosse trabalhar conosco na revista. Pouco dinheiro, claro, mas de muito entusiasmo foram feitos os meses seguintes com Antônio. Como que a se penitenciar, ele se tornou um dos mais interessados e aguerridos propagadores não só da libertação das colônias europeias na África, como um grande interessado na cultura de sua gente. Criou-se uma coluna para ele, na qual discorria e apresentava lendas e outros fatos de nosso folclore para europeus naqueles tempos bem interessados em tais assuntos. Entretanto, tudo mudou em meados de 1957, quando, através de um bilhete bem sucinto, Antônio se despediu de nós, falando da volta da mulher que tanto amava.

Ficamos realmente revoltados por semanas, não queríamos pôr os olhos novamente em Antônio Malakuene. Todavia, depois de certo tempo, esfriados os ânimos, chegamos a desejar que tudo desse certo para ele.

Namarasotha foi o último artigo por ele entregue e contava uma história de Moçambique, em tudo premonitória à situação de nosso velho companheiro de lutas. Antônio olhou para trás como *Namarasotha* e somente há dez anos, através de um amigo, tive notícias dele. Ele o encontrou na estação ferroviária de Basileia, na Suíça, mais uma vez esfarrapado e mendigando. Soube que Antônio fugiu ao vê-lo. Pena que Antônio, como *Namarasotha*, não possa fugir de si mesmo.

Reproduzo abaixo a última história que publicamos de nosso amigo Antônio, com saudades, muitas saudades.

"Há muito tempo, viveu um homem chamado Namarasotha. Pobre e sempre vestido com trapos, sonhava com coisas grandiosas e com uma vida cheia de riquezas e sem dificuldades. Infelizmente, o tempo ia passando e Namarasotha continuava o mesmo homem pobre que vivia na companhia de seus sonhos grandiosos.

Numa certa manhã, saiu para caçar. Surpreendentemente, mal chegou na floresta, encontrou uma impala morta. Apressou-se em apossar-se dela e quando se preparava para assá-la, um passarinho pousou num dos chifres de sua presa e lhe disse:

— Não coma dessa carne, Namarasotha, pois coisa ainda melhor te espera mais adiante!

Mesmo desconfiado, Namarasotha abandonou a impala e avançou mais uns passos para dentro da floresta. Encontrou uma gazela morta. Já pensava em descarná-la e assar um bom pedaço quando outro passarinho surgiu e lhe disse:

— Tenha paciência, Namarasotha, e não coma ainda, pois algo ainda melhor te espera não muito longe daqui!

A fome apertava e Namarasotha se sentia cansado, mas mesmo assim, atendendo ao apelo do passarinho, continuou andando até encontrar uma casa com uma mulher junto à porta, que acenou para que ele se aproximasse. Muito esfarrapado e sujo, ele hesitou e, envergonhado, pensou até em voltar para dentro da mata.

— Aproxime-se! — insistiu a mulher. — Não tenha medo...

— Não estou com medo! – cortou Namarasotha.

— Pois então venha até aqui!

Relutantemente, ele a atendeu.

— Entre — pediu ela, por trás de um largo sorriso.

Namarasotha parou, olhos indo dela para a porta que se abria e voltando mais uma vez para seu rosto sorridente. Não queria entrar. A vergonha era grande. Estava sujo. Esfarrapado. Não era o tipo de homem que qualquer mulher olharia, mas ela tanto insistiu que, por fim, entrou.

— Vai se lavar e veste essas roupas — pediu a mulher. Ele a atendeu e voltou vestido com as calças novas que ela lhe dera. Depois de um novo sorriso cheio de aprovação, ela anunciou: — A partir desse momento, se assim o desejar, essa casa é sua. Quero ser sua mulher, se você me aceitar e se tornar meu marido, será você a mandar e eu, a obedecer.

Namarasotha aceitou o oferecimento da mulher e naquele instante deixou de ser miserável. Com a mulher vieram a fartura e a vida fácil de um teto sobre a cabeça e tudo o que desejasse, pois toda a fortuna e os bens — que não eram poucos — da mulher, passaram a lhe pertencer.

Um certo dia, muito tempo depois daquele em que deixou de ser pobre, Namarasotha e a esposa foram convidados para uma festa. A mulher pareceu preocupada e esforçou-se para não ir, valendo-se dos mais diversos pretextos, mas diante da insistência de seus anfitriões, tanto ela quanto o marido não tiveram outra alternativa a não ser confirmar a presença.

Mal haviam chegado ao seu destino, a mulher, nervosa e realmente apreensiva, virou-se para Namarasotha e recomendou:

— Aproveite bem a festa, meu marido, mas se por acaso resolver dançar, por favor, não se vire para trás.

Namarasotha estranhou tal pedido, mas preferiu não fazer mais perguntas e concordou com a esposa.

A festa era grandiosa e Namarasotha divertiu-se. Fartou-se nas mesas, pois comida era o que não faltava. Conversou com muitos. Alegrou-se e por muito comer, falar e divertir-se, embebedou-se com toda cerveja de farinha de mandioca que lhe foi servida. Bêbado e entusiasmado, esqueceu-se da promessa ou simplesmente a ignorou. Dançou, dançou e dançou quase até se cansar, instante em que, por fim, virou-se e olhou para trás.

Tudo aconteceu depressa demais depois disso. Tão depressa que Namarasotha sequer teve tempo de descobrir o que se passava. Tudo sumiu: festa, mulher, a vida boa, as riquezas, a grande casa... E só o que viu no instante seguinte é que voltara a ser o que era antes: um homem pobre e esfarrapado, abandonado a seus tristes sonhos de felicidade. Nada mais."

Júlio Emílio Braz. *Moçambique*. São Paulo: Moderna, 2011. p. 89-95.

ESTUDO DA LÍNGUA II

Processos de formação de palavras

O que você irá estudar

► Ao final deste estudo, você deverá saber:

- o que são processos de formação de palavras;
- o que é derivação;
- o que é composição;
- o que é hibridismo.

Processos de formação de palavras

Audiovisual
Processos de formação de palavras

Observe, analise, questione

► **Releia um fragmento do texto *O palhaço*, visto nesta unidade.**

> "Plano geral fixo de um pequeno camarim de circo.
> Pela fresta da janela semifechada entra um pouco de luz. O calor é grande.
> Uma miniarara com roupas, malas e bolsas muito usadas, uma cadeira. Foto da trupe em um porta-retratos velho. Uma bancada e espelho pequenos. Tudo meio improvisado.
> BENJAMIM, 35 anos, se levanta da cama com dificuldade, por conta do velho problema no joelho esquerdo, e atravessa o quadro. Com uma metade dos óculos na mão, Benjamim termina de pintar o rosto.
> LOLA, 28 anos, entra intempestivamente. Toda folgada, senta-se numa banqueta e põe os pés para cima."

a) Das palavras destacadas no fragmento acima, quais foram criadas pelo acréscimo de afixos a um radical? Explique.

b) Qual delas foi criada pela junção de dois radicais?

c) Imagine que, na língua portuguesa, só dispuséssemos das palavras *fechada*, *arara*, *retrato* e *banco*. Releia o fragmento usando esses termos no lugar daqueles que foram destacados. Depois, explique o efeito que a substituição provoca na descrição do cenário.

d) Conclua: por que são formadas novas palavras em uma língua?

A língua é um organismo vivo e está em constante evolução, com muitas palavras caindo em desuso e muitas outras sendo criadas. Essas criações ocorrem de acordo com alguns processos básicos. Conforme você acabou de observar, é possível criar palavras acrescentando prefixos e sufixos a um radical, como ocorre em *semifechada*, *miniarara* e *banqueta*. Esse processo de formação é chamado de **derivação**. Já no caso de *porta-retratos*, a palavra é formada pela junção de dois radicais; trata-se de um processo de **composição**.

O estudo da **formação de palavras** descreve os processos pelos quais elas têm sido criadas na língua portuguesa. Os principais são: **derivação**, **composição** e **hibridismo**.

Neologismo

Criação de uma nova palavra, que pode acontecer:

a) pelo acréscimo de prefixo e/ou sufixo a outra já existente ou pela união de palavras também já existentes. Exemplos: chocólatra e porta-treco.

b) pelo empréstimo de outros idiomas, como *mouse* e *site*. Em alguns casos, a palavra acaba sendo aportuguesada. Exemplos: deletar, escanear, tuitar.

c) pela atribuição de um novo sentido a uma palavra que já existe. Exemplo: *Aquele carro é uma beleza. Está tudo beleza (tudo bem)!*

Derivação

Releia mais um fragmento de *O palhaço*.

> "CHICO LOROTA, 45 anos, e seu irmão JOÃO LOROTA, 27 anos, tocam de tudo na sua bandinha de dois, fazendo a trilha sonora ao vivo do espetáculo. Ao lado dos músicos, uma plaquinha diz: 'PROIBIDO ATIRAR NOS MÚSICOS'."

No fragmento lido, as duas palavras destacadas são formadas por um radical e um prefixo indicador de diminutivo: **band-** + **-inha** e **plac-** + **-inha**. No primeiro caso, *bandinha* traz uma ideia de afetividade, carinho pela banda, além da ideia de uma banda pequena; já, no segundo, *plaquinha* denota uma placa minúscula.

Veja também que novas palavras poderiam ser formadas com o acréscimo de outros prefixos e sufixos: *band**ona***, ***super**banda*, ***mini**banda*; *plaq**ueta***, ***em**placar*, ***em**placa**mento***.

Derivação é o processo de formação de novas palavras a partir de outras já existentes. Ela pode se dar das seguintes maneiras:

- Com o acréscimo de um **prefixo**; chama-se **derivação prefixal** ou **prefixação**:

  in + feliz = infeliz
  (in → prefixo; feliz → radical)

- Com o acréscimo de um **sufixo**; chama-se **derivação sufixal** ou **sufixação**:

  feliz + **idade** = felicidade
  (feliz → radical; idade → sufixo)

- Com o acréscimo de **prefixo e sufixo**; chama-se **derivação prefixal e sufixal**:

  in + feliz + **idade** = infelicidade
  (in → prefixo; feliz → radical; idade → sufixo)

Vamos retomar a palavra *emplacamento* (formada a partir de *placa*), exemplificada anteriormente. Note que o tema **placa** não tem significado se for acrescido apenas do prefixo **em-** (*emplaca*) ou apenas do sufixo **-mento** *(placamento)*. Nesse caso, prefixo e sufixo foram acrescentados simultaneamente.

Confronte esse caso com o da palavra *infelicidade*, em que *feliz*, ao receber apenas o prefixo **in-** (*infeliz*) ou apenas o sufixo **-idade** (*felicidade*), formaria duas novas palavras com significados distintos.

O processo de formação de palavras que exige o **acréscimo simultâneo de prefixo e sufixo** chama-se **derivação parassintética**. Exemplos: *amanhecer, entardecer, anoitecer, apaixonado, enjaular.*

Derivação imprópria e derivação regressiva

REPRODUÇÃO

Observe, ao lado, o título de um livro que busca dar aconselhamento a pais e mães.

As palavras *não* e *sim* normalmente são advérbios, mas, no título do livro, foram empregadas como substantivos: trocar ***o não*** pel***o sim***. A ideia é representar, com esses substantivos, respectivamente, as atitudes negativas das crianças ("não quero comer", "não vou tomar banho") e as positivas ("sim, vou comer", "sim, vou tomar banho").

Algumas palavras são formadas com base na **mudança da classe gramatical** a que originalmente pertenciam, sem alteração em sua forma. O nome desse processo é **derivação imprópria**. Veja outros exemplos: *o amanhecer* (de verbo para substantivo), *o sim* (de advérbio para substantivo), *cidade monstro* (de substantivo para adjetivo), *um mané* (de substantivo próprio para comum), *o capital* (de adjetivo para substantivo).

Veja agora a manchete abaixo.

> ***Mutirão de combate à dengue é realizado em dois bairros de Salvador***
>
> Disponível em: <http://g1.globo.com/bahia/noticia/2014/03/mutirao-de-combate-dengue-e-realizado-em-dois-bairros-de-salvador.html>. Acesso em: 28 mar. 2014.

O substantivo *combate*, utilizado na manchete para comparar a prevenção contra a dengue a uma operação de guerra, deriva do verbo *combater*. Perceba que, diferentemente de outros processos, nos quais as palavras recebem o acréscimo de prefixos e sufixos e ficam maiores, neste caso a palavra ficou menor que a original. O mesmo acontece, por exemplo, com os substantivos *atraso* (do verbo *atrasar*), *perda* (do verbo *perder*), *crítica* (do verbo *criticar*), entre outros.

Não confunda!

Palavras formadas por processos de derivação são diferentes de **palavras flexionadas**. As formas verbais *comi*, *comerei*, *comemos* e *comerão* são flexões (conjugações) do verbo *comer* (por meio de desinências), assim como *livros* é a forma flexionada em número do substantivo *livro*. **Não se trata de palavras derivadas**.

O processo que forma palavras menores que as originais se chama **derivação regressiva**. Refere-se aos substantivos que se originam de verbos (substantivos deverbais), como *ajuda* (do verbo *ajudar*), *venda* (de *vender*), *fuga* (de *fugir*), além de outras palavras que sofreram redução por conterem em sua terminação elementos semelhantes à flexão de grau. Exemplos: *sarampo* (que surgiu de *sarampão*), *boteco* (de *botequim*).

Composição

No início desta seção, você viu que o substantivo composto *porta-retratos*, do texto *O palhaço*, é formado pela junção de dois radicais. Veja outros exemplos desse tipo de formação de palavras.

fidalgo	flor-de-lis	guarda-roupa	tamanduá-bandeira
embora	mestre-sala	pernilongo	

Note que, em geral, as palavras não se modificam ao se unir, mas também há casos em que acontecem perdas ou alterações de fonemas, como em *fidalgo* (filho + de + algo), *embora* (em + boa + hora) e *pernilongo* (perna + longo), etc.

O processo de formação de palavras pela união de dois ou mais radicais é chamado de **composição**. Há dois modos de composição:

- Por **justaposição** – os radicais se unem sem sofrer alteração: *porta-retratos, laranja-da-terra, passatempo.*
- Por **aglutinação** – ao menos uma das palavras sofre alteração em sua forma, perdendo algum elemento na união: *pernalta* (perna + alta), *aguardente* (água + ardente), *planalto* (plano + alto).

Hibridismo

Leia o texto abaixo, que fala sobre a cidade maranhense de Açailândia.

> [...]
>
> **Histórico**
>
> Açailândia surgiu em 1958, com as obras da BR-010, que mobilizou 1,2 mil trabalhadores na região. O nome do município vem do açaizeiro. A palha dessa palmeira cobriu os primeiros barracos na localidade de Trecho-Seco, perto de um córrego achado com a ajuda dos índios Cúria e Crocranum.
>
> [...]
>
> FUNDAÇÃO VALE. Um olhar sobre Açailândia. Disponível em: <http://www.fundacaovale.org/pt-br/a-fundacao-vale/como-atuamos/Documents/estrada-de-ferro-carajas/livreto_A%C3%A7ail%C3%A2ndia.pdf>. Acesso em: 28 mar. 2014. (Fragmento).

A palavra *Açailândia*, que dá nome à cidade, formou-se com base na junção de um elemento de origem indígena (*açaí*, do tupi *ïwasa'i*, "fruto que chora, isto é, que deita água", segundo o dicionário *Houaiss*) e um elemento de origem germânica (*land*). Assim como *Açailândia*, muitas outras palavras do português podem ser formadas por elementos de mais de uma língua.

Hibridismo é o processo de formação de palavras com elementos de línguas diferentes. Exemplos: *automóvel* (*auto*, grego + *móvel*, latim), *televisão* (*tele*, grego + *visão*, latim), *Florianópolis* (*Floriano*, português + *polis*, grego), *burocracia* (*bureau*, francês + *cracia*, grego), *caiporismo* (*caipora*, tupi + *ismo*, grego), *bicicleta* (*bi*, latim + *cicl*, grego + *et*, latim).

APLIQUE SEUS CONHECIMENTOS

1. Observe as palavras do quadro.

fumaça	esfumaçado	maria-fumaça

a) Qual é o elemento comum a todas essas palavras?

b) Descreva o processo que formou cada uma delas.

2. Leia o texto abaixo.

> ***Internet: 'hacktivistas' cometeram 58% dos roubos de dados***
>
> NOVA YORK – Mais da metade (58%) dos roubos de dados na internet no ano passado foi cometida por ativistas em vez de delinquentes motivados pelo dinheiro, segundo relatório anual privado publicado nos Estados Unidos, que confirma o aumento do fenômeno do "hacktivismo".
>
> "Estas tendências contrastam fortemente com as tendências dos últimos anos, quando a maioria dos ataques foi motivada principalmente pelo ganho financeiro", disse o relatório anual sobre vazamento de dados da gigante das telecomunicações Verizon Communications.
>
> [...]
>
> O ano de 2011 foi marcado por diversos ataques dos movimentos Anonymous e LulzSec, tanto contra multinacionais como contra organizações governamentais, policiais ou militares.

Este novo e revigorado "hacktivismo" conseguiu invadir organizações de todo o mundo, disse o relatório da Verizon.

[...]

Disponível em: <http://www.em.com.br/app/noticia/tecnologia/2012/03/23/interna_tecnologia,285061/internet-hacktivistas-cometeram-58-dos-roubos-de-dados.shtml>. Acesso em: 29 mar. 2014. (Fragmento).

a) A palavra inglesa *hacker* designa um indivíduo que tem grandes conhecimentos de informática e que os utiliza em atividades ilegais (violação de sistemas, por exemplo). Considerando essa definição e com base nos elementos do texto, explique o que significa *hacktivista*.

b) Como esse neologismo é formado? Qual é o nome do processo envolvido?

c) Outro neologismo recente, formado pelo mesmo processo de *hacktivista*, é *cicloativista*. Deduza seu significado.

3. **Associe as palavras do quadro ao seu processo de formação.**

compra	ventania	subestimar	burocracia
passatempo	boquiaberto	enlouquecer	

a) Derivação parassintética.

b) Derivação sufixal.

c) Derivação prefixal.

d) Hibridismo.

e) Composição por aglutinação.

f) Composição por justaposição.

g) Derivação regressiva.

4. **Veja o cartum a seguir.**

© MANDRADE/FOLHAPRESS

a) O humor do cartum é produzido pela resposta inesperada do entrevistado. Explique como isso acontece.

b) Que elemento da palavra *desclassificado* permitiu que ela fosse aproveitada nessa tira para a criação do humor?

c) Qual é o processo de formação dessa palavra?

5. **Uma prática muito comum na literatura é a utilização de neologismos para a criação de sentidos que não são possíveis meramente com palavras já existentes. Veja a capa do livro abaixo, da editora Quilombhoje.**

REPRODUÇÃO

a) Identifique o neologismo na capa do livro e explique como ele foi formado.
b) Explique o provável significado desse neologismo e aponte outro elemento da capa do livro que comprove sua resposta.

6. **Leia o trecho de reportagem abaixo.**

> ***Cientistas constroem nanorrobô a partir de moléculas de DNA***
>
> Nanocargueiro vai levar doses diferentes de moléculas a células específicas, capacidade que poderá ser utilizada para melhorar os sistemas de transporte de medicamentos
>
> Cientistas da Universidade Harvard, nos Estados Unidos, construíram um nanorrobô a partir de moléculas de DNA que é capaz de transportar até células individuais e influenciar o comportamento delas.
>
> O nanocargueiro pode levar doses diferentes de moléculas a células específicas, capacidade que poderá ser utilizada para melhorar os sistemas atuais de transporte de medicamentos, segundo os autores da pesquisa, cujos resultados foram publicados na edição de 17/02 da revista *Science*.
>
> [...]
>
> Os pesquisadores carregaram o veículo com nanopartículas de ouro e fragmentos de anticorpos com marcação fluorescente, que foram transportados até células de um tecido em cultura.
>
> [...]
>
> Disponível em: <http://www.estadao.com.br/noticias/vidae,cientistas-constroem-nanorrobo-a-partir-de-moleculas-de-dna,839599,0.htm>. Acesso em: 29 mar. 2014. (Fragmento).

a) As palavras destacadas no texto são neologismos formados por qual processo? Que significado o afixo acrescentado dá aos radicais?
b) O texto descreve uma descoberta da nanotecnologia, usando, para isso, diversos neologismos. No campo da ciência, o emprego desse tipo de palavra é muito comum. Por que isso acontece?

QUESTÕES DA LÍNGUA

Emprego do hífen

Emprego do hífen

► **Todas as palavras da tabela abaixo apresentam um prefixo em sua formação. As da primeira coluna foram retiradas dos roteiros *O palhaço* (apresentado no início da unidade) e *O ano em que meus pais saíram de férias* (que você vai ler mais adiante); a segunda coluna é formada por palavras diversas, para comparação. Analise-as e levante hipóteses para explicar por que algumas delas têm o prefixo ligado ao radical por intermédio do hífen.**

Palavras dos roteiros	Outras palavras
semifechada	semi-humano; semi-integral
miniarara	mini-homem; mini-igreja
arquibancadas	arqui-inimigo
contraluz	contra-ataque; contra-habitual
ultrapassando (ultrapassar)	ultra-aquecer
entreolham (entreolhar)	entre-eixo

Você identificou uma das regras de emprego do hífen, mas existem muitas outras, que estão no quadro abaixo.

Casos em que se emprega o hífen
▪ Em palavras compostas que **nomeiam plantas e animais**, independentemente do número de elementos que as compõem: *couve-flor, erva-doce, bem-me-quer, cobra-d'água, bem-te-vi.*
▪ Na maioria das palavras compostas por **justaposição**, assim consideradas aquelas que têm no máximo **dois elementos**: *segunda-feira, guarda-chuva, água-marinha, latino-americano, arco-íris*, etc. **Exceções**: *girassol, mandachuva, pontapé, paraquedas, paraquedista.*
▪ Nos compostos com os **advérbios bem** e **mal** quando o outro elemento for iniciado por **vogal** ou **h**: *bem-aventurado, mal-estar, bem-humorado, mal-humorado.*
▪ Nos compostos com os elementos **além**, **aquém**, **recém** e **sem**: *além-mar, aquém-mar, recém-nascido, sem-cerimônia.*
▪ Nas formações com **prefixos** quando o segundo elemento começa por **h**: *anti-higiênico, co-herdeiro, pré-história, semi-hospitalar.* **Exceções**: *desumano, inábil, inumano.*
▪ Nas formações com **prefixos** quando o segundo elemento começa com a **mesma vogal** em que termina o prefixo: *micro-ondas, contra-almirante, arqui-inimigo.* **Exceções**: formações com os prefixos **co** e **re**: *coordenar, cooperação, cooperar, reelaborar, reelaboração.*
▪ Nas formações com os **prefixos circum** e **pan**, quando o segundo elemento começa por **vogal**, **m**, **n** ou **h**: *circum-navegação, pan-africano, circum-escolar, pan-mágico.*

- Nas formações com os **prefixos hiper**, **inter** e **super**, quando o segundo elemento começa com **r**: *hiper-resistente, super-racional, inter-regional.*
- Nas formações com os prefixos **ex** (estado anterior ou cessamento), **sota**, **soto**, **vice** e **vizo**: *ex-almirante, sota-piloto, soto-mestre, vice-presidente, vizo-rei.*
- Nas formações com os **prefixos tônicos pós**, **pré** e **pró**, acentuados graficamente, quando o segundo elemento tem **vida à parte**: *pós-graduação, pré-natal, pró-europeu.*
- Nos topônimos iniciados pelos adjetivos **grã** ou **grão**, por **forma verbal**, ou por elementos **ligados com artigo**: *Grã-Bretanha, Grão-Pará, Passa-Quatro, Quebra-Dentes, Baía de Todos-os-Santos.*
- Nas formações em que as palavras são terminadas pelos **sufixos** de origem tupi-guarani **açu**, **guaçu** e **mirim**, quando o primeiro elemento acaba em **vogal acentuada** graficamente ou quando a pronúncia exige a **distinção gráfica**: *amoré-guaçu, capim-açu, Ceará-Mirim.*
- Para ligar duas ou mais **palavras que se combinam** ocasionalmente: *Rio-Niterói, Áustria-Hungria, Belém-Brasília.*

Casos em que não se emprega o hífen
▪ Nas formações em que o **prefixo** termina em **vogal** e o segundo elemento começa por **r** ou **s**. Nesse caso, **duplica-se** o **r** ou o **s**: *antirreligioso, microssistema, cosseno, minissaia, contrarregra.*
▪ Nas formações em que o **prefixo** termina em **vogal** e o segundo elemento começa por **vogal diferente**: *hidroelétrico, aeroespacial, autoestrada.*
▪ Nas **locuções** de qualquer tipo (formadas por **mais de duas palavras**): *fim de semana, cor de vinho, a fim de, dia a dia, pé de moleque, calcanhar de aquiles, deus nos acuda.* **Exceções**: *água-de-colônia, arco-da-velha, cor-de-rosa, mais-que-perfeito, pé-de-meia.*
▪ Em **substantivos** e **adjetivos compostos** pela palavra **não**: *linguagem não verbal, não aceitação, não cumprimento.*

Emprego do hífen na partição de palavras no fim da linha

Na partição de palavras no fim da linha, valem as regras de divisão silábica:

- Não se separam os ditongos decrescentes nem os tritongos: ***ou**-tros*, *pô-**nei***, *Para-**guai***.
- Separam-se as vogais dos hiatos: ***pi-a**-da*, *compr**e-e**nder*.
- Não se separam os encontros consonantais que iniciam sílaba e os dígrafos **ch**, **lh** e **nh**: ***ps**i-cólogo*, *sozi-**nh**o*.
- Separam-se as letras dos dígrafos **rr**, **ss**, **sc**, **sç** e **xc**: *depre**s-s**a*, *te**r-r**a*, *cre**s-ç**a*, *e**x-c**eção*, *na**s-c**e*.

Observação: quando, no fim da linha, quebramos uma palavra que contém hífen, é preciso repeti-lo na linha seguinte. Exemplo:

——————————————→ *contra-*

-ataque.

APLIQUE SEUS CONHECIMENTOS

1. A capa da revista *Veja* de 12 de março de 2003 estampou uma foto do escritor Luis Fernando Verissimo com o título "O bem-amado".

a) Justifique o uso do hífen em *bem-amado*.

b) Qual é a opinião implícita no título sobre o escritor?

c) Como seria escrito o título se, no lugar de **bem**, tivéssemos **super**? Por quê? Se tiver dúvida, consulte a tabela da página anterior.

2. Em textos literários, o hífen é utilizado de maneira mais estilística. Veja o poema abaixo, do carioca Pedro Amaral.

Turismo

Aonde quer que se vá,
Levar o quanto se é;
Seja qual for o modo
De andar: se ligeiro
Ou pé-ante-pé.

(Aonde quer que se vá,
Decidido ou como-quem-não-quer,
Impossível será não levar
Na bagagem o quanto houver.)

Mais que isso:
Levar consigo,
Indo determinado ou a esmo,
O que há que faz ser possível
No andar, o andar mesmo.

Disponível em: <http://www.releituras.com/pamaral_vivido.asp>. Acesso em: 29 mar. 2014.

a) O poema trabalha com três oposições, uma em cada estrofe. Indique-as.

b) Que pares de palavras (ou expressões) indicam essas oposições?

c) Por que os hifens foram utilizados em algumas palavras do poema?

3. Siga as orientações abaixo e inclua palavras diferentes das que você viu nesta seção. Se precisar, consulte um dicionário.

a) Duas palavras com o prefixo **micro-** ligado ao radical com hífen.

b) Duas palavras com os prefixos **auto-**, **retro-**, **extra-** e **ultra-**, sendo uma com hífen e outra sem.

4. Forme palavras ligando prefixos e radicais (ou radicais e radicais) do quadro, usando o hífen, se necessário. Depois, substitua as letras de (a) **a** (h) **do texto a seguir pelas palavras que você formou.**

jipe + robô	super + sônico
retro + propulsores	segunda + feira
para + quedas	

(a) *Curiosity pousa em Marte com segurança*

O centro de controle do JPL (Laboratório de Propulsão a Jato da Nasa), em Pasadena, na Califórnia, recebeu a confirmação de que o **(b)** Curiosity pousou em segurança em Marte às 2h31 desta **(c)** (hora de Brasília).

[...]

Para colocar o **(d)** no solo, foram usados basicamente três diferentes dispositivos, no mais complexo pouso já feito em Marte. Primeiro, um escudo de proteção térmica ajudou a nave a entrar na atmosfera do planeta num impacto a 21 mil quilômetros por hora. Depois, um **(e)** **(f)** desacelerou o módulo de aterrissagem e, por fim, um guindaste voador movido a **(g)** depositou o **(h)** no solo.

[...]

Disponível em: <http://www1.folha.uol.com.br/ciencia/2012/08/1132432-jipe-robo-curiosity-pousa-em-marte-com-seguranca.shtml>. Acesso em: 29 mar. 2014. (Fragmento).

5. **Em cada sequência abaixo há uma palavra grafada de modo inadequado. Identifique-as e escreva-as corretamente.**

a) Pinhão-manso, re-escrever, hemiparesia, contrafluxo.

b) Ante-projeto, ex-senador, extra-hospitalar, hidroencefalia.

c) Bioética, hipermercado, predisposição, hiperrealismo.

d) Pé-de-moleque, autorrealização, anglo-saxão, circum-navegação.

6. **Leia o cartum, prestando atenção ao neologismo usado no título.**

a) De que palavra já existente na língua esse neologismo nos faz lembrar? Qual é o sentido dessa palavra?

b) E qual é o sentido do neologismo? Justifique sua resposta com os elementos que entraram em sua composição.

c) Deduza: o que o rapaz está fazendo com o celular e o que o leva a concluir o que está escrito em seu balão de fala?

d) Relacione o sentido do neologismo do título à cena retratada e à observação que aparece entre parênteses no final. Por que a autora teria dado esse título ao cartum?

e) Quanto ao emprego do hífen, o neologismo foi grafado corretamente? Por quê? E a palavra que você identificou no item **a**? Por que se deve ou não empregar o hífen ao escrevê-la?

LEITURA E PRODUÇÃO DE TEXTO

Contexto

O ano em que meus pais saíram de férias é um filme brasileiro, de 2006, dirigido por Cao Hamburguer, mesmo diretor de *Castelo Ra-Tim-Bum – o filme*.

A história de Mauro (Michel Joelsas) ocorre em 1970, época da ditadura militar. Seus pais precisam se esconder do regime ditatorial, por isso saem com o menino de Belo Horizonte (MG) e o deixam sob os cuidados do avô, em São Paulo (SP).

O título do filme remete ao pretexto usado pelos pais para justificar a saída intempestiva de casa, sem causar pânico no filho.

A produção em foco

- **Nesta unidade, você produzirá um roteiro de uma cena de filme. Durante a leitura do texto a seguir, fique atento:**
  - à sequência narrativa das cenas;
  - às falas das personagens;
  - às rubricas e à descrição das cenas.

O ano em que meus pais saíram de férias

Pequena nota sobre a versão publicada

Esta versão do roteiro foi utilizada para as filmagens. Compará-la com o filme acabado mostrará como o processo de realização de um filme é dinâmico e vivo. Para efeito de publicação, o roteiro teve sua formatação original ligeiramente alterada.

Roteiro

EXT. TÚNEL DE ESTÁDIO DE FUTEBOL – DIA

(*FLASHBACK* – 1969)

MÃO DE HOMEM ADULTO segura MÃO DE CRIANÇA: pai e filho de mãos dadas enquanto caminham pelo túnel que dá acesso às arquibancadas do estádio.

Burburinho de VOZES.

TORCEDORES passam a caminho das arquibancadas. Todos vestidos com a camisa do uniforme do time do Santos.

Aos poucos, revelam-se os "donos" das mãos: MAURO – menino branco e franzino, de 10, 11 anos – olha para seu pai, DANIEL – 30 e poucos anos – enquanto andam em direção à saída no túnel, na contraluz.

INT. SALA DE JANTAR, CASA DE MAURO / ARQUIVO – JOGO

MONTAGEM ALTERNA:

ARQUIVO – SANTOS *VERSUS* VASCO DA GAMA (MARACANÃ, 1969)

O ESTÁDIO DO MARACANÃ está lotado.

Closes de CHUTEIRAS disputando jogadas e dos torcedores.

PELÉ entra na grande área e é derrubado. O JUIZ marca pênalti. Euforia da torcida.

MAURO (V.O.)

O maior jogador de todos os tempos pode estar prestes a marcar seu milésimo gol.

Os jogadores do Santos se dirigem para o meio de campo.

NA MESA DE JANTAR –

A MÃO de MAURO reproduz a cena que acontece no estádio, num jogo de futebol de botão.

GLOSSÁRIO

***Flashback*:** técnica narrativa em que a ação do filme é momentaneamente interrompida para mostrar uma ação do passado relacionada com o presente.

Closes: imagens em plano fechado, primeiro plano; imagens de perto, bem próximas.

Pelé: Edson Arantes do Nascimento, o maior artilheiro da seleção brasileira e o único jogador de futebol a ter feito parte de três equipes campeãs de Copa do Mundo.

V.O.: "Voice over" (em inglês). Narração em *off*, ou seja, a fala de personagem que está fora da cena.

NO MARACANÃ –

Pelé apanha a bola e a posiciona na marca do pênalti. Mauro narra as ações do jogo com grande emoção.

NA MESA DE JANTAR –

MAURO (V.O.)
Pelé vai bater o pênalti!

Mauro coloca o botão de Pelé na posição para bater o pênalti.

NO MARACANÃ –

O juiz apita. Pelé corre, dá sua famosa *paradinha*, e chuta para dentro do gol.

MAURO (V.O.)
É goooooooooool!

NA MESA DE JANTAR –

Forte RUÍDO do telefone batendo no gancho distrai Mauro. Ele vacila no controle da PALHETA quando dispara o botão de Pelé em direção à bola.

A pequena BOLINHA DE PLÁSTICO passa por cima do gol.

MÍRIAM (30) – a mãe de Mauro – com cara de preocupada, junto ao telefone, fala em tom bem sério com o filho.

MÍRIAM
Vamos ter que viajar...

MAURO
Agora?

MÍRIAM
Agora.

MAURO
Mas e o papai?

MÍRIAM
Pra variar está sempre atrasado.

Míriam está apreensiva: ouve um SOM DE CARRO.

Vai até a –

JANELA –

Míriam espia pela janela e vê –

JANELA – P.V. DE MÍRIAM

Um FUSCA AZUL estaciona diante da casa.

JUNTO À JANELA –

Míriam suspira aliviada.

PELA PORTA –

DANIEL, pai de Mauro, entra aflito na sala.

GLOSSÁRIO

Apreensiva: preocupada; aflita; inquieta.

P.V.: cena do ponto de vista de uma personagem.

Fusca: carro lançado pela Volkswagen na Alemanha, nos anos 1930, que marcou o início do desenvolvimento social e industrial. A produção do Fusca, no Brasil, começou em 1959 até parar, definitivamente, em 1996. Foi o carro mais vendido no mundo.

DANIEL

Pega suas coisas. Nós vamos sair de férias!

Mauro fica perplexo e animado ao mesmo tempo, e começa a recolher seus botões e a colocá-los em sacos.

MAURO

Como férias? Amanhã tem aula.

Enquanto Mauro guarda os botões, os pais carregando roupas e objetos pessoais.

MÍRIAM

Anda Mauro!

Mauro pega os sacos com botões e caminha em direção à porta. Para. Volta para mesa. Coloca os sacos com os botões sobre a mesa. Mauro se abaixa e pega, sob a mesa, uma BOLA DE FUTEBOL.

Daniel volta à sala carregando as malas.

DANIEL

Não ouviu o que a sua mãe tá dizendo? Isso aqui não é brincadeira! Vamos embora!

Na pressa, Mauro se atrapalha ao recolher os sacos de botões que estão sobre a mesa. Daniel volta e puxa o filho pelo braço. Mauro vai com o pai, deixando para trás um dos sacos com os botões.

I/E. ESTRADA / FUSCA AZUL – FIM DE TARDE

NA ESTRADA –

O fusca da família de Mauro segue por uma estrada asfaltada.

[...]

DENTRO DO CARRO, NO BANCO DA FRENTE –

Daniel dirige, tenso. Míriam vai ao lado.

O RÁDIO transmite um programa esportivo.

COMENTARISTA (V.O.)

A grande dúvida é se Pelé e Tostão podem jogar juntos...

A tensão dos pais permanece a mesma ao longo de toda a viagem.

NO BANCO DE TRÁS –

Mauro olha a paisagem e masca chicletes.

NA ESTRADA –

FUSCA AZUL desliza pela estrada.

DENTRO DO CARRO –

Daniel está tenso.

[...]

Por um tempo, o único som que se escuta no carro é o da ventania.

Mauro masca chiclete enquanto olha a paisagem, com o vento forte batendo na cara dele.

NA ESTRADA –

GLOSSÁRIO

Perplexo: abismado, chocado; surpreso.

I/E.: cena interna/ externa.

Tostão: Eduardo Gonçalves de Andrade, jogador de futebol, tricampeão na Copa de 1970.

O fusca azul corre em alta velocidade pela estrada vazia.

PASSAGEM DE TEMPO –
DENTRO DO CARRO –
Mauro está entediado, olhando pelo vidro traseiro.

MAURO
Quero fazer xixi.

MÍRIAM
Segura mais um pouco, tá bom?

MAURO
Tá chegando?

MÍRIAM
Mais um pouquinho.

NO VOLANTE –

DANIEL
Vem cá... Esquisito... Esse marcador de gasolina tá funcionando direito?

MÍRIAM
Às vezes.

DANIEL
Como, às vezes?

MÍRIAM
Às vezes.

DANIEL
Mas como eu vou saber se tem ou não gasolina?

MÍRIAM
Tem.

DANIEL
Como você sabe?

MÍRIAM
Eu pus ontem.

PASSAGEM DE TEMPO –
Mauro se apoia entre os dois bancos da frente.
PELO PARA-BRISA –
Ele vê um fusca ultrapassando o carro.

MAURO
FUSCA! Quatro a um pra mim!

GLOSSÁRIO

Absorto: concentrado em seus pensamentos.

Ditadura militar: foi imposta em 1964 pelas Forças Armadas, que derrubaram o governo do presidente João Goulart. Até 1985, esse período foi marcado por um constante clima de tensão, medo e violência. Muito jovens que lutaram contra esse regime autoritário foram presos, torturados e mortos. Para manter-se no poder, o governo contou com campanhas publicitárias de massa, com frases de efeito como: "Brasil: ame-o ou deixe-o".

MÍRIAM

Assim cê vai ganhar, hein, filho!

Daniel está **absorto**, desconectado da conversa.

MAURO

Paiê! Quatro a um pra mim!

DANIEL

Parabéns, filhão! Parabéns!

PELO PARA-BRISA –

Mauro vê um CAMINHÃO DO EXÉRCITO, parado no acostamento, mais à frente. Ele aponta na direção do caminhão.

MAURO

Olha!

[...]

O semblante de Daniel fica sério. Míriam e Daniel se entreolham preocupados. A tensão aumenta à medida que –

PELO PARA-BRISA –

O caminhão do exército fica cada vez mais e mais próximo.

Míriam olha para Daniel, que segura tenso o volante, enquanto o fusca passa pelo caminhão parado no acostamento.

NA ESTRADA –

O fusca azul segue sozinho. O caminhão do exército fica para trás.

DENTRO DO CARRO –

Daniel e Míriam se olham aliviados.

NA ESTRADA –

O fusca passa por um *OUTDOOR* com a famosa frase que caracterizou o espírito da **ditadura militar**:

BRASIL, AME-O OU DEIXE-O.

[...]

INT. FUSCA AZUL – FIM DE TARDE ((CENA OPCIONAL))

NO BANCO DE TRÁS –

Mauro dorme, deitado no colo de Míriam.

Daniel continua ao volante.

DANIEL

Estamos chegando. Já vou parar, filhão.

EXT. MOTEL DE BEIRA DE ESTRADA – FIM DE TARDE

O fusca azul para diante de um motel de beira de estrada.

[...]

CLÁUDIO GALPERIN, BRÁULIO MANTOVANI, ANNA MUYLAERT, CAO HAMBURGUER.
O ano em que meus pais saíram de férias. São Paulo: Imprensa Oficial, 2008. p. 24-35. (Fragmento).

Antes do Estudo do texto

1. Se não tem certeza de ter compreendido bem o texto, leia-o novamente.
2. Procure identificar as ideias apresentadas no texto e reflita: você concorda com elas? Por quê?
3. Ao responder às questões a seguir, procure empregar o que já aprendeu ao ler outros textos e seja preciso em suas respostas.

ESTUDO DO TEXTO

Depois de ler

1. O trecho do roteiro é iniciado pela imagem de duas mãos. O rosto das personagens não aparece.

a) Quem são e onde estão essas pessoas?

b) Que efeito é produzido pelo fato de as personagens não aparecerem de imediato de corpo inteiro?

c) Qual é o cabeçalho dessa cena? O que ele descreve da cena?

2. Retire do texto algumas rubricas: um cabeçalho com cena interna e uma rubrica de cena com ações do menino Mauro.

3. Conforme você observou, os cabeçalhos geralmente indicam se a cena se passa durante o dia ou à noite. Por que essa indicação é importante?

4. Leia as falas a seguir.

> DANIEL
>
> Pega suas coisas. Nós vamos sair de férias!
>
> Mauro fica perplexo e animado ao mesmo tempo [...]
>
> MAURO
>
> Como férias? Amanhã tem aula.
>
> [...]
>
> MÍRIAM
>
> Anda Mauro!
>
> [...] Mauro se abaixa e pega, sob a mesa, uma BOLA DE FUTEBOL.
>
> Daniel volta à sala carregando as malas.
>
> DANIEL
>
> Não ouviu o que a sua mãe tá dizendo? Isso aqui não é brincadeira! Vamos embora!
>
> Na pressa, Mauro se atrapalha [...]. Daniel volta e puxa o filho pelo braço.

- O pai de Mauro afirma que eles sairiam de férias. Na sua opinião, era isso mesmo o que eles iriam fazer? Justifique sua resposta com base no trecho relido.

5. Releia outro trecho do roteiro:

> "PELO PARA-BRISA –
>
> Mauro vê um CAMINHÃO DO EXÉRCITO, parado no acostamento, mais à frente. Ele aponta na direção do caminhão.
>
> MAURO
>
> Olha!
>
> [...]
>
> O semblante de Daniel fica sério. Míriam e Daniel se entreolham preocupados. A tensão aumenta à medida que –
>
> PELO PARA-BRISA –
>
> O caminhão do exército fica cada vez mais e mais próximo.

Míriam olha para Daniel, que segura tenso o volante, enquanto o fusca passa pelo caminhão parado no acostamento.
NA ESTRADA –
O fusca azul segue sozinho. O caminhão do exército fica para trás.
DENTRO DO CARRO –
Daniel e Míriam se olham aliviados."

a) O caminhão do exército é visto pelo para-brisa e fica cada vez mais próximo do fusca. Que clima é definido pelo roteiro para essa cena?

b) Se a cena fosse filmada por câmara externa, mostrando o carro da família se aproximando do caminhão do exército, o efeito seria o mesmo? Por quê?

6. Os pais de Mauro passam por um caminhão do exército e ficam tensos. Depois passam por um *outdoor* com a famosa frase: "Brasil, ame-o ou deixe-o". Esses elementos sugerem que a história das personagens ocorre em que momento da história do Brasil?

- As personagens de *O palhaço* vivem na corda bamba, lutando com grandes dificuldades financeiras e muitas frustrações para seguirem seus ideais e tentarem realizar seus sonhos. E as personagens de *O ano em que meus pais saíram de férias*: pode-se dizer que eles também vivem na corda bamba? Por quê?

7. Leia um trecho do roteiro cinematográfico. O que indicam as letras maiúsculas em algumas palavras?

"O ESTÁDIO DO MARACANÃ está lotado.
Closes de CHUTEIRAS disputando jogadas e dos torcedores.
PELÉ entra na grande área e é derrubado. O JUIZ marca pênalti. Euforia da torcida."

8. Leia este trecho do roteiro.

"NO MARACANÃ –
Pelé apanha a bola e a posiciona na marca do pênalti. Mauro narra as ações do jogo com grande emoção.
NA MESA DE JANTAR –

MAURO (V.O.)
Pelé vai bater o pênalti!

Mauro coloca o botão de Pelé na posição para bater o pênalti.
NO MARACANÃ –
O juiz apita. Pelé corre, dá sua famosa *paradinha*, e chuta para dentro do gol.

MAURO (V.O.)
É gooooooooooool!"

a) Nessa cena, foram intercaladas duas sequências narrativas. Em uma sequência, aparecem imagens de arquivo de Pelé jogando no Maracanã. Qual é a outra sequência? Dê exemplos que mostrem essa montagem intercalada.

b) Que recurso é utilizado para diferenciar as falas das outras informações sobre a cena?

c) Por que a letra **o** foi repetida tantas vezes em "É gooooooooooool!"? Essa fala está na linguagem formal ou informal? Encontre outros exemplos no texto com esse tipo de linguagem.

O que você vai produzir

Em grupo com outros dois ou três colegas, você vai produzir um roteiro de uma cena. Essa cena pode ser a respeito de personagens que, de alguma forma, colocam seus ideais acima do conforto ou do sucesso, como as personagens dos roteiros que você leu.

Na hora de produzir

1. Siga as orientações apresentadas nesta seção.
2. Lembre-se de que você já leu e analisou textos do gênero que vai produzir. Se for o caso, retome o **Estudo do texto.**
3. Diante da folha em branco, persista. Nenhum texto fica pronto na primeira versão.

Escolha e prepare o roteiro

1. **Você e os demais membros do grupo vão avaliar qual destas opções mais interessa ao grupo, sempre tendo em mente o tema proposto.**
   a) Elaborar um roteiro original partindo das ideias da equipe, de situações que vocês viveram, observaram ou já conhecem. O roteiro pode ou não ser fiel ao fato original.
   b) Adaptar um romance, uma notícia, uma história em quadrinhos ou outra obra já existente.
2. **Definam uma das duas opções.**
   a) Se optarem por um roteiro original, levem em conta a facilidade do grupo em criar um fato e organizá-lo em uma sequência.
   b) Se optarem por uma adaptação, avaliem a disponibilidade de um texto já existente que apresente uma cena não muito longa para adaptar. Não se esqueçam de que seu *game* favorito também é um texto e pode virar um filme; vocês podem até acrescentar, no filme, um elemento que ajude a solucionar algo no *game.*
3. **Agora, preparem o texto-base para o roteiro. Esse será o argumento de vocês.**
   a) No caso do roteiro original, redijam a narrativa que será transformada em roteiro de cena. Ela deve conter os elementos principais para a criação da cena.
   b) No caso da adaptação, leiam com atenção o texto que têm em mãos, para se apropriar dos detalhes mais importantes e reproduzi-los na cena.
4. **Releiam o texto-base para o roteiro. Dividam a cena em várias partes, como vocês viram nos roteiros analisados. Se quiserem, numerem-nas para facilitar a identificação de acordo com o que acontece em cada parte.**
5. **Em cada parte, observem a descrição da cena: se é dia ou noite; se o ambiente é externo ou interno; onde (local) e quando (tempo) se passa a cena.**
6. **Observem as personagens: quais personagens estão presentes; quais estão atuando diretamente na cena; quais estão ao fundo e não estão interagindo com outras; etc.**
7. **Ainda em relação às personagens, façam um perfil pequeno de cada uma. Para isso, é importante:**
   a) a composição de cada personagem (tanto características físicas quanto psicológicas);

b) a emoção de cada personagem na cena (indiferença, preocupação, sofrimento, dor, cansaço, etc.);

c) o que elas fazem durante a atuação (andar, pentear-se, cantar, dirigir, fazer compras, ler jornal, etc.);

d) o que conversam (as falas da cena), em que momento a fala começa na cena, por quem começa, se falam uma de cada vez ou mais de uma ao mesmo tempo, se gesticulam, etc.

8. Elaborem os diálogos entre as personagens envolvidas em cada parte da cena.

a) Para organizar essa etapa, sugerimos um quadro para preencher com os dados de cada parte da cena. Se quiserem, usem esse quadro ou adaptem-no à montagem de sua cena.

b) Vocês podem repeti-lo para cada parte da cena, colocando um quadro em cada folha, para visualizar a sequência que está sendo construída.

Número da parte descrita	...
Locação ou ambiente	Externo, interno (em casa, no campo, no escritório, no cinema, na rua, etc.).
Personagens presentes ou personagens envolvidas na cena	Citar os nomes e suas relações com as demais (pai, mãe, amigo, etc.).
O que cada personagem sente (emoção)	Irritação, cansaço, tristeza, etc.
O que cada personagem faz na cena (ação)	Caminha, lava a louça, lê jornal, vê TV, etc.
O que conversam (fala)	Diálogo entre as personagens.

Escreva a cena

1. Agora vocês já têm a maioria dos elementos que precisam para produzir a cena. Com o argumento pronto, vocês vão transformá-lo em roteiro, marcando o ambiente onde a cena se passa e informando o que ocorre de importante nesse ambiente.

2. Façam o cabeçalho com a referência da locação (se a cena é externa ou interna), o local onde a cena se passa, a referência sobre o tempo (noite ou dia).

3. Abaixo desse cabeçalho, escrevam as outras rubricas, colocando somente o que for importante na cena: descrição do cenário, caracterização de personagens; indicação de local. O uso das rubricas deve ser reduzido, pois, se a cena está bem escrita, o ator percebe que entonação dar a sua fala.

4. Procure sempre escrever a cena com começo, meio e fim. Não se esqueça de que a descrição da ação ou ambiente deve sempre se referir a imagens.

Revise e avalie a cena

1. Releiam a cena criada e avaliem seu texto de acordo com a tabela a seguir.

Aspectos importantes em relação à proposta e ao sentido do texto
Roteiro de uma cena de filme
1. A cena tem começo, meio e fim?
2. As partes da sequência narrativa estão bem encadeadas umas com as outras?
3. O cabeçalho dá as informações necessárias (se a cena é externa ou interna, se é dia ou noite, onde é a locação)?
4. As outras rubricas trazem informações relevantes (quais personagens estão em cena, quais as ações das personagens, quais são os objetos de cena, etc.)?
5. A linguagem das rubricas segue as normas urbanas de prestígio?
6. As falas estão indicadas adequadamente em discurso direto, com o nome da personagem antecedendo cada fala?
7. As falas apresentam uma linguagem e um nível de formalidade de acordo com a composição das personagens e com o contexto da situação?
8. A pontuação contribui para indicar a entonação e as intenções das personagens (duvidar, afirmar, ordenar, demonstrar incerteza, etc.)?
9. Existe fala em *off* de algum personagem ou de um narrador?
10. O texto do roteiro está coeso, claro e coerente com a sequência narrativa?
11. É possível imaginar e compreender a cena apenas lendo o roteiro?
12. As informações do roteiro são suficientes para garantir que, ao ver o filme, o espectador entender a história e vão prender a atenção dele?
Aspectos importantes em relação à ortografia, à pontuação e às demais normas gramaticais
1. Está livre de problemas de ortografia e pontuação relacionados a regras já estudadas?
2. Foram feitas as concordâncias verbal e nominal?
3. Está adequada a colocação pronominal?
4. Está correto o uso do hífen?

2. Promovam, com os demais grupos, uma roda de leitura dos roteiros. Assim, todos vão divulgar – e também avaliar – o que foi produzido. Você e seus colegas podem dar e receber sugestões sobre pontos que não ficaram claros, ou partes em que o diálogo esteja confuso ou divergindo da proposta inicial da cena.

3. Outra opção é um grupo encenar o roteiro produzido por você e seus colegas, para que vocês verifiquem se um leitor externo (um ou mais atores) conseguiria compreender e executar as ações e os diálogos previstos no roteiro. Registrem os comentários por escrito. Depois, é a vez de vocês ajudarem o outro grupo.

4. Retomem a autoavaliação que seu grupo fez com base na tabela, bem como os comentários registrados no momento da encenação. Com a ajuda do professor, revisem o roteiro reescrevendo o que vocês acharem necessário.

5. Depois, passem o texto a limpo, reescrevendo o roteiro do grupo de vocês.

PROJETO EM EQUIPE

Ser jovem nos anos 2010

O que você vai aplicar do que aprendeu:

- os elementos do debate;
- recursos e estratégias de argumentação.

O que você vai aprender:

- definir questões polêmicas que possam servir de tema para um debate;
- usar recursos e estratégias de argumentação em um debate;
- incorporar o discurso do outro debatedor na sua própria argumentação.

Ao trabalhar em grupo

1. Lembre-se: é importante escutar com atenção e expressar-se com clareza.
2. Busque a exatidão e a precisão nas tarefas individuais: isso é essencial para garantir um resultado final adequado.
3. Faça escolhas responsáveis: qualquer uma delas terá impacto no trabalho de todos.
4. O resultado final depende mais de transpiração do que de inspiração. Persista!

Visão geral – O que vamos fazer

Nesta unidade, vocês estudaram textos que discutem temas polêmicos. Agora, sob a orientação do professor, vão organizar uma Jornada de debates, em que farão uso da habilidade de defender ideias oralmente, somando o que já sabem com o que estudaram sobre estratégias argumentativas. O tema geral será "Ser jovem nos anos 2010" e, dentro dele, cada grupo escolherá uma questão polêmica para ser debatida. Será uma ótima oportunidade para trocar opiniões sobre assuntos diretamente ligados às vidas de cada um de vocês!

Vamos definir o formato da Jornada de debates

► **Com o professor, definam:**

a) Quantos debates a jornada conterá?

b) Qual será o tempo reservado para cada debate? Haverá mais de um debate por dia? Onde o evento vai se realizar?

c) Quantas pessoas participarão de cada debate? Haverá mais de um moderador?

d) Qual será o público? Para tornar a troca de ideias mais rica, vocês podem convidar não só colegas e professores, como também a alunos de outras escolas, pais, pedagogos, psicólogos, e até o jornal do bairro ou da cidade para cobrir o evento.

e) Quais pessoas poderiam ser convidadas para participar como debatedoras ou moderadoras? Por exemplo: colegas de outras turmas do 9º ano, ou de anos próximos, que também estejam trabalhando o tema debate; professores; pais; o orientador pedagógico da escola ou outros profissionais que lidam com jovens.

Vamos formular as questões polêmicas

Tragam jornais e revistas para a sala a fim de buscar temas polêmicos com base nas notícias ou artigos.

1. A partir das matérias jornalísticas, formulem as questões coletivamente, com auxílio do professor. Cada uma delas vai se tornar o tema de um debate.

2. Quando tiverem um número suficiente de temas, dividam-se em grupos, sob a coordenação do professor, e atribuam um tema para cada grupo.

   - Atenção: os membros do grupo farão, juntos, a pesquisa e a preparação para o debate, mas, na hora do evento, não precisam defender a mesma opinião. Não é necessário, portanto, haver unanimidade dentro do grupo.

Vamos preparar nossa argumentação

Os exemplos, testemunhos e dados estatísticos coletados pelo grupo servirão, também, para que cada um defina seu ponto de vista em relação ao tema. Talvez, depois de examinar esse material, alguns de vocês mudem seu posicionamento inicial.

1. Com os colegas de grupo, façam uma pesquisa na internet ou em livros, revistas e jornais em busca de tais recursos, como: exemplos e fatos, dados estatísticos, testemunhos de autoridades no assunto, etc.

2. Quando tiverem definido o(s) ponto(s) de vista dentro do grupo, façam uma lista dos argumentos que o(s) sustentam. Não se esqueçam, também, de prever possíveis contra-argumentos que podem ser levantados pelos outros debatedores e de novos argumentos capazes de refutá-los.

3. Pensem, também, na estratégia que vão usar na argumentação.

   - Lembrem, contudo, que em um debate não é possível preparar argumentos usando só um recurso ou só uma estratégia (só comparar, ou só apresentar pontos positivos ou negativos, por exemplo), pois a argumentação terá de ser a todo momento revista conforme a interação com os outros debatedores. Uma opção seria apresentar primeiro um ou dois argumentos que vocês considerem mais "fortes" e guardar os demais "na manga", para apresentá-los conforme surjam os contra-argumentos dos outros debatedores.

Vamos ensaiar o debate e aprender a incorporar o discurso do outro na própria argumentação

Agora é hora de fazer um "debate prévio" dentro do grupo, de maneira que cada um possa ensaiar sua argumentação oral.

► **Uma técnica importante para debates é incorporar o discurso do outro na própria argumentação. Ao fazer isso, você:**

a) denota respeito pela opinião alheia, na medida em que demonstra que levou em conta o que o outro disse;

b) mostra maturidade em sua argumentação, pois fica evidente que considerou outras opiniões antes de construir seu ponto de vista;

c) ajuda o público a acompanhar a linha de raciocínio, pois a retomada da fala do outro aumenta a coesão entre as ideias.

Vamos realizar a Jornada de debates

► **No dia combinado, levem anotações com os dados estatísticos, exemplos, testemunhos de autoridades e os outros recursos coletados, para consultar durante o debate.**

   - Lembrem-se de ouvir a opinião alheia com respeito e polidez.

Hábitos da mente

MODERNA

Como você reage diante de uma situação nova? Como participa dos trabalhos desenvolvidos pelo seu grupo? Como se comporta à medida que o dia da avaliação se aproxima?

Há algumas atitudes que nos ajudam a lidar com as tarefas cotidianas, desde as mais simples até as mais complexas. São atitudes que identificamos nas pessoas que resolvem problemas de maneira eficiente, fazem as perguntas certas ao buscar soluções, tomam decisões conscientes, relacionam-se bem com os outros e pensam de forma criativa e inovadora.

Os Hábitos da mente de que vamos tratar a seguir irão auxiliá-lo em seus estudos e na realização das atividades deste livro. Mais do que isso, serão uma ferramenta importante para ajudá-lo a enfrentar as situações desafiadoras do seu dia a dia, na escola, nas relações com a família e com os amigos, enfim, na vida. Aproveite!

CONTROLAR A IMPULSIVIDADE

Quantas vezes você já se pegou dizendo a primeira coisa que lhe veio à cabeça ao ser questionado? E quantas vezes essa atitude precipitada trouxe resultados pouco satisfatórios ou até desastrosos para você?

Para diminuir a chance de erro e de frustração, reflita antes de agir. Considere as alternativas e as consequências dos vários caminhos que você pode tomar para chegar a uma solução. Analise bem todas as indicações ou instruções que foram fornecidas, busque mais informações sobre o assunto, reflita sobre a resposta que quer dar para a questão.

Ao contribuir para que você forme uma ideia do todo antes de partir para a resolução do problema, essas atitudes reduzem a possibilidade de se deparar com resultados inesperados e frustrações no caminho, além de ajudá-lo a controlar o impulso de desistir ou de adiar o enfrentamento da tarefa.

PERSISTIR

O que você faz quando um problema se torna difícil demais para resolver? Você desiste, tenta mais uma vez, e mais uma vez, ou tenta de novo, mas de forma diferente?

É comum as pessoas confundirem persistência com insistência, que significa ficar tentando, e tentando, e tentando, sempre da mesma forma. Mas a persistência não é isso! Persistir significa buscar estratégias diferentes para alcançar seu objetivo.

Em vez de desistir por achar que não dá para completar a tarefa, tente uma alternativa. Se determinada forma de fazer algo não funciona, busque outro caminho. Desenvolver estratégias distintas para resolver um problema vai ajudá-lo a atingir seus objetivos.

PENSAR COM FLEXIBILIDADE

Como você enfrenta uma situação nova e inesperada? E como lida com pontos de vista diferentes?

Quanto maior for sua capacidade de ajustar o pensamento e mudar de opinião à medida que for recebendo novas informações, mais facilidade terá para se adequar a situações inesperadas ou enfrentar problemas que podem parecer difíceis de resolver.

Pensar com flexibilidade significa perceber que existem diferentes formas de abordar uma questão. Significa ser capaz de se adaptar ao novo ou ao inusitado e de agir mesmo quando não se consegue enxergar cada detalhe ao longo do caminho.

ESCUTAR OS OUTROS COM ATENÇÃO E EMPATIA

Você costuma prestar atenção ao que as pessoas dizem? Mas atenção de verdade – e não ficar ensaiando mentalmente o que vai dizer assim que elas terminarem de falar.

Escutar com atenção significa manter-se atento ao que o outro está dizendo, procurando entender o ponto de vista dele. Escutar com empatia significa perceber a outra pessoa, colocar-se no lugar dela, buscando compreender seu raciocínio e suas motivações.

Para se relacionar bem com as pessoas é preciso prestar atenção aos sentimentos delas e às suas percepções sobre as questões que lhes são importantes. É impressionante quanto podemos aprender quando realmente escutamos alguém!

ESFORÇAR-SE POR EXATIDÃO E PRECISÃO

Informação existe em abundância no mundo e é acessível a qualquer pessoa em qualquer lugar, basta que se tenha conexão à internet. Mas o que você faz com a informação que busca e que recebe todos os dias?

Esforçar-se por exatidão e precisão no seu trabalho demonstra compromisso com a qualidade do conteúdo e da apresentação do que produz.

Esse Hábito da mente revela a busca por aperfeiçoamento constante. Significa a disposição de se preparar para a tarefa, procurando conhecer muito bem os critérios a ser seguidos e esforçando-se por coletar os dados mais relevantes para a realização da atividade proposta. Também inclui revisões cuidadosas do que foi produzido e atenção especial à apresentação (aparência) do trabalho final.

QUESTIONAR E LEVANTAR PROBLEMAS

As pequenas conquistas que resultaram em grandes avanços para a humanidade foram — e continuam sendo — feitas por pessoas de todas as épocas, de todos os lugares, de todas as crenças, gêneros, cores e culturas. Pessoas que se dispuseram a "observar" uma situação, sem ideias preconcebidas, prestaram atenção em algo ou em alguém, perceberam um padrão ou uma incongruência em algum fenômeno e fizeram perguntas do tipo "Por que será?" ou "E se fosse diferente?".

Por que o céu é azul? O que acontece com um peixe de água salgada em um aquário de água doce? De onde vem o ser humano? E se a Terra não fosse o centro do Universo? Por que as mulheres não podem votar? Como será a Lua? Será que existem fontes de energia alternativas ao petróleo? E se as pessoas pudessem voar?

Não são as respostas que movem o mundo, são as perguntas.

E se...? (Aproveite este momento para questionar o mundo ao seu redor!)

ASSUMIR RISCOS COM RESPONSABILIDADE

Como você se sente quando precisa tomar uma decisão e não sabe que caminho escolher? Você se joga sem pensar duas vezes ou se bloqueia e não sai do lugar?

Nem oito nem oitenta! Tentar algo diferente pode ser muito enriquecedor e gratificante quando agimos com responsabilidade. A parte responsável do risco corresponde à informação que buscamos antes de nos lançarmos a um desafio.

Avaliar as diferentes possibilidades levantadas e refletir sobre as consequências de uma escolha são atitudes que reduzem a chance do "inesperado" e proporcionam mais segurança e confiança para fazer algo novo e, assim, explorar todas as nossas capacidades.

PENSAR E COMUNICAR-SE COM CLAREZA

Você já percebeu como sua comunicação é mais eficaz quando o tema está bem organizado na sua mente? Ou quando explica uma ideia com exemplos para facilitar a compreensão do outro?

Pensamento e comunicação são inseparáveis. Por isso, é importante empregar os termos corretos e mais adequados sobre o assunto, evitando generalizações, omissões ou distorções de informação, e reforçar suas afirmações com explicações, comparações, analogias e evidências.

A preocupação com a comunicação clara, que começa no pensamento, melhora sua habilidade de fazer críticas tanto sobre o que lê, vê ou ouve quanto em relação às falhas de compreensão, podendo, assim, corrigi-las. Esse conhecimento é a base para uma ação segura e consciente.

APLICAR CONHECIMENTOS PRÉVIOS A NOVAS SITUAÇÕES

Todos nós aprendemos com a experiência, mas nem todos percebemos isso com tanta facilidade. Ser capaz de aplicar o que sabemos em diferentes situações é a grande função do estudo e da aprendizagem. E isso não depende apenas do seu livro, da sua escola ou do seu professor; depende da sua atitude também!

Aplicar conhecimentos prévios a novas situações significa transformar informação em conhecimento, e conhecimento em ação. Significa dar sentido prático à sua aprendizagem e às suas experiências.

Use os conhecimentos e as experiências adquiridos dentro e fora da escola como fonte de dados para apoiar suas ideias, para prever, entender e explicar teorias ou processos para resolver cada novo desafio.

Estes são 9 dos 16 Hábitos da mente descritos pelos autores Arthur L. Costa e Bena Kallick em seu livro *Learning and leading with habits of mind: 16 characteristics for success.*

CHECKLIST PARA MONITORAR SEU DESEMPENHO

Reproduza o quadro abaixo em seu caderno, um para cada mês do ano letivo. Preencha-o, ao final de cada mês, avaliando seu desempenho na aplicação dos Hábitos da mente na realização de suas tarefas nesta disciplina.

Classifique seu desempenho de 1 a 10, sendo 1 o nível mais fraco e 10 a sua máxima satisfação em relação ao uso do Hábito da mente.

Use a coluna *Observações pessoais* para anotar sugestões de atitudes a tomar no mês seguinte ou para registrar a aplicação do Hábito da mente em outros momentos do seu cotidiano.

Hábitos da mente	Neste mês eu...	Desempenho	Observações pessoais
Controlar a impulsividade	Pensei antes de agir. Investi parte do meu tempo em entender as orientações das tarefas.		
Persistir	Não desisti com facilidade. Tentei diferentes estratégias para resolver problemas difíceis.		
Pensar com flexibilidade	Busquei ou aceitei alternativas diferentes e considerei opções para solucionar questões.		
Escutar os outros com atenção e empatia	Escutei as ideias dos outros. Guardei as minhas opiniões para entender o ponto de vista e as emoções do outro.		
Esforçar-se por exatidão e precisão	Revisei meus trabalhos. Busquei exatidão, precisão e maestria em tudo o que fiz.		
Questionar e levantar problemas	Busquei conhecer os dados necessários para resolver as questões. Fiz bons questionamentos e levantei problemas para resolver.		
Assumir riscos com responsabilidade	Informei-me sobre as consequências possíveis de uma decisão e lancei-me então aos desafios.		
Pensar e comunicar-se com clareza	Organizei as ideias na minha mente. Consegui me comunicar de forma clara, evitando generalizações, distorções e omissões de dados.		
Aplicar conhecimentos prévios a novas situações	Coloquei o que aprendi em prática em situações diferentes.		